Data is here.

统计学图鉴

[日] 栗原伸一　丸山敦史 / 著

侯振龙 / 译

人民邮电出版社

北 京

图书在版编目（CIP）数据

统计学图鉴 /（日）栗原伸一，（日）丸山敦史著；
侯振龙译. -- 北京：人民邮电出版社，2021.10
ISBN 978-7-115-56901-1

Ⅰ．①统… Ⅱ．①栗… ②丸… ③侯… Ⅲ．①统计学
Ⅳ．①C8

中国版本图书馆CIP数据核字(2021)第135884号

内 容 提 要

本书通过大量统计图表和手绘插图，全面、系统地介绍了统计学的基础知识和相应公式，讲解了各种统计方法及其应用场景，并使用R语言进行了简单实现。内容涉及概率分布、假设检验、置信区间估计、非参数方法和回归分析等。全书图文清晰直观，基础概念、统计方法和分析结果皆一目了然，是一本不可多得的统计学入门佳作，旨在帮助读者了解并应用统计学基础知识，为今后的深入学习打下基础。同时，本书还设有"统计学的历史""伟人传"等专栏，趣味性十足。

本书适合所有对统计学感兴趣的读者阅读。初学者可以通过本书掌握基础知识，建立对统计学的整体印象；中级水平者可将本书用作参考手册，随时翻阅以便查漏补缺。本书还可作为统计学相关专业师生的辅助读物使用。

◆ 著　　　[日] 栗原伸一　丸山敦史
　　译　　　侯振龙
　　责任编辑　高宇涵
　　责任印制　周昇亮

◆ 人民邮电出版社出版发行　　北京市丰台区成寿寺路11号
　　邮编　100164　电子邮件　315@ptpress.com.cn
　　网址　https://www.ptpress.com.cn
　　北京鑫丰华彩印有限公司印刷

◆ 开本：880×1230　1/32
　　印张：9.5　　　　　　　　2021年10月第1版
　　字数：292千字　　　　　　2025年10月北京第19次印刷
　　著作权合同登记号　图字：01-2018-8083号

定价：69.80元
读者服务热线：(010)84084456-6009　印装质量热线：(010)81055316
反盗版热线：(010)81055315

前　言

前些年，《纽约时报》曾面向大学毕业生刊登了一篇文章。文章的名字是《统计学：致大学毕业生的一句话》[1]。

谷歌的首席经济学家在这篇文章中提到：在未来 10 年内，统计学家将会成为非常受欢迎的职业。不仅是谷歌，微软和 IBM 等世界一流企业也在互相争夺统计学人才。

日本也是如此。最近，我经常受邀开办统计学讲座，听众都是社会人士。他们很懊悔当年上学的时候没有好好学习统计学，并屡屡和我强调企业有多么需要懂统计分析的人才，以及这类人才是多么匮乏。

本书主要面向在学习或工作中需要用到统计分析，但不知该如何学习的人，以及虽然了解统计分析的基础知识，但在实际使用时，不知道该选择哪种方法的人。针对这部分人群，本书从基础部分到应用部分都进行了详细的讲解。

2011 年经欧姆社出版的拙著《统计学入门——从检验到多变量分析和实验计划法》[2] 意外受到了好评。本书并不是那本书的续篇（尽管有"蹭热度"的嫌疑），却是以那本书的内容和结构为基础的，同时使用大量图表，以图鉴的形式供读者任意翻阅，让读者学起来更加轻松。另外，本书也介绍了如何使用免费软件 R 来实现电子表格软件中无法实现的分析方法。读者可以从图灵社区本书主页下载本书中使用的数据。

多亏丸山敦史老师的帮助，本书才能以一种简单易懂的形式呈现在读者面前。

让我们打开统计学之门，开始学习数据分析吧！

作者代表　栗原伸一
2017 年 8 月

---

① 原文章名为 "For Today's Graduate, Just One Word: Statistics"。——译者注

② 原书名为『入门 统计学—检定から多变量解析・实验计画法まで—』，暂无中文版。——译者注

注意事项

· 为了保持全书手绘、手写的风格一致，按版权方要求，本书沿用了日语原书的手写体字母和公式，其正斜体均同原书。

· 本书中出现的公司名、商品名等一般是各公司的商标或注册商标。

· 本书在出版时尽可能确保了内容的正确性，但对运用本书内容的一切结果，本书作译者和出版社概不负责。

· 未经出版社书面许可，禁止复制本书的全部或部分内容。禁止通过代理等第三方对本书进行扫描。

目　录

Now you see.

序章　统计学概述

01

何谓统计学

除了自然科学领域，统计学在心理学等社会科学领域中也是一门必不可少的学问。

▶▶▶ 统计学

◉ 统计学是一门将数据汇总为统计量（平均数等）或图表，以获取其特征的学问。

▶▶▶ 统计学的分类

◉ 统计学分为用于获取手头数据特征的描述统计学，通过样本获取总体特征的推断统计学，以及在市场营销中备受关注的贝叶斯统计学等。

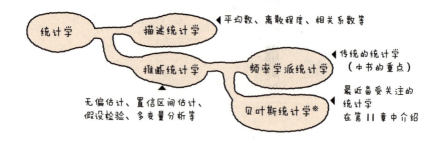

※ 有观点认为推断统计学中不包含贝叶斯统计学

统计（statistics）••• 用于掌握分析对象总体特征的数据集合，也指统计学。
统计学（statistics）••• 是将用于掌握对象总体特征的方法系统化的一门综合性科学，分为描述统计学和推断统计学。

统计学的历史

统计学这门学问并不是某天由某个人突然提出来的。后面的专栏中会介绍一些为奠定现代统计学基础做出重大贡献的统计学家。在此之前，笔者先来简单介绍一下统计学的发展历史。

① 统计的起源：国情调查

"统计学"是一门学问，"统计"一词强调的则是收集数据。统计（学）起源于国家在征税时进行的国情（人口）调查。古埃及就有为建造金字塔而实施种种调查的记录，日本在飞鸟时代（592 年 ~710 年）也就田地面积进行过调查。

② 早期的统计分析：源于流行病学的描述统计学

17 世纪中叶，伦敦鼠疫肆虐。约翰·格朗特（John Graunt）着手调查鼠疫时期的人口情况，并在历史上首次开展了统计分析。格朗特通过教堂保存的统计资料（死亡记录）发现了婴幼儿的死亡率较高、城市人口死亡率高于农村等现象。这表明只要进行充分的观察，我们也能从偶然发生的社会现象中发现一定的规律。这种描述统计学后来被卡尔·皮尔逊（Karl Pearson）发扬光大。

③ 采用概率论来推断整体：推断统计学

进入 20 世纪，罗纳德·A. 费歇尔（Ronald Aylmer Fisher）和威廉·S. 戈塞（William Sealy Gosset）开始通过小样本（较少的数据）来推断总体特征（总体参数）。近年来，主张参数本身服从某一概率分布的贝叶斯统计学也受到关注。与现代生活和研究息息相关的推断统计学从诞生到现在还不到 100 年，真是令人惊叹。

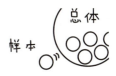

统计学可以做什么

统计学在我们的生活中扮演着非常重要的角色。下面，我们通过一些具体示例来看看它到底能做些什么。

▶▶▶ 描述统计学

- 帮助我们掌握手头数据的特征（平均数、离散程度）或趋势。
- 是以大量（样本容量很大的）数据为对象的统计学。

- 国情调查、人口普查的整理 ◀ 平均数、方差等 第1章
- 饭量和体重的相关分析 ◀ 相关系数 第1章
- 班级的偏差值计算 ◀ 标准化变量 第2章
- 便利店商品的采购方式 ◀ 大数据 第11章

▶▶▶ 推断统计学

- 根据样本信息来推断总体的特征。
- 主要内容有无偏估计、置信区间估计和假设检验等。

- 预测保险事故的发生次数 ◀ 泊松分布 第2章
- 选举快报 电视收视率 ◀ 置信区间估计 第4章
- 确认新药药效 ◀ 两样本平均数差异的检验 第5章
- 确定饲料添加物 ◀ 方差分析、多重比较 第6章
- 味觉实验的分析 ◀ 非参数方法 第7章

描述统计学（descriptive statistics）••• 通过平均数、方差等统计量或者图表来获取数据特征的学问。
推断统计学（inferential statistics）••• 根据数据来推断或检验其背后总体特征的学问。

▶▶▶实验设计法

- 让实验成功的方法集。
- 包含节省时间和空间的方法。

实验的顺序和配置	◀ 费歇尔三原则	第8章
产品的质量管理	◀ 正交实验法	第8章
确定受试者（数据）的个数	◀ 功效分析	第8章

▶▶▶多元回归分析、多变量分析

- 一次性处理大量变量的方法的总称。
- 使用简单的模型对复杂的问题进行预测和评估。

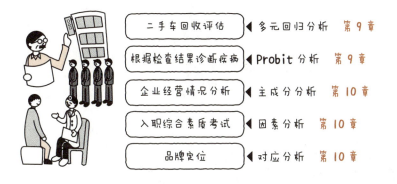

二手车回收评估	◀ 多元回归分析	第9章
根据检查结果诊断疾病	◀ Probit 分析	第9章
企业经营情况分析	◀ 主成分分析	第10章
入职综合素质考试	◀ 因素分析	第10章
品牌定位	◀ 对应分析	第10章

▶▶▶贝叶斯统计学

- 贝叶斯统计学是一种可以灵活吸收知识、经验和新数据的统计学。
- 可通过慢慢学习提高精确度。

贝叶斯统计学 第11章

实验设计法（experimental design）••• 确定空间和时间的配置方法和样本容量，提高实验效率的方法论。
贝叶斯统计学（Bayesian statistics）••• 可以灵活吸收知识、经验和新数据的统计学，其核心是贝叶斯推断。

Data is here.

第 1 章　描述统计学

1 | 1

各种平均数

平均数表示一组数据的中心数值。

▶▶▶ 算术平均数

● x的算术平均数的计算公式如下所示。x是变量，n是数据个数。

$$算术平均数 \quad \bar{x}=(x_1+x_2+x_3+\cdots+x_{n-1}+x_n)\div n \quad \bar{x}指 Xbar$$

● 下图显示了一年中每个月的电费数据。我们可以通过求算术平均数来了解平均每月电费是多少。

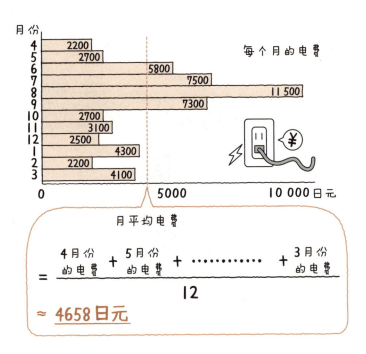

每个月的电费

月平均电费

$$=\dfrac{\begin{matrix}4月份\\的电费\end{matrix}+\begin{matrix}5月份\\的电费\end{matrix}+\cdots\cdots\cdots+\begin{matrix}3月份\\的电费\end{matrix}}{12}$$

$\approx \underline{4658日元}$

算术平均数（arithmetic mean）••• 数据总和除以数据个数所得到的结果，易受离群值的影响。又称算术平均值。

▶▶▶ 几何平均数

● x的几何平均数的计算公式如下所示。

$$\text{几何平均数} \quad \overline{x_G} = \sqrt[n]{x_1 \cdot x_2 \cdot x_3 \cdots\cdots x_{n-1} \cdot x_n}$$

G指 Geometric
$\sqrt[n]{x}$ 指 x 的 n 次方根

● 几何平均数适用于计算年增长率和同比值等数值的平均数。

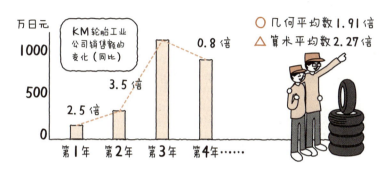

万日元

KM轮胎工业公司销售额的变化（同比）

○ 几何平均数 1.91 倍
△ 算术平均数 2.27 倍

1000
500
0.8 倍
3.5 倍
2.5 倍
0

第1年 第2年 第3年 第4年……

▶▶▶ 调和平均数

● x的调和平均数的计算公式如下所示。

$$\text{调和平均数} \quad \overline{x_H} = \cfrac{n}{\cfrac{1}{x_1} + \cfrac{1}{x_2} + \cfrac{1}{x_3} + \cdots + \cfrac{1}{x_{n-1}} + \cfrac{1}{x_n}}$$

H指 Harmonic

● 我们在计算移动某段距离的平均速度时可以使用调和平均数。

公司

时速 6 km

自己家

时速 12 km

女朋友家

0

需要 $\frac{1}{6}$ 小时

1

需要 $\frac{1}{12}$ 小时

2 km

由于花费了 $\frac{1}{6} + \frac{1}{12} = \frac{1}{4}$ 小时走完2km，所以平均速度是 $2 \div \frac{1}{4} = 8$ km/h。

这个结果与从公司回家和从自己家到女朋友家的速度的调和平均数

$$\overline{x_H} = \cfrac{2}{\cfrac{1}{6} + \cfrac{1}{12}} = 8 \text{ km/h} - \text{致。}$$

○ 调和平均数 8 km/h
△ 算术平均数 9 km/h

几何平均数（geometric mean）••• 用于计算增长率或平均利率。几何平均数又叫几何平均值。
调和平均数（harmonic mean）••• 用于计算平均速度或电阻的平均数。算数平均数≥几何平均数≥调和平均数。

数据的离散程度①
~分位数和方差~

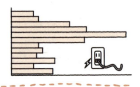

只看平均数并不能得知数据的离散程度。

因此，我们需要使用最大值、最小值、分位数、四分位距和方差（标准差）等指标来掌握数据的离散方式。

▶▶▶ 分位数

● 将 n 个按从小到大的顺序排列的数据分为 k 等份，此时处于分割点的数值就称为分位数。

● 四分位数（$k = 4$）比较常用。四分位数按照数值从小到大的顺序分别称为第一四分位数、第二四分位数和第三四分位数。第二四分位数位于所有数据的中间位置，也叫中位数。

$$\longleftarrow \quad 四 分 位 距 \quad \longrightarrow$$

| 2200 2200 2500 | 2700 2700 3100 | 4100 4300 4800 | 7300 7500 11500 |

第一
四分位数
（2600）　　第二
四分位数（中位数）
（3600）　　第三
四分位数
（6050）

▶▶▶ 四分位距

● 四分位距是第三四分位数与第一四分位数的差。数据越向中位数集中，四分位距就越小。

▶▶▶ 偏差

● 偏差是数据的值与平均数的差。如果数据集中有很多偏差（绝对值）较大的数据，我们就可以说该数据集的离散程度很大。

$$偏差（d_i）= 观测值（x_i）- 平均数（\bar{x}）$$

▶▶▶ 方差

● 偏差表示的是每个数据与平均数的差，而方差是衡量离散程度的指标。方差的计算公式如下页所示。

四分位数（quartile）▶▶▶ 将数据按从小到大的顺序排列并分成四等份时，位于各个分割点的数值。

中位数（median）▶▶▶ 按顺序排列的一组数据中位于正中间的数。不易受离群值的影响。

$$方差 \quad S^2 = \{(x_1 - \bar{x})^2 + (x_2 - \bar{x})^2 + \cdots + (x_n - \bar{x})^2\} \div n$$
$$= \frac{1}{n}\sum_{i=1}^{n}(x_i - \bar{x})^2$$

🔸公式右边的第一项是偏差的平方和。方差的算术平方根叫作标准差（s）。

▶▶▶ 离群值

🔸大幅偏离平均数的值称为离群值。

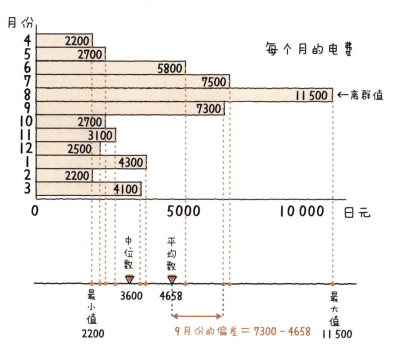

方差（variance）•••用于衡量数据在平均数周围的离散程度。方差是偏差平方和的平均数。

标准差（standard deviation）•••方差的算术平方根。标准差的单位与数据的单位相同，便于计算。

数据的离散程度②

～变异系数～

▶▶▶ 变异系数

● 用于比较两个数据的离散程度。

● 变异系数的计算公式如下所示。

$$变异系数（CV）＝ 标准差（S）÷ 平均数（\bar{x}）$$

● 哪一种肉的价格变动较大呢?

牛肉（100克）

256 日元　260 日元　266 日元　269 日元
257 日元　257 日元　266 日元　267 日元
264 日元　266 日元　262 日元　260 日元

猪肉（100克）

194 日元　195 日元　195 日元　202 日元
196 日元　193 日元　200 日元　192 日元
191 日元　191 日元　195 日元　196 日元

262.5 日元	算术平均数 $\bar{x}$	195.0 日元
4.25 日元	标准差 S	3.19 日元
0.016	变异系数 CV	0.016

● 牛肉价格的标准差更大，但二者的变异系数是一样的。由此我们可以知道，牛肉价格和猪肉价格的离散程度相同。

 如何使用次数分布表来计算平均数和方差

　　当数据以次数分布表（下表）的形式给出时，我们可以使用"组代表值"（组中数值的中位数）来计算平均数和方差的近似值。

组	组代表值	次数
255–259 日元	257 日元	3
260–264 日元	262 日元	4
265–269 日元	267 日元	5

平均数 ＝（各组代表值×相应次数的和）÷数据个数
　　　　＝（257×3+262×4+267×5）÷ 12 ≈ 262.8

方差 ＝（各组代表值－平均数）的平方和的平均数
　　　＝［(257-262.8)² × 3+(262-262.8)² × 4
　　　　+(267-262.8)² × 5］÷ 12 ≈ 15.97

变异系数（coefficient of variation）···标准差与平均数的比。用于比较单位不同的样本之间的离散程度。

HELLO I AM...

卡尔·皮尔逊
Karl Pearson（1857—1936）

当今的描述统计学是由卡尔·皮尔逊发扬光大的。1857年，皮尔逊出生于英国伦敦的一个律师之家。他从小体弱多病。进入大学后，潜心研究数学，毕业后又前往德国学习物理学。留学期间，皮尔逊对文学、法学和社会主义理论产生了兴趣。据说，他把自己的名字由Carl改成了Karl，就是受到了当时著名的经济学家卡尔·马克思（Karl Marx）的影响。1880年回国后，他继续学习法学，但不久之后又回到了数学领域，先后在伦敦的多所大学担任应用数学教授。

将应用数学家皮尔逊领入统计学世界的是他的大学同事——动物学家瓦尔特·弗兰克·拉斐尔·韦尔登（Walter Frank Raphael Weldon）。韦尔登受到弗朗西斯·高尔顿（Francis Galton）的影响，打算利用统计来弄清生物演化的机制。于是他请擅长数学的皮尔逊来协助研究。就这样，皮尔逊与韦尔登一起尝试使用统计方法来解决遗传和演化的问题。在这个过程中，他们提出了许多近代统计学中必不可少的概念和方法。这些研究也得到了认可。1911年高尔顿去世，皮尔逊作为接班人，成为伦敦大学学院优生学系的第一任教授，创立了世界上第一个（应用）统计学系。

在皮尔逊的诸多成就中，最重要的成就是创建并发展运用了卡方分布的检验方法。拟合优度检验与本书第7章将要介绍的独立性检验基本相同。在拟合优度检验中，皮尔逊提出了将遵循卡方分布的统计量作为衡量观察频数与期望频数之间差异的标准〔不过，卡方分布本身是由测地学家弗里德里希·罗伯特·赫尔默特（Friedrich Robert Helmert）发现的〕。除了整理出第一张完整的统计表，皮尔逊还提出了一个参数估计方法——矩估计。

因费歇尔和皮尔逊的儿子埃贡·皮尔逊（Egon Pearson）等人提倡的推断统计学登上历史舞台，皮尔逊在晚年的存在感较弱，但近几年他的著作《科学的规范》[1]在世界范围内再次受到关注。该书是一本科学哲学书，主张"如果把科学比作语言，那么统计学就是对语言来说必不可少的语法"。据说爱因斯坦和夏目漱石也受到了这本书的影响。

---

① 原书名为 *The Grammar of Science*，中文版由商务印书馆于2012年出版。——译者注

变量的关联性①

~相关系数~

我们把两个变量（如广告费和销售额，气温和收成，玩游戏的时间和成绩等）之间存在的"一个变量增大，另一个变量也会增大""一个变量增大，另一个变量会减小"这种线性关系称为相关。

▶▶▶ 皮尔逊积矩相关系数

● 表示相关程度的指标，其值在 -1 和 1 之间。
● 变量 x 和变量 y 的相关系数的计算公式如下所示。

$$相关系数 \quad r = \frac{(x_1-\bar{x})(y_1-\bar{y})+(x_2-\bar{x})(y_2-\bar{y})+\cdots+(x_n-\bar{x})(y_n-\bar{y})}{\sqrt{(x_1-\bar{x})^2+(x_2-\bar{x})^2+\cdots+(x_n-\bar{x})^2}\sqrt{(y_1-\bar{y})^2+(y_2-\bar{y})^2+\cdots+(y_n-\bar{y})^2}}$$

消费者	苹果的购买数量 (x)	橘子的购买数量 (y)	$x-\bar{x}$	$y-\bar{y}$
1	1	2	-2.5	-0.5
2	2	1	-1.5	-1.5
3	5	4	1.5	1.5
4	6	3	2.5	0.5
平均数	3.5	2.5	0	0

$$r = \frac{(-2.5)(-0.5)+(-1.5)(-1.5)+(1.5)(1.5)+(2.5)(0.5)}{\sqrt{(-2.5)^2+(-1.5)^2+(1.5)^2+(2.5)^2}\sqrt{(-0.5)^2+(-1.5)^2+(1.5)^2+(0.5)^2}} \approx 0.76$$

● r 越接近 1，正相关的程度就越高（一个变量增大，另一个变量也会增大；一个变量减小，另一个变量也会减小），散布图上的点由左下朝右上分布。

● 相反，r 越接近 -1，负相关的程度就越高（一个变量增大，另一个变量就会减小；一个变量减小，另一个变量就会增大），散布图上的点由左上朝右下分布。

● r 接近 0 表示没有关系（不相关），散布图上的点呈圆形分布。

相关系数（coefficient of correlation）••• 表示两个变量之间的关联（相关）程度的指标。相关系数越接近 1，正相关就越强；越接近 -1，负相关就越强；0 表示不相关。

伟人传②

HELLO I AM...
弗朗西斯·高尔顿
Francis Galton（1822—1911）

将相关系数确定下来的人是皮尔逊，但最先想到这个概念的人是他的师父——优生学家高尔顿。

1822年，高尔顿出生于英国伯明翰一个富裕的银行家庭。虽然他遵从父亲的意见进入医学院学习，但后来还是去了剑桥大学学习数学。大学毕业时，高尔顿的父亲过世了。自此之后，他便经常去非洲探险，接触不同人种，这让他走上了优生学的道路。

1875年，高尔顿试图证明人类的身高与遗传有关，进而为优生学提供佐证。他首先使用易于收集数据的香豌豆来调查种子的重量是否会遗传。与预想的一样，比较重的香豌豆种子在成长后结出的种子也比较重。不过，他发现了另一个非常有趣的现象——与父代相比，子代的重量离散程度较小。高尔顿认为，生物的性状之所以没有出现极端变化，是因为各代逐渐趋向于祖先的平均类型。这种现象称为"回归"。通过在英国对大量父母和子女的身高进行调查，高尔顿确认该现象也会发生在人类身上。为了衡量父母和子女间身高的相关程度，他提出了相关系数。

高尔顿留下许多著作。他还提出了四分位距、中位数，以及预测天气时需要用到的多元回归分析的基本思路。另外，在使用指纹搜查罪犯方面，高尔顿也做出了贡献。他是一名多产、多才的科学家。晚年，以和远亲弗洛伦斯·南丁格尔（Florence Nightingale）的一次谈话为契机，他在大学设立了统计学专业。诸如此类，高尔顿的一生对近代统计学做出了巨大贡献。1911年，高尔顿病逝，享年89岁。

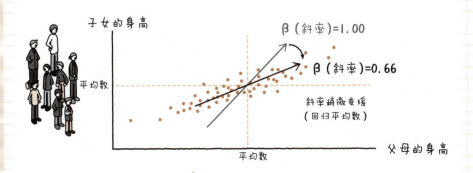

变量的关联性②
~等级相关~

在只能使用定序数据或者两个变量之间非线性相关（散布图呈曲线形状）时，需要用到等级相关系数。

▶▶▶ 斯皮尔曼等级相关系数

- 对定序数据进行计算的皮尔逊积矩相关系数就是斯皮尔曼等级相关系数。
- 如果数据是连续变量（变量值连续），要先将其转换为定序数据。

消费者	x 的等级	y 的等级	$x-\bar{x}$	$y-\bar{y}$
1	1	2	-1.5	-0.5
2	2	1	-0.5	-1.5
3	3	4	0.5	1.5
4	4	3	1.5	0.5
平均数	2.5	2.5	0	0

$$\text{斯皮尔曼等级相关系数} \quad \rho = \frac{(-1.5)(-0.5)+(-0.5)(-1.5)+(0.5)(1.5)+(1.5)(0.5)}{\sqrt{(-1.5)^2+(-0.5)^2+(0.5)^2+(1.5)^2}\sqrt{(-0.5)^2+(-1.5)^2+(1.5)^2+(0.5)^2}} = 0.60$$

▶▶▶ 肯德尔等级相关系数

- 肯德尔等级相关系数着眼于x的等级和y的等级是否一致，用于衡量它们的相关程度。
- 关于消费者1的定序数据（x_1, y_1）与消费者2的定序数据（x_2, y_2），判断如下。

① 当$x_1 < x_2$且$y_1 < y_2$，或者$x_1 > x_2$且$y_1 > y_2$时→等级一致

② 当$x_1 < x_2$且$y_1 > y_2$，或者$x_1 > x_2$且$y_1 < y_2$时→等级不一致

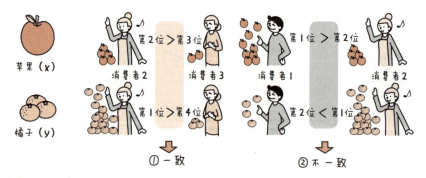

苹果（x）　橘子（y）

消费者2　第2位 > 第3位　消费者3　第1位 > 第4位　① 一致

消费者1　第1位 > 第2位　消费者2　第2位 < 第1位　② 不一致

等级相关系数（coefficient of rank correlation）••• 测量两个定序变量之间相关程度的指标。等级相关系数中有斯皮尔曼等级相关系数和肯德尔等级相关系数。具体使用哪一个，没有明确的基准。

● 关于3位消费者的定序数据，"等级一致"时标记为○，"等级不一致"时标记为×。

消费者	x 的等级	y 的等级	消费者 1	消费者 2	消费者 3
1	1	2			
2	2	1	×		
3	3	4	○	○	
4	4	3	○	○	×

	消费者 1	消费者 2	消费者 3	合计
○的个数	2	2	0	4
×的个数	1	0	1	2

● 当 A = ○的个数，B = ×的个数，n = 数据对的个数（该示例中为4）时，肯德尔等级相关系数的计算公式如下所示。存在相同等级时，计算公式不同。

肯德尔 等级相关系数

$$\tau = \frac{(A-B)}{(\text{从} n \text{个数据对中取出2个数据对的组合数})}$$

$$= \frac{4-2}{\frac{1}{2} \cdot 4 \cdot (4-1)} = 0.33$$

关于组合数

● 将A、B、C、D两两组合，可得到(A, B)(A, C)(A, D)(B, C)(B, D)(C, D)这6种组合方式。这时，(A, B)与(B, A)是相同的。

● 在A、B、C、D、E的情况下，组合方式有10种，分别为(A, B)(A, C)(A, D)(A, E)(B, C)(B, D)(B, E)(C, D)(C, E)(D, E)。

● 通常，从 n 个元素中取出2个元素的组合数可通过公式 $\frac{1}{2}n \cdot (n-1)$ 求出。另外，从 n 个元素中取出 x 个元素的组合数的计算公式是 $C_n^x = \frac{n!}{x!(n-x)!}$。〔$x!$ 表示 x 的阶乘，计算公式为 $x! = x \times (x-1) \times \cdots \times 2 \times 1$。〕

组合（combination）　从 n 个不同的元素中取出 x 个元素的方法。

描述统计学　变量的关联性②

1

Where is "everywhere"?

第 2 章　概率分布

概率和概率分布

掷骰子和抛硬币的结果只有在实际投掷之后才能知道。不过，就像抛硬币时正面
出现的概率有50%一样，我们可以对结果进行预测。

虽然结果是随机的，但结果的确定方式是可以预测的。在预测时，我们需要使用
概率和概率分布。概率分布是推断统计学的基础。

▶▶▶ 现象

- 现象是实验或观测等行为（试验）所产生的结果。在掷骰子的例子中，"出现的点数"
  就是现象。

▶▶▶ 概率

- 概率是某种现象发生的可能性（随机程度）数值化后的产物。无论什么样的现象，
  其概率总和都是1（100%）。

▶▶▶ 随机变量

- 试验之后才知道结果的变量称为随机变量(X)。变量值x是1、2、3这种分散的值
  的随机变量是离散型随机变量，身高、体重、销售额这种可在某个范围内取任意值
  的随机变量是连续型随机变量。

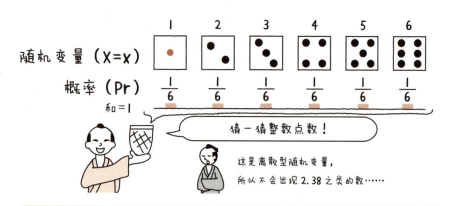

随机变量（random variable）••• 用概率定义要取的值有多容易出现的变量。

▶▶▶ 概率分布

概率分布用于表示随机变量的取值和这些值出现的概率之间的关系。概率分布包含以下几种类型。

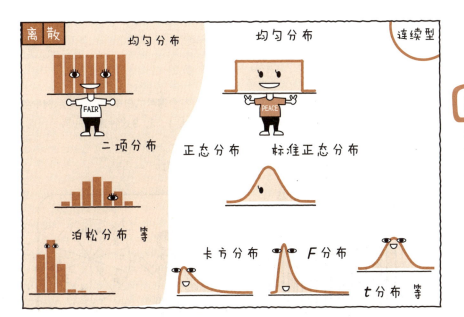

 总体

- 要想了解日本人的身高，就要以所有日本人的身高为研究对象。这种研究对象称为总体。
- 总体的分布（本例中为日本人的身高分布）称为总体分布。
- 总体分布的平均数和离散程度分别称为总体均值（μ）和总体方差（σ^2），二者统称为总体参数（θ）。

概率分布（probability distribution）••• 用于表示随机变量的哪些值容易出现，哪些值很难出现。对象为人数、个数等时使用离散型随机变量，对象为身高、体重等时使用连续型随机变量。

2 | 2

概率相等的分布

~均匀分布~

均匀分布是各现象发生的概率相等的分布。

▶▶▶ 离散均匀分布

- 掷骰子时各个点数出现的概率，飞镖游戏中命中各个编号的概率……这些示例中各种情况发生的概率是相同的，而且随机变量取的是1、2、3这种离散的值。因此，这类示例中的随机变量遵循离散均匀分布。

- 当值为 $x = \{1, \cdots, n\}$ 时，平均数为 $\mu = \frac{n+1}{2}$，方差为 $\sigma^2 = \frac{n^2-1}{12}$。

$n = 10$　$\mu = 5.5$　$\sigma^2 = 8.25$

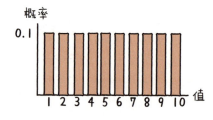

▶▶▶ 连续均匀分布

- 我们来测量从飞镖盘的固定位置（下图中的基准）到飞镖命中位置的角度，并将该值作为随机变量。该随机变量可以连续取0~360的值，因此它遵循连续均匀分布。

- 当 x 位于 $[\alpha, \beta]$ 上时，$\mu = \frac{\alpha+\beta}{2}$，$\sigma^2 = \frac{(\beta-\alpha)^2}{12}$。

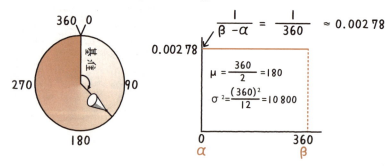

$$\frac{1}{\beta-\alpha} = \frac{1}{360} \approx 0.00278$$

$$\mu = \frac{360}{2} = 180$$

$$\sigma^2 = \frac{(360)^2}{12} = 10\,800$$

均匀分布（uniform distribution）••• 整个样本空间中每一个样本点对应的概率都相等的分布。均匀分布分为离散型和连续型，用于求解掷一颗骰子时出现的点数、飞镖射中圆盘的位置（圆心角）等的概率分布。

抛硬币的分布

~二项分布~

二项分布是关于成功/失败现象的分布。

只会出现两种结果(成功/失败)的试验(实验或者观测等行为)称为伯努利试验。

◉ 在抛硬币时,假设出现正面为"成功"(记为 $X = 1$),出现反面为"失败"(记为 $X = 0$)。

◉ 单次试验成功的概率是 $\Pr(X = 1) = \frac{1}{2} = 0.5$。　　Pr 指 Probability

◉ 单次试验失败的概率是 $\Pr(X = 0) = 1 - \Pr(X = 1) = \frac{1}{2} = 0.5$。

◉ 第1次成功且第2次和第3次失败的概率是

$\Pr(X = 1, X = 0, X = 0) = \Pr(X = 1) \times \Pr(X = 0)^2 = 0.5 \times 0.5^2 = 0.125$。

◉ 3次试验中,1次成功2次失败的概率是

$$(3次试验中1次成功2次失败的组合数) \times \Pr(X = 1, X = 0, X = 0)$$

$$= 3 \times 0.125 = 0.375。$$

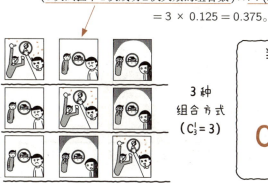

3 种
组合方式
($C_3^1 = 3$)

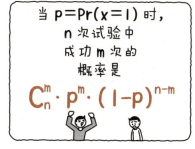

当 $p = \Pr(x = 1)$ 时,
n 次试验中
成功 m 次的
概率是

$$C_n^m \cdot p^m \cdot (1-p)^{n-m}$$

二项分布(binominal distribution)••• 在 n 次独立重复的伯努利试验中,用概率表示成功次数的离散概率分布。

当 $n = 1$ 时,又称伯努利分布。当试验次数非常多时,二项分布就会趋近于正态分布。

钟形分布
～正态分布～

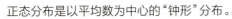

正态分布是以平均数为中心的"钟形"分布。

许多检验以正态分布为前提。正态分布可以说是统计学中最重要的分布。

▶▶▶ 从二项分布到正态分布

- 增加二项分布的试验次数 n（投掷的硬币数量）后，二项分布就会趋近于正态分布。
- 这里我们模拟抛硬币，看一下分布情况会随着试验次数的增加发生怎样的变化。
- 假设成功（出现正面）时记1分，失败（出现反面）时记0分。抛10枚硬币，记录总分数，然后重复抛这10枚硬币。

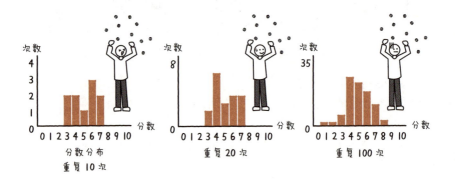

分数分布
重复10次

重复20次

重复100次

重复 1000 次

与正态分布的曲线非常相似

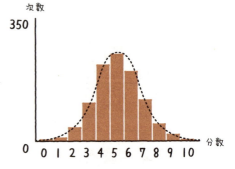

正态分布（normal distribution）••• 是一种左右对称且易于观测平均数附近的值（离平均数很远的值不容易被观测到）的概率分布，又称高斯分布。二项分布在试验次数非常多的情况下趋近于正态分布。

▶▶▶ 生活中的正态分布

- 下面我们来制作 10 岁男孩身高的次数分布图。
- 纵轴是相对次数（次数除以总数），因此该图也称为相对次数分布图。可以看出，次数分布与正态分布十分相似。
- 在正态分布这种连续型概率分布中，我们可以思考 x 位于 [144，148] 等特定区间的概率。

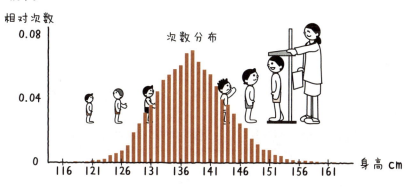

↓ 根据正态分布计算近似概率

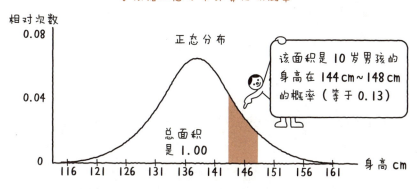

正态分布的公式（概率密度函数）

正态分布函数可用以下公式表示。

$$f(x) = \frac{1}{\sqrt{2\pi}\sigma} e^{-\frac{(x-\mu)^2}{2\sigma^2}}$$

μ 是随机变量 x 的平均数，σ 是 x 的标准差，e 是自然常数（2.718...）。对该函数求积分就可以计算出概率。

概率密度函数（probability density function）••• 用于表示随机变量的值（x）与概率（p）之间的函数关系。如果变量是连续型的，概率密度函数可以用来表示微小区间（dx）的概率。概率密度函数和横轴围起的区域的面积为1。

无单位的分布

~标准正态分布~

所谓标准化（standardization），就是让数据的平均数变为0，让标准差（方差）变为1。变换后的数据称为标准化变量，我们在使用这类数据时可以忽略单位。标准化的正态分布称为标准正态分布（z分布）。

▶▶▶ 标准化

● 标准化的公式如右所示。
其中 μ 是平均数，σ 是标准差。

$$标准化变量 \quad z_i = \frac{x_i - \mu}{\sigma}$$

序号	原始数据 （x_i）	偏差 （$x_i - \bar{x}$）	标准化变量 （z_i）
1	-10	-5.2	-1.05
2	-8	-3.2	-0.65
3	-7	-2.2	-0.44
4	-3	1.8	0.36
5	4	8.8	1.78
平均数（μ）	-4.8	0.0	0.00
标准差（σ）	4.96	4.96	1.00

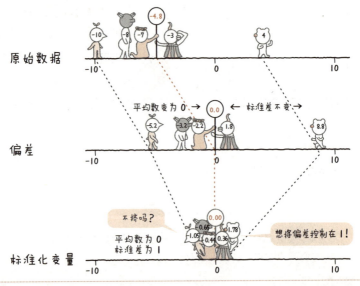

原始数据

平均数变为0 →　0.0　← 标准差不变 →

偏差

不搁吗？

平均数为0
标准差为1

想将偏差控制在1！

标准化变量

标准正态分布（standardized normal distribution）••• 将平均数标准化为0、方差标准化为1的数据（标准化变量z）的正态分布。又称z分布。

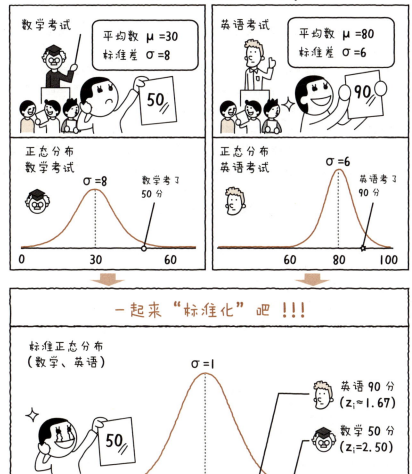

哪一科的成绩排名更好？

数学考试
平均数 μ =30
标准差 σ =8

50

英语考试
平均数 μ =80
标准差 σ =6

90

正态分布
数学考试
σ =8
数学考了50分

0　　30　　60

正态分布
英语考试
σ =6
英语考了90分

60　　80　　100

一起来"标准化"吧！！！

标准正态分布
（数学、英语）
σ =1

50

英语90分
($z_i≈1.67$)

数学50分
($z_i=2.50$)

-5　　　0　　　5

● 如果直接比较分数，我们会认为图中人物的英语成绩更好。但是，将数据变换为标准化变量后，我们就会发现图中人物的数学成绩在班上排名更靠前。（请参考后面专栏中的内容。）

标准化变量（standardized variate）•••指执行了"（变量值−平均数）/标准差"这一变换的随机变量，用z表示。
标准化变量的平均数为0，方差为1。在比较变量时，标准化变量不受单位影响。

在日本，人们在考高中或者大学时，经常会听到偏差值一词。大家知道这是什么吗？

由于每次考试的难度不同，所以单纯比较分数很难判断自己的成绩有没有提高。为了知道80分的成绩是在较难的考试中取得的还是在简单的考试中取得的，我们需要用到偏差（80分 – 平均分）。平均分越低，偏差越大。在偏差较大的情况下，我们可以得知自己在较难的考试中取得了高分。

另外，同样是平均分为30分的考试，在大部分考生的分数在30分左右的情况下取得的80分，与在有的考生考了满分，有的考生考了0分的情况下取得的80分相比，含义并不同。

偏差值兼顾了这种差别，它可以更加准确地衡量成绩的好坏。

$$偏差值 \quad T_i = 50 + 10 \times \left(\frac{x_i - \mu}{\sigma} \right)$$

在这个公式中，括号内的式子是 x 的标准化变量。给这个标准化变量乘以10，再加上50，偏差值的平均数就会变为50，标准差就会变为10。

前面示例中的偏差值如下所示。

$$T_{数学} = 50 + 10 \times \left(\frac{50 - 30}{8} \right) = 50 + 10 \times 2.50 = 75.0$$

$$T_{英语} = 50 + 10 \times \left(\frac{90 - 80}{6} \right) = 50 + 10 \times 1.67 = 66.7$$

通过偏差值，我们可以直观地看到哪一种考得比较好。

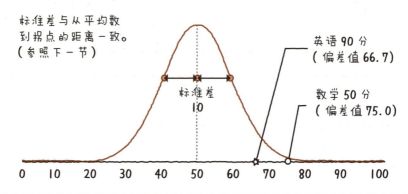

标准差与从平均数到拐点的距离一致。（参照下一节）

标准差 10

英语 90 分（偏差值 66.7）

数学 50 分（偏差值 75.0）

掌握数据的位置

～ σ 区间 ～

对数据实施标准化之后，我们就可以知道数据在标准正态分布中的大概位置了。

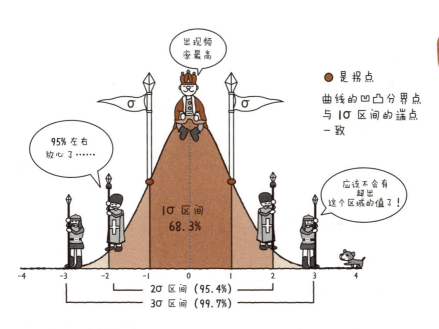

出现频率最高

95% 左右放心了……

● 是拐点

曲线的凹凸分界点与 1σ 区间的端点一致

应该不会有超出这个区域的值了！

1σ 区间 68.3%

2σ 区间（95.4%）

3σ 区间（99.7%）

● 当 z 的值位于 3σ 区间以外（小于 −3 或者大于 3）时，该数据基本不会在正态分布下出现，也就是说，该数据很可能是离群值。

专栏

六西格玛

0.000 003 4

六西格玛是一种品质管理理念（方法），具体来说就是将错误率或瑕疵品的出现概率控制在 3.4/1 000 000 以下，即 6σ 区间之外。该理念源于 20 世纪 80 年代后半期的美国摩托罗拉公司。

分布的形态

~偏度和峰度~

正态分布左右对称，呈钟形。不过，许多分布的形状并不是这样的。
偏度和峰度是用来衡量样本的分布形态偏离正态分布多远的指标。

▶▶▶ **偏度**

- **偏度**是衡量分布偏斜情况的指标。分布可能左右对称，也可能右尾长（偏左）或左尾长（偏右）。

- 根据样本数据计算偏度的公式如下所示。n是数据个数，$\bar{x}$是x的平均数，s是标准差。

$$偏度 \quad S_w = \frac{1}{n}\left\{\left(\frac{x_1-\bar{x}}{s}\right)^3 + \left(\frac{x_2-\bar{x}}{s}\right)^3 + \cdots + \left(\frac{x_n-\bar{x}}{s}\right)^3\right\} = \frac{1}{n}\sum_{i=1}^{n}\left(\frac{x_i-\bar{x}}{s}\right)^3$$

偏度为正的情况

偏度为负的情况

分布的峰值比正态分布的靠左，右尾变长

峰值在右侧，左尾变长

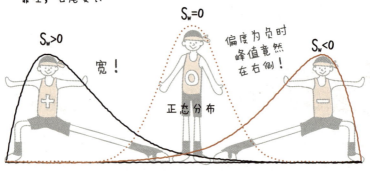

$S_w>0$

宽！

$S_w=0$

偏度为负时峰值竟然在右侧！

正态分布

$S_w<0$

偏度（skewness） ••• 表示非对称性的指标，用来衡量与正态分布相比左右偏斜的程度。若随机变量的值较小的一侧尾部较长，偏度则为负值；若值较大的一侧尾部较长，偏度则为正值。

▶▶▶ 峰度

● 峰度是衡量分布尖度的指标。

● 根据样本数据计算峰度的公式如下所示。

$$\text{峰度} \quad S_k = \frac{1}{n}\left\{\left(\frac{x_1-\bar{x}}{s}\right)^4+\left(\frac{x_2-\bar{x}}{s}\right)^4+\cdots+\left(\frac{x_n-\bar{x}}{s}\right)^4\right\}-3 = \frac{1}{n}\sum_{i=1}^{n}\left(\frac{x_i-\bar{x}}{s}\right)^4-3$$

只是将偏度公式中的 3 次方改为 4 次方，然后减去 3 而已……

峰度为正的情况

比正态分布陡，
方差有变小的趋势

正态分布
$S_k=0\rightarrow$

$S_k>0$

好尖！！

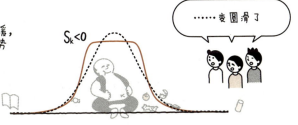

峰度为**负**的情况

峰的形状较为平缓，
方差有变大的趋势

$S_k<0$

……变圆滑了

检查离群值

如果偏度和峰度的值与0相差较大，很可能是混入了极大（极小）的值。

	数据						偏度 S_w	峰度 S_k
正确的数据	131	140	134	124	137	132	-0.43	-0.60
存在输入错误的数据	131	140	134	1240	137	132	1.79	1.20

输入错误

峰度（kurtosis）••• 用于衡量相对于正态分布的尖度（峰值的尖度和尾部的陡缓程度）。正态分布的峰度为0，峰度小于0的分布称为低峰态分布，峰度大于0的分布称为尖峰态分布。

随机事件的分布
～泊松分布～

泊松分布是试验次数非常多（n 很大），但事件发生的概率（发生概率 p）非常低时的二项分布。

该分布用来表示随机事件的概率分布，如某月生产的物品中瑕疵品的个数、某个路口发生交通事故的次数、某个地区的落雷数等。

● **泊松分布**的概率函数如下所示。

在某段时间内，平均发生 λ 次的事件发生 x 次的概率 Pr 为……

$$Pr(X = x) = \frac{e^{-\lambda}\lambda^x}{x!}$$

e：自然常数

λ：平均数（试验次数 n × 概率 p）

x：事件的发生次数（x! 是 x 的阶乘）

---

x 的阶乘就是从 1 到 x 的连续整数（正整数）的积。例如，$3! = 3 \times 2 \times 1 = 6$。

假设某工厂生产电灯泡，已知在该工厂生产的电灯泡中每 500 个会出现 1 个（0.2%）瑕疵品。

因此，当生产 1000 个电灯泡（$n = 1000$）时，瑕疵品的平均个数（λ）为生产个数（n）× 瑕疵品出现概率（p）= $1000 \times 0.002 = 2$。

我们使用泊松分布来计算瑕疵品为 0 个（$x = 0$）的概率。

$$Pr(X = 0) = \frac{e^{-2}2^0}{0!} = \frac{0.1353\ldots}{1} = 0.135$$

瑕疵品为 1 个（$x = 1$）的概率如下所示。

$$Pr(X = 1) = \frac{e^{-2}2^1}{1!} = \frac{0.1353\ldots \times 2}{1} = 0.271$$

瑕疵品为 2 个（$x = 2$）的概率如下所示。

$$Pr(X = 2) = \frac{e^{-2}2^2}{2!} = \frac{0.1353\ldots \times 4}{2 \times 1} = 0.271$$

通过以上计算可知，该工厂生产的电灯泡中瑕疵品不超过 2 个的概率 $Pr(X \leqslant 2)$ 为

$$p(0) + p(1) + p(2) = 0.135 + 0.271 + 0.271 = 0.677(67.7\%)$$

泊松分布（poisson distribution）··· 指单位时间内随机事件的平均发生次数（瑕疵品的个数、事故的发生次数、罕见疾病的患病人数等）的分布。

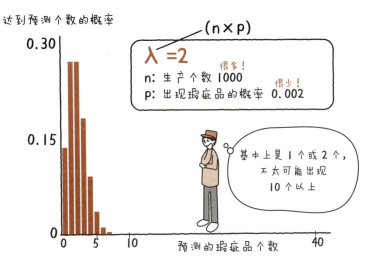

达到预测个数的概率

(n×p)

λ=2
n: 生产个数 1000 很多!
p: 出现瑕疵品的概率 0.002 很少!

基本上是 1 个或 2 个,
不太可能出现
10 个以上

预测的瑕疵品个数

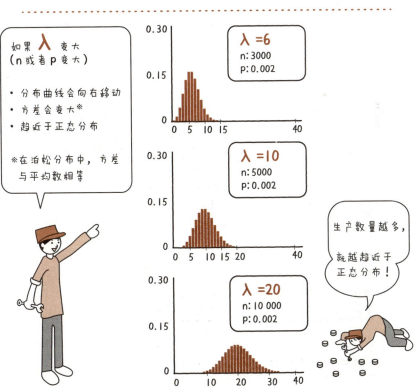

如果 λ 变大
(n或者p变大)

• 分布曲线会向右移动
• 方差会变大※
• 趋近于正态分布

※在泊松分布中,方差
与平均数相等

λ=6
n: 3000
p: 0.002

λ=10
n: 5000
p: 0.002

λ=20
n: 10 000
p: 0.002

生产数量越多,
就越趋近于
正态分布!

阶乘(factorial)••• 从1到某个数(n)的连续整数的积称为n的阶乘,记作n!。另外,0的阶乘(0!)为1。

同时处理多个数据

～卡方分布～

卡方分布可以同时处理多个遵循正态分布的数据，可用于方差分析等。
其形态根据求平方的数据的个数发生变化。

▶▶▶ 卡方统计量和卡方分布

自由度为 1 的卡方分布

```
-1.32  -0.84
-0.61   1.27
 0.35   0.44
 1.88   ...
 1.37   ...
 0.63   ...
```

自由度为 3 的卡方分布

```
 1.04  -0.11        1.61  -1.02        -0.54  -0.40
-0.28   2.01       -0.35   0.09         0.48   0.13
-0.33  -0.32        2.08  -0.07        -0.20  -0.64
-1.99   ...        -1.14   ...         -0.91   ...
 0.43   ...        -0.41   ...         -0.79   ...
 0.11   ...        -1.43   ...          0.82   ...
```

从 1 个标准正态分布中取出 1 个数据，求平方。例如 $1.37^2 \approx 1.88$

从 3 个不同的标准正态分布中分别取出 1 个数据求平方，然后相加。例如 $0.11^2 + (-0.41)^2 + (-0.64)^2 = 0.012 + 0.168 + 0.410 \approx 0.590$

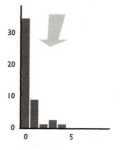

由于 -0.40 的平方和 0.40 的平方都是 0.16，所以 0 附近的数据会增多

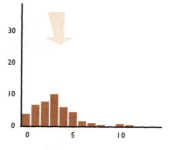

平均数比左图的大，分布向右延伸

卡方分布（chi-squared distribution）··· $z_1^2 + z_2^2 + \cdots + z_n^2$ 的概率分布（z 遵循标准正态分布）。卡方分布用于独立性检验、拟合优度检验等。

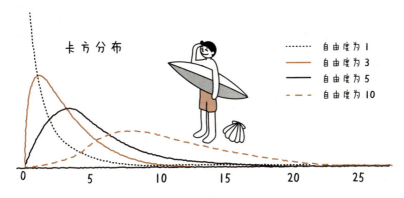

卡方分布

‧‧‧‧‧‧ 自由度为1
—— 自由度为3
—— 自由度为5
- - - 自由度为10

● 自由度为 m 的卡方分布记为 $\chi^2_{(m)}$。

相互独立

● 从标准正态分布中抽取 m 个变量（$z_1, z_2, \cdots, z_m$）的卡方统计量（卡方值）如下所示。

$$\chi^2_{(m)} = z_1^2 + z_2^2 + \cdots + z_m^2$$

● 通常，在从正态分布中抽取 m 个变量（$x_1, x_2, \cdots, x_m$）进行计算时，如果变量 x_i 的平均数为 μ_i，标准差为 σ_i，卡方统计量就可以用下面的公式表示。

$$\chi^2_{(m)} = \left(\frac{x_1-\mu_1}{\sigma_1}\right)^2 + \left(\frac{x_2-\mu_2}{\sigma_2}\right)^2 + \cdots + \left(\frac{x_m-\mu_m}{\sigma_m}\right)^2$$

当原始的正态分布的平均数和方差相等时，卡方统计量如下所示。

$$\chi^2_{(m)} = \left(\frac{x_1-\mu}{\sigma}\right)^2 + \left(\frac{x_2-\mu}{\sigma}\right)^2 + \cdots + \left(\frac{x_m-\mu}{\sigma}\right)^2 = \frac{1}{\sigma^2} \sum_{i=1}^{m} (x_i-\mu)^2 \quad \Sigma \text{ 表示总和}$$

● 卡方分布中存在如下关系。

平均数＝自由度 且 方差＝2×自由度

因此，在自由度增加的情况下，卡方分布图会向右移动，趋于平缓。

Σ（sigma）‧‧‧ 表示总和的符号。基本用法是在 $i = 1, \cdots, n$ 时，
$\Sigma(x_i + y_i) = \Sigma x_i + \Sigma y_i$，$\Sigma a \cdot x_i = a\Sigma x_i$，$\Sigma a = na$（$a$ 为常数）

卡方值的比

~ F分布 ~

F值是两个卡方值的比。该统计量的分布就是F分布。

因为使用了各个样本的卡方值，所以自由度为2。

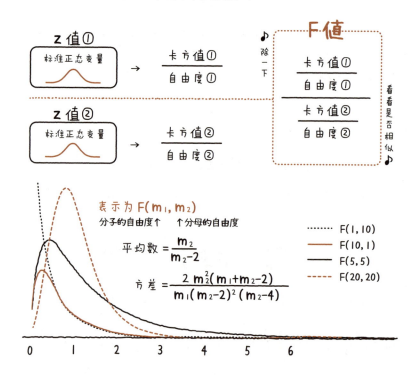

表示为 $F(m_1, m_2)$

平均数 $= \dfrac{m_2}{m_2 - 2}$

方差 $= \dfrac{2 m_2^2(m_1 + m_2 - 2)}{m_1(m_2 - 2)^2 (m_2 - 4)}$

- ······· $F(1, 10)$
- —— $F(10, 1)$
- —— $F(5, 5)$
- ----- $F(20, 20)$

📊 方差比的分布

我们先来思考一下关于两个变量(x, y)的公式 $\dfrac{(1/\sigma_x^2)\sum(x_i - \mu_x)^2}{(1/\sigma_y^2)\sum(x_i - \mu_y)^2}$。正如前面介绍的那样，公式中的分子和分母都遵循卡方分布。因此，这个公式就是卡方值的比。也就是说，它遵循F分布。

然后，假设x和y取自同一个总体。由于$\mu_x = \mu_y = \mu$，$\sigma_x^2 = \sigma_y^2 = \sigma^2$，所以该公式可以变形为 $\dfrac{(1/\sigma^2)\sum(x_i - \mu)^2}{(1/\sigma^2)\sum(y_i - \mu)^2} = \dfrac{\sum(x_i - \mu)^2}{\sum(y_i - \mu)^2} = \dfrac{\sum(x_i - \mu)^2/n}{\sum(y_i - \mu)^2/n}$。最后得到的结果是$x$和$y$的方差比。

通过以上内容我们可以看出，变量(x, y)的方差比遵循F分布。

F分布（*F-distribution*）●遵循卡方分布的两个独立概率变量的比的分布，又称方差比分布。用于等方差检验、方差分析等。

代替正态分布

~ t 分布 ~

当总体方差未知且样本容量很小时，使用正态分布（z分布）进行推断和检验会产生误差。

在这种情况下，我们可以使用准标准化变量遵循的 *t分布*。

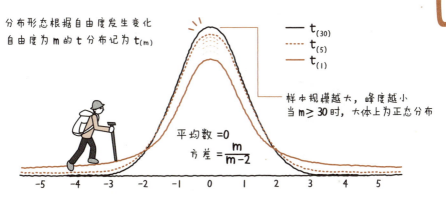

分布形态根据自由度发生变化
自由度为 m 的 t 分布记为 t(m)

— t(30)
···· t(5)
— t(1)

样本规模越大，峰度越小
当 m ≥ 30 时，大体上为正态分布

平均数 =0

方差 = $\frac{m}{m-2}$

-5 -4 -3 -2 -1 0 1 2 3 4 5

注：与正态分布相比，小样本的 t 分布的曲线尾部距离横轴较远

在反复抽取样本并计算样本均值的情况下，该样本均值会遵循平均数为 μ、标准误差为 $\frac{\sigma}{\sqrt{n}}$ 的正态分布。因此，样本均值的标准化变量可以使用 $z_{\bar{x}}$ 进行计算。但是，当总体标准差 σ 未知（通常都是如此）时，我们需要使用遵循 t 分布的 *准标准化变量 $t_{\bar{x}}$*。

$\bar{x}$ 的标准化变量

z 分布

$$z_{\bar{x}} = \frac{\bar{x} - \mu}{\frac{\sigma}{\sqrt{n}}}$$

当 σ 的值未知时

$\bar{x}$ 的准标准化变量

t 分布

$$t_{\bar{x}} = \frac{\bar{x} - \mu}{\frac{s}{\sqrt{n-1}}}$$

概
率
分
布

代
替
正
态
分
布

---

t分布（t-distribution）••• 在总体方差未知时可以用来代替正态分布。在样本规模很小的情况下，与正态分布相比，t分布的尾部距离横轴较远，而当 n ≥ 30 时，t分布就与正态分布基本一样了。

37

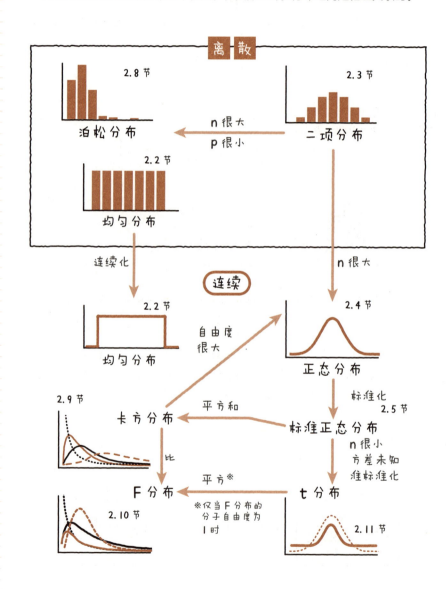

各种概率分布的关系

人们通常会认为概率分布各不相关，但实际上许多分布之间是相互关联的。

离散

2.8节
泊松分布

2.3节
二项分布

n 很大
p 很小

2.2节
均匀分布

连续化

n 很大

连续

2.2节
均匀分布

自由度很大

2.4节
正态分布

2.9节
卡方分布

平方和

标准化
2.5节
标准正态分布

比

平方※

F 分布

2.10节

※仅当F分布的分子自由度为1时

n 很小
方差未知
准标准化

t 分布

2.11节

伟人传③

HELLO I AM...

阿道夫·凯特勒
Adolphe Quetelet（1796—1874）

近代统计学之父凯特勒于1796年出生在比利时的佛兰德。凯特勒从小擅长数学，19岁就成为根特大学的数学讲师，4年后获得数学博士学位。之后，他在首都布鲁塞尔向政府提议建立天文台，并为了筹备工作而出访法国。当时的法国有让·巴普蒂斯·约瑟夫·傅里叶（Jean Baptiste Joseph Fourier）、皮埃尔-西蒙·拉普拉斯（Pierre-Simon Laplace）等优秀的数学家，关于概率论和误差的研究已经很先进了。在那里，凯特勒受到了概率论的影响（1823年）。

比利时独立后，政府出于行政需要，于1846年委托凯特勒负责指导人口调查工作。正是这一举动大大推进了统计学的历史进程。在这之前，人们只知道天文学领域中的测量误差遵循正态分布，而凯特勒通过各种大规模的调查，证明了人的身高等身体特征以及犯罪率和死亡率等社会现象也遵循正态分布。

伟人传④

HELLO I AM...

弗洛伦斯·南丁格尔
Florence Nightingale（1820—1910）

南丁格尔被公认为现代护理教育的奠基人，而她也是一名充满热情的统计学家。1820年出生于一个英国上流社会家庭的她，因参加慈善活动，立志成为一名护士。她在德国和法国的医院积累了许多经验，于1853年回到伦敦。在克里米亚战争期间，她就任英国陆军医院的护士长。

当时，英国陆军医院收集的统计数据非常混乱，这令南丁格尔感到非常震惊。敬仰凯特勒的南丁格尔深知统计学的重要性，因此她主张必须收集准确的数据进行统计分析，并在此基础上采取对策，以防止医院内部感染，减少不必要的死亡。她的思想和行动为现代医疗卫生体系打下了坚实的基础。

We guess you.

第 3 章　推断统计学

3 | 1

通过样本获取总体的特征

~ 推断统计学 ~

推断统计学是通过观测数据（样本）来推断其背后总体特征的学问。

为了在数据较少的情况下也能保证分析结果的准确性，推断统计学中引入了误差这一概念。这一点与描述统计学有所不同。

▶▶▶ 推断统计学

- 使用样本来推断总体的特征（总体参数）。
- 总体参数指总体的平均数或方差等决定总体分布形态的值，也称为参数（parameter）。

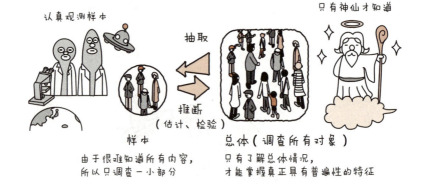

认真观测样本

只有神仙才知道

抽取

推断
（估计、检验）

样本
由于很难知道所有内容，
所以只调查一小部分

总体（调查所有对象）
只有了解总体情况，
才能掌握真正具有普遍性的特征

▶▶▶ 描述统计学

- 描述统计学（第 1 章）一般以获取手头观测数据的特征为目的，不会推断总体参数（参考本节专栏）。

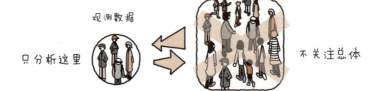

观测数据

只分析这里

不关注总体

总体（population）••• 样本的来源，也就是整个目标群体。

样本（sample）••• 从总体中随机抽取的数据集合，观测数据即样本。

▶▶▶大样本和小样本

❍如果将描述统计学的方法直接用于数据量较小的小样本，那么推断的精确度会很低，检验结果可能会出错（小样本的问题）。

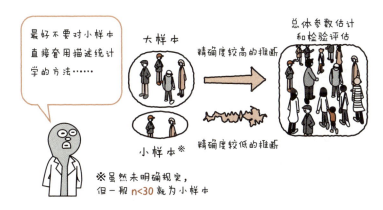

▶▶▶误差

❍为了在使用小样本时也能保证结果的准确性，推断统计学中引入了误差这一概念。在本章后半部分，笔者会对误差进行详细的讲解。

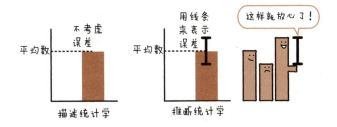

专栏
描述统计学中的样本和总体

人们通常认为描述统计学中没有样本和总体的概念，但实际上并非如此。描述统计学在 19 世纪和 20 世纪不断发展，在此过程中，人们也试图利用描述统计学从样本中获取总体的特征。可惜的是，当时对小样本采用了和大样本同样的方法，因此没有得到准确的结果。由此，费歇尔等人认为描述统计学不可行。

巧妙估计总体参数

～无偏估计～

所谓无偏估计，就是根据样本来估计一个与总体参数的真值相比既不偏大也不偏小的统计量。

对于离散程度，可使用自由度来修正描述统计学的样本统计量；对于平均数，可直接将样本均值作为总体均值的无偏估计量。

▶▶▶▶ 统计量的偏差

- 如果使用描述统计学的方法来计算统计量，得到的结果就会大于或小于总体参数的真值。
- 无偏估计用于获取修正了该偏差的统计量（无偏估计量）。

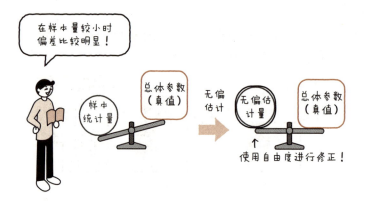

▶▶▶▶ 统计量的偏差

- 实际上，使用描述统计学的方法计算出的方差（样本方差）会比真值（总体方差）小一些。当然，其平方根——样本标准差也会小于总体标准差。

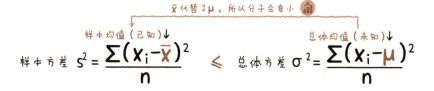

$$\bar{x}\text{代替了}\mu\text{，所以分子会变小}$$

$$\text{样本方差 } s^2 = \frac{\sum(x_i - \bar{x})^2}{n} \leq \text{总体方差 } \sigma^2 = \frac{\sum(x_i - \mu)^2}{n}$$

（样本均值（已知）↓）　　　　　　　（总体均值（未知）↓）

无偏估计（unbiased estimate）••• 根据样本来估计总体参数，保证总体参数既不偏大也不偏小。
总体参数（parameter）••• 指总体的平均数和方差，用于决定总体分布的形态。可通过样本估计该值。

▶▶▶ 无偏估计（修正）的方法

- 将样本方差 s^2 公式中的分母 n（样本容量）减去 1，让样本方差的值变得大一些，这样样本方差就接近于总体方差了（无偏方差）。
- 这里的 $n - 1$ 称为自由度（3.3 节）。

无偏方差　$\hat{\sigma}^2 = \dfrac{\sum(x_i-\overline{x})^2}{n-1}$ ←比样本方差大一些

　　　　　　　　　　　　　　　　　　　　　　自由度

无偏标准差　$\hat{\sigma} = \sqrt{\hat{\sigma}^2} = \sqrt{\dfrac{\sum(x_i-\overline{x})^2}{n-1}}$

▶▶▶ 无偏估计量（总结）

- 无偏估计量是只使用样本信息，对总体参数进行无偏估计的统计量。
- 关于符号，样本统计量中使用拉丁字母，总体参数中使用希腊字母，无偏估计量中使用加了"^"的希腊字母来进行区分。
- 由于不知道样本均值是大于还是小于总体均值，所以无法进行修正，只好将其当成无偏均值。

样本均值　$\overline{x}$ 　无偏均值　$\hat{\mu}\,(=\overline{x})$ 　总体均值　μ
样本方差　s^2 　无偏方差　$\hat{\sigma}^2$ 　总体方差　σ^2
样本标准差　s 　无偏标准差　$\hat{\sigma}$ 　总体标准差　σ
　　　　　　　　　　　　　重要

方差出现偏差的具体示例

　　假设有 1、2、3 这 3 个观测数据。这时，样本均值 $\overline{x}$ 一定是 2，但总体均值不一定是 2，也有可能是 2.1（只有确认全部数据才能知道）。我们试着用这些值来计算偏差平方和，并进行比较。使用样本均值（2）算出的值是 2.0，使用总体均值（2.1）算出的值是 2.03。

无偏估计量（unbiased estimator）••• 与总体参数相等的统计量，可通过无偏估计求得。
无偏方差（unbiased variance）••• 因为样本方差比总体方差小，所以需要使用自由度让统计量变得大一些。

不受限制的数据个数

~自由度~

自由度指的是用来计算统计量的观测数据（变量）中可以自由取值的数据的个数。
自由度的值等于样本容量减去限制条件数。
限制条件数就是使用了样本数据的计算公式的个数。

▶▶▶ 自由度

◈ 自由度用于计算无偏估计量和检验统计量。

思考根据观测数据（变量）a、b、c来计算平均数
的例子

观测数据的个数
n=3

如果答案不固定（没有限制），那么这3个数据可以
取任意值

$$\frac{A + B + C}{3} = ??$$

自由度
$df=n$
（此时为3）

但是，如果平均数固定为5（有限制）

可以放入任意值
数据会减少为2个

限制

$$\frac{3 + 2 + \text{MMM}}{3} = 5$$

自由度
$df=n-1$
（此时为2）

放入2个值后，第3个值就自动确定了，
这个例子中只可以取10

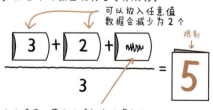

自由度（Degree of Freedom，DF）••• 指计算统计量时可以自由取值的数据个数，其值为样本容量 n 减去限制
条件数。t 分布和卡方分布有1个自由度，F 分布有2个自由度。

▶▶▶无偏方差的自由度

- 每次使用样本来计算平均数等值，自由度都会减 1。
- 例如，使用 1 个样本均值的无偏方差的自由度是 $n-1$。

假设从某个总体中随机抽取（观测）样本。

这时，由于各个数据是已知的，所以样本均值也是确定的。

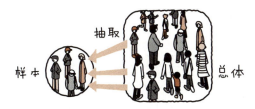

无偏方差的计算公式如下所示。

$$\hat{\sigma}^2 = \frac{\sum(x_i - \bar{x})^2}{n-1}$$

样本均值是确定的数，所以算 1 个限制条件

无偏方差的自由度 $df = n-1$

总体方差的计算公式如下所示。

$$\sigma^2 = \frac{\sum(x_i - \mu)^2}{n}$$

总体均值是未知的，所以不能成为限制条件

总体方差的自由度 $df = n$

▶▶▶自由度不一定是 $n-1$

- 计算统计量时使用的平均数等的限制条件不一定只有 1 个。
- 例如，方差分析和独立性检验中就存在更多的限制。

相关系数 r 的公式如下所示。公式中使用了 $\bar{x}$ 和 $\bar{y}$ 这 2 个样本均值。因此，不相关检验（5.8 节）中需要使用自由度 $n-2$ 来计算统计量（t 值）。

$$相关系数\ r = \frac{\sum(x_i - \bar{x})(y_i - \bar{y})}{\sqrt{(\sum(x_i - \bar{x})^2)(\sum(y_i - \bar{y})^2)}}$$

样本均值（限制）有 2 个

限制条件（limiting condition）••• 决定自由度的条件的个数，即统计量用到的平均数等的运算值（计算公式）的个数。在 t 检验和独立性检验中为 1，不相关检验中为 2，方差分析（F 检验）中为组数。

样本统计量的分布①

~平均数的分布~

除了个别观测数据，样本的统计量也遵循概率分布。

不过，分布的形态因统计量而异。下面笔者来介绍比较有代表性的样本均值的分布、样本比例的分布、样本方差的分布和样本相关系数的分布。

▶▶▶样本分布（样本统计量的分布）

- 可以抽取无数次样本。这些样本统计量的值各不相同，因此它们是离散（分布）的。
- 样本分布的离散程度（标准差）称为标准误差，它用来预测误差的范围。

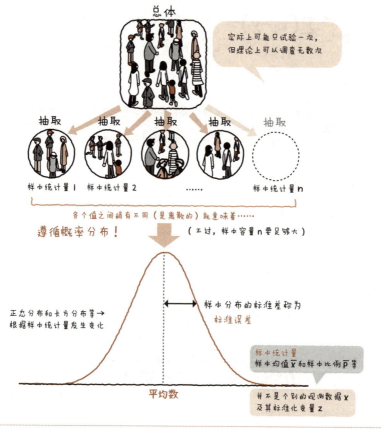

总体

实际上可能只试验一次，但理论上可以调查无数次

抽取　抽取　抽取　抽取　抽取

样本统计量1　样本统计量2　……　样本统计量n

各个值之间稍有不同（是离散的）就意味着……

遵循概率分布！　（不过，样本容量n要足够大）

正态分布和卡方分布等→根据样本统计量发生变化

样本分布的标准差称为标准误差

样本统计量
样本均值$\bar{X}$和样本比例$\bar{P}$等

平均数

并不是个别的观测数据X及其标准化变量Z

样本分布（sample distribution）••• 反复从总体中随机抽取的样本统计量（样本均值等）的概率分布。为了求误差，不考虑个别数据的值，而考虑样本统计量。

▶▶▶样本均值的分布（正态分布）

● 当样本容量变得足够大时，样本均值$\bar{x}$的分布就会遵循正态分布。

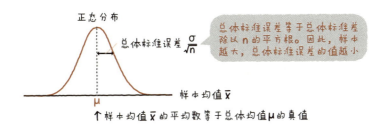

正态分布

总体标准误差 $\dfrac{\sigma}{\sqrt{n}}$

样本均值$\bar{x}$

总体标准误差等于总体标准差除以 n 的平方根。因此，样本越大，总体标准误差的值越小

↑样本均值$\bar{x}$的平均数等于总体均值μ的真值

▶▶▶标准化后的样本均值的分布（z 分布）

● 标准化后的样本均值$z_{\bar{x}}$遵循标准正态分布（z 分布）。

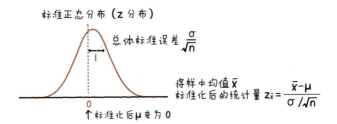

标准正态分布（z 分布）

总体标准误差 $\dfrac{\sigma}{\sqrt{n}}$

0

↑标准化后μ变为 0

将样本均值$\bar{x}$标准化后的统计量 $z_{\bar{x}} = \dfrac{\bar{x} - \mu}{\sigma / \sqrt{n}}$

▶▶▶标准化后的样本均值的分布（t 分布）

● 因为总体方差未知，所以使用无偏标准误差进行标准化后的样本均值$t_{\bar{x}}$遵循 t 分布。

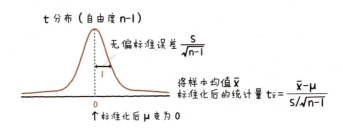

t 分布（自由度n-1）

无偏标准误差 $\dfrac{s}{\sqrt{n-1}}$

0

↑标准化后μ变为 0

将样本均值$\bar{x}$标准化后的统计量 $t_{\bar{x}} = \dfrac{\bar{x} - \mu}{s / \sqrt{n-1}}$

标准误差（standard error）••• 用于表示通过样本得到的评估量的误差（精确度）大小。例如，样本均值的标准误差等于标准差除以样本容量的平方根。

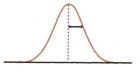

样本统计量的分布②
~比例的分布~

▶▶▶样本比例的分布（正态分布）

● 具有某种性质的元素的个数 x（样本比例 $\hat{p}$ 的分子）遵循二项分布 。

● 因此，如果样本容量 n 很大（试验超过 100 次），那么样本比例也遵循正态分布。

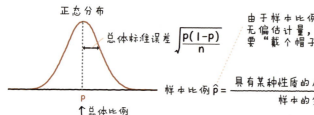

正态分布

总体标准误差 $\sqrt{\dfrac{p(1-p)}{n}}$

p ↑总体比例

由于样本比例也是总体比例 p 的无偏估计量，所以它的符号上面要"戴个帽子"

样本比例 $\hat{p} = \dfrac{\text{具有某种性质的人或个体等元素的个数 } x}{\text{样本的全部元素个数 } n}$

样本比例及其离散程度

● 具有某种性质的元素（人等）在总体中所占的比例是总体比例 p，在样本中所占的比例是样本比例 $\hat{p}$。

→例如，在针对某政党的支持率进行抽样调查时（$n = 100$），如果有 30 个人回答"支持"，那么样本比例 $\hat{p}$ 为 0.3。

● 将具有某种性质的元素的个数 x 作为随机变量的二项分布，其平均数为 np，方差为 $np(1 - p)$。

→样本比例的平均数（总体比例的真值）是 p，由 np 除以总体的元素个数 n 求得。同样，总体误差方差为 $\dfrac{p(1-p)}{n}$，由 $np(1-p)$ 除以全部元素个数 n^2 求得。

→总体误差方差为 $\dfrac{p(1-p)}{n}$，因此总体标准差为总体方差的平方根 $\sqrt{p(1-p)}$，总体标准误差为总体标准差除以 $\sqrt{n}$，即 $\sqrt{p(1-p)/n}$。

● 当 n 足够大时（100 以上），二项分布趋近于正态分布，因此我们可以认为样本比例 $\hat{p}$ 遵循平均数（总体比例）为 p、总体标准误差为 $\sqrt{p(1-p)/n}$ 的正态分布。

样本比例（sample ratio）••• 具有某种性质的元素在样本中所占的比例。由于分子遵循二项分布，所以当样本容量很大（$n \geq 100$）时，样本比例基本遵循以总体比例为中心的正态分布。

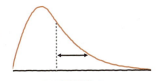

样本统计量的分布③

~方差的分布~

▶▶▶样本方差的分布（卡方分布）

- 样本方差 s^2 不遵循概率分布，为了让它遵循卡方分布，我们需要将其变换为与样本方差 s^2 或无偏方差 $\hat{\sigma}^2$ 成比例的统计量 。
- 样本方差的分布用于总体方差的区间估计和检验。

卡方分布（自由度为n-1）

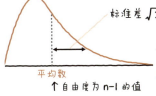

标准差 $\sqrt{2(n-1)}$ ←因为标准差只依赖于 n，所以我们不称它为标准误差

与样本方差 s^2 成比例的卡方统计量 $= \dfrac{n \times s^2}{\sigma^2}$

或

与无偏方差 $\hat{\sigma}^2$ 成比例的卡方统计量 $= \dfrac{(n-1) \times \hat{\sigma}^2}{\sigma^2}$

平均数

↑自由度为 n-1 的值

将样本方差变换为与自身或无偏方差成比例的统计量的方法

① 由于总体均值 μ 是未知的，所以用样本均值 $\bar{x}$ 来计算的卡方值，其自由度要减去 1，即 $n-1$。

$$\chi^2_{(n)} = \frac{\sum(x-\mu)^2}{\sigma^2} \longrightarrow \chi^2_{(n-1)} = \frac{\sum(x-\bar{x})^2}{\sigma^2}$$

② $\chi^2_{(n-1)}$ 的分子与下面的样本方差和无偏方差的分子相同。

$$\text{样本方差 } s^2 = \frac{\sum(x-\bar{x})^2}{n} \qquad \text{无偏方差 } \hat{\sigma}^2 = \frac{\sum(x-\bar{x})^2}{n-1}$$

③ 根据①和②，以下关系式成立。

$$\sigma^2 \times \chi^2_{(n-1)} = n \times s^2 \quad \text{或} \quad (n-1) \times \hat{\sigma}^2$$

④ 解出 χ^2 后就可以分别得出与样本方差、无偏方差成比例的统计量了。这类统计量遵循卡方分布。

$$\chi^2_{(n-1)} = \frac{n \times s^2}{\sigma^2} \quad \text{或} \quad \frac{(n-1)\hat{\sigma}^2}{\sigma^2}$$

样本方差的分布（sample variance distribution）••• 因为样本方差不遵循概率分布，所以我们要把它变换为与样本方差成比例的统计量。变换后的统计量遵循自由度为 $n-1$ 的卡方分布。

样本统计量的分布④

~ 相关系数的分布 ~

▶▶▶ 相关系数的分布（正态分布）（$\rho \neq 0$ 的情况）

- 如果总体相关系数 ρ 为非 0 数值，样本相关系数 r 就会遵循下图这种歪斜的分布，这种样本相关系数无法直接使用。

- 不过，如果进行 Fisher-z 变换 ，样本相关系数 r 就会遵循正态分布，于是我们就可以用它来估计总体相关系数的置信区间（4.4 节）了。

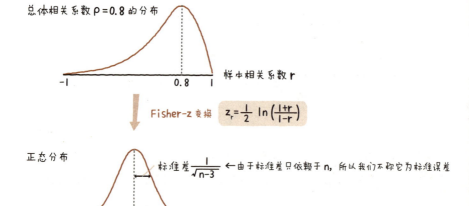

总体相关系数 $\rho=0.8$ 的分布

样本相关系数 r

Fisher-z 变换 $z_r = \frac{1}{2} \ln\left(\frac{1+r}{1-r}\right)$

正态分布

标准差 $\frac{1}{\sqrt{n-3}}$ ←由于标准差只依赖于 n，所以我们不称它为标准误差

将样本相关系数 r 进行 z 变换后的统计量 z_r

z_ρ

↑z_r 的平均数（真值）

📊 Fisher-z 变换和自然对数

　　Fisher-z 变换使用的反双曲正切函数是与三角函数相似的函数，不过在高中阶段我们没有学习该函数的相关知识。使用该函数进行变换时，样本相关系数 r 会趋近于正态分布，标准差（还有方差）只依赖于 n（比较稳定），所以这个方法也适用于区间估计。另外，进行 z 变换后的 z_r 虽然使用了与标准化统计量相同的符号 z，但它并未实现标准化（如果 ρ 是已知的，则可以进行标准化）。

　　另外，ln 表示自然对数（即 $\log_e$）。所谓自然对数，就是以自然常数 e（无限不循环小数 2.71…）为底数的对数，是指数函数 e^x 的反函数。例如，$\ln x$ 表示 e 的多少次方是 x。

相关系数的分布（distribution of the sample correlation coefficient）••• 在总体相关系数等于 0 的情况下，样本相关系数遵循自由度为 $n-2$ 的 t 分布。在总体相关系数不等于 0 的情况下，样本相关系数要进行遵循 z 分布的 Fisher-z 变换。

▶▶▶相关系数的分布（t 分布）（$\rho = 0$ 的情况）

- 如果总体相关系数 ρ 为 0，也就是不相关，我们就可以通过将样本相关系数 r 准标准化来让它遵循 t 分布。
- 这类相关系数的分布可用于相关系数的检验（不相关检验）。

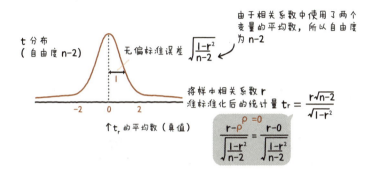

t 分布
（自由度 n-2）

无偏标准误差 $\sqrt{\dfrac{1-r^2}{n-2}}$

由于相关系数中使用了两个变量的平均数，所以自由度为 n-2

t_r 的平均数（真值）

将样本相关系数 r 准标准化后的统计量 $t_r = \dfrac{r\sqrt{n-2}}{\sqrt{1-r^2}}$

$$\frac{r-\overset{\rho=0}{\rho}}{\sqrt{\dfrac{1-r^2}{n-2}}} = \frac{r-0}{\sqrt{\dfrac{1-r^2}{n-2}}}$$

专栏

Excel 中的 E 是 "错误" 的意思吗

有时候学生会在课上反馈 Excel 总是发生错误的问题。

Excel 中经常会出现 "2E-08" "3.5E+08" 等内容，但这并不是错误的意思。该内容表示数字所在单元格宽度有限，位数较多的数用 10 的 n 次幂，即指数形式表示（E 是指数的英文 Exponent 的首字母）。

例如：2E-08 表示 2×10^{-8}，即 0.000 000 02；3.5E+08 表示 3.5×10^8，即 350 000 000。

因为宽度不够，所以使用10的○次方来表示

与真值的差异
～系统误差和随机误差～

总体参数和统计量之间的差异称为误差。误差分为偏离方向（偏大、偏小）固定的系统误差和偏离方向不固定的随机误差。

▶▶▶ 误差

- 总体参数真值和根据样本计算的统计量之间通常会有差异，该差异称为误差。

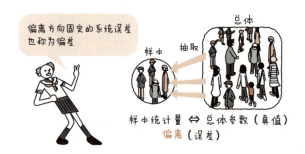

偏离方向固定的系统误差也称为偏差

样本统计量 ⇔ 总体参数（真值）
偏离（误差）

▶▶▶ 误差产生的原因

- 例如，夏天在外面使用金属尺子来测量物体长度时，尺子会因天气炎热而变长，所以无论测量多少次，测量的值都会比真值小。这种偏离称为系统误差。
- 即使不存在系统误差，出于其他各种原因（尺子的精度较低等），测量的值也不会与真值完全一致。这种偏离称为随机误差。

对真值为 1.0 cm 的瓢虫身长进行测量的示例

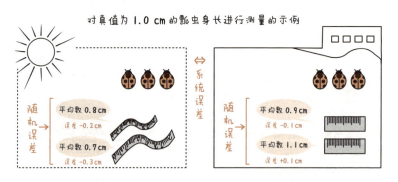

随机误差 → 平均数 0.8 cm 误差 -0.2 cm
平均数 0.7 cm 误差 -0.3 cm

⇔ 系统误差

随机误差 → 平均数 0.9 cm 误差 -0.1 cm
平均数 1.1 cm 误差 +0.1 cm

误差（error）••• 指测量值（统计量）与真值（总体参数）之间的差异，分为系统误差和随机误差。
系统误差（systematic error）••• 因测量仪器或测量环境的问题（习惯等）而产生的误差，偏离方向是固定的。

▶▶▶▶ 系统误差和随机误差

- **系统误差**：如果原因和偏离程度是明确的，我们就可以消除或修正系统误差。另外，我们也可以通过随机化（8.2 节）和区组化（8.3 节）来避免对结果造成负面影响。
- **随机误差**：虽然无法消除或修正随机误差，但由于样本均值的随机误差与样本容量紧密相关，所以样本均值的随机误差可以作为标准误差来判断随机误差的大小，或通过反复测量（8.3 节）使误差变小。

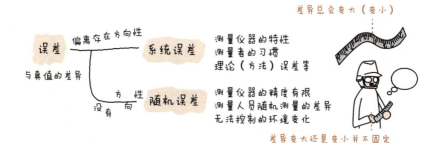

▶▶▶ 标准误差（样本均值的情况）

- **标准误差**体现了样本分布的离散程度，它是样本均值的随机误差的指标。
- 标准误差等于标准差除以自由度的平方根，所以样本容量越大，标准误差越小（精确度越高）。
- 样本均值的标准误差相当于样本均值的标准差。

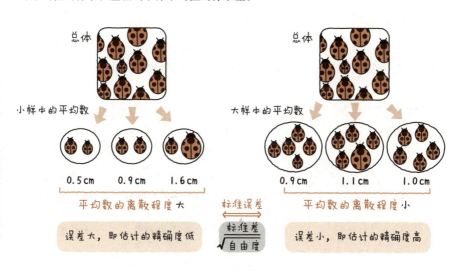

随机误差（random error）··· 由测量仪器的精度限制等问题产生的误差，偏离方向不固定。因此，我们无法完全消除该误差，但可以通过重复测量使误差变小。

3 | 9

关于样本均值的两大定理
～大数定律和中心极限定理～

随着样本容量变大，样本均值的变化如下所示。

① 样本均值趋近于真值，即总体均值。(大数定律)

② 样本均值与总体均值的差异（随机误差）趋近于正态分布。(中心极限定理)

▶▶▶ 大数定律

● 在重复进行大量试验的情况下，经验概率趋近于理论概率。

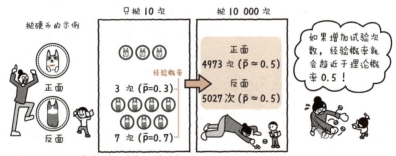

出现正面和反面的理论概率 p 各为 0.5(1/2)

▶▶▶ 样本均值中的大数定律

● 随着样本容量变大，样本均值也会趋近于总体均值。

● 进行大量试验并观测许多数据可以提高估计的精确度（减小误差）。

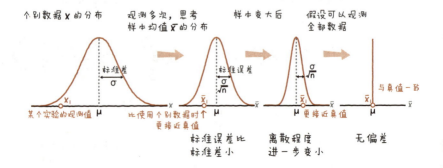

大数定律（law of large numbers）••• 试验次数较少时的经验概率比较片面，但随着试验次数的增多，经验概率
会趋近于理论概率。

▶▶▶中心极限定理

- 即使个别数据的总体不遵循正态分布，只要从中抽取的样本足够大（至少 30 个），样本均值就会遵循正态分布。
- 例如，大样本下的二项分布趋近于正态分布，这就是中心极限定理的一个很好的示例。
  →许多统计方法以数据遵循正态分布为前提，所以这个定理非常重要。

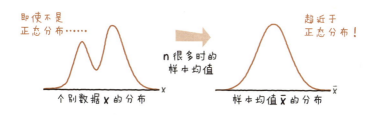

即使不是正态分布……   个别数据 x 的分布   n 很多时的样本均值   趋近于正态分布！   样本均值 x̄ 的分布

3

推断统计学

关于样本均值的两大定理

- 笔者使用误差来重新解释一下。如下图所示，样本均值和平均数的真值之差，即误差是没有方向性的随机误差，如果样本很大，误差就会趋近于以 0 为中心的正态分布。

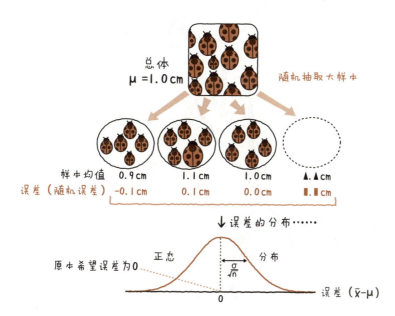

总体
μ =1.0 cm   随机抽取大样本

样本均值   0.9 cm   1.1 cm   1.0 cm   ▲.▲ cm
误差（随机误差） -0.1 cm   0.1 cm   0.0 cm   ■.■ cm

↓误差的分布……

原本希望误差为 0   正态   分布 $\dfrac{\sigma}{\sqrt{n}}$ 误差（x̄-μ）

中心极限定理（central limit theorem）••• 在大样本的情况下，误差的分布趋近于平均数为 0、方差为 σ^2/n 的正态分布。因此，即使总体不遵循正态分布，只要是大样本，样本均值就会遵循正态分布。

I believe them.

第 4 章　置信区间估计

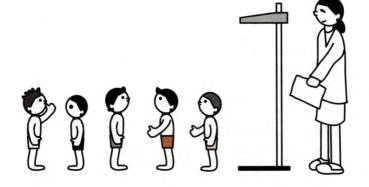

有范围的估计①

~总体均值的置信区间~

总体均值或总体方差落入的区间要通过样本来估计。

由于采用区间范围来表示误差大小，所以精确度一眼就能看出来，这一点与用一个值表示的无偏估计（点估计）不同。

▶▶▶区间估计

● 根据样本的统计量来估计总体参数的范围。

● 除总体均值之外，还存在总体比例、总体方差、总体相关系数等的区间估计。

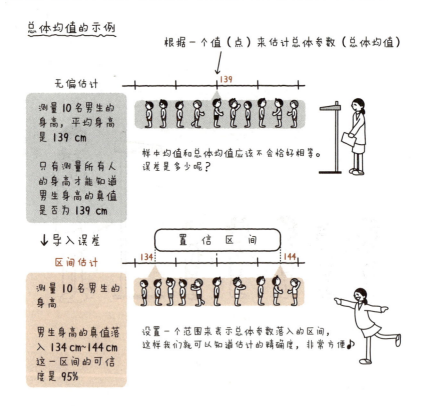

总体均值的示例

根据一个值（点）来估计总体参数（总体均值）

无偏估计

139

测量10名男生的身高，平均身高是139 cm

只有测量所有人的身高才能知道男生身高的真值是否为139 cm

样本均值和总体均值应该不会恰好相等。误差是多少呢？

↓导入误差

区间估计

置信区间

134   144

测量10名男生的身高

男生身高的真值落入134 cm~144 cm这一区间的可信度是95%

设置一个范围来表示总体参数落入的区间，这样我们就可以知道估计的精确度，非常方便♪

置信区间（confidence interval）••• 指总体参数（真值）可能存在的范围，在置信下限和置信上限之间。

区间估计（interval estimation）••• 估计总体参数的范围。我们可以根据这个范围轻松知道估计的精确度。

▶▶▶ 置信系数（置信度、置信水平）

- 在进行 100 次抽样和区间估计的情况下，如果总体参数有 95 次落入估计区间，我们就可以说**置信系数**为 95%。
- 置信系数一般为 95%。当然，99% 更好，但请注意，如果区间太宽，区间估计就变得没有意义了。

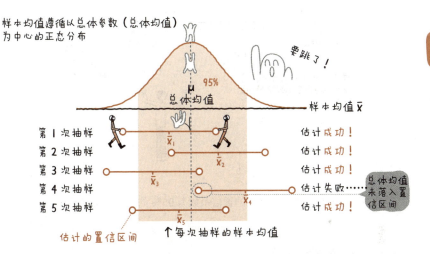

样本均值遵循以总体参数（总体均值）为中心的正态分布

要跳了！

95%

μ 总体均值

样本均值 x̄

第 1 次抽样	x̄₁	估计**成功**！
第 2 次抽样	x̄₂	估计**成功**！
第 3 次抽样	x̄₃	估计**成功**！
第 4 次抽样	x̄₄	估计**失败**……
第 5 次抽样	x̄₅	估计**成功**！

总体均值未落入置信区间

估计的置信区间　　↑ 每次抽样的样本均值

置信区间估计　有范围的估计①

- 区间估计的大致步骤。

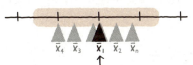

总体均值 μ 在这附近的可能性较高！

x̄₄　x̄₃　x̄₁　x̄₂　x̄ₙ

实际上只进行了一次实验，所以以该样本均值为中心，计算两侧的误差

步骤①：由于总体均值 μ 的值是未知的，所以我们将通过实验得到的样本均值 $\bar{x}_1$ 作为总体均值。

步骤②：以样本均值为中心，计算两侧的误差，求总体均值落入的区间。误差大小根据置信系数和样本容量发生变化。

置信系数（confidence coefficient）••• 指估计的区间中包含总体参数的概率，也称为**置信度**或**置信水平**。置信系数一般为 95%，但在误差较大的社会科学领域，置信系数有时也为 90%。

▶▶▶ 使用了正态分布的总体均值的区间估计

💬 这是区间估计的基本方法，但不可以用于大样本或总体方差未知的情况。

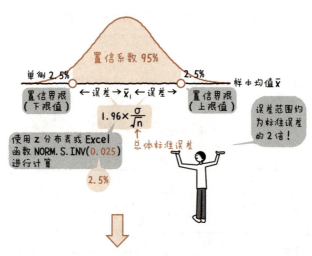

置信系数 95%

单侧 2.5%   2.5%   样本均值 $\bar{x}$

置信界限（下限值）   ←误差→ $\bar{x}_1$ ←误差→   置信界限（上限值）

$1.96 \times \dfrac{\sigma}{\sqrt{n}}$

误差范围约为标准误差的 2 倍！

使用 z 分布表或 Excel 函数 NORM. S. INV(0.025) 进行计算

2.5%

总体标准误差

💬 当总体方差已知时，总体均值 μ 的置信系数为 95% 的置信区间如下所示。

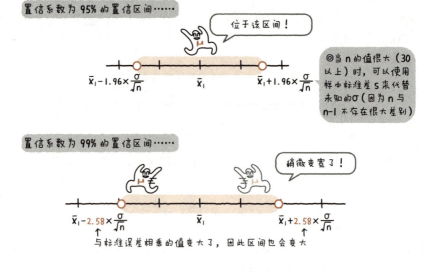

置信系数为 95% 的置信区间……

位于该区间！

$\bar{x}_1 - 1.96 \times \dfrac{\sigma}{\sqrt{n}}$ $\bar{x}_1$ $\bar{x}_1 + 1.96 \times \dfrac{\sigma}{\sqrt{n}}$

◎当 n 的值很大（30 以上）时，可以使用样本标准差 S 来代替未知的 σ（因为 n 与 n-1 不存在很大差别）

置信系数为 99% 的置信区间……

稍微变宽了！

$\bar{x}_1 - 2.58 \times \dfrac{\sigma}{\sqrt{n}}$ $\bar{x}_1$ $\bar{x}_1 + 2.58 \times \dfrac{\sigma}{\sqrt{n}}$

与标准误差相乘的值变大了，因此区间也会变大

总体均值的置信区间（confidence interval for mean）••• 在总体方差已知的情况下，我们可以使用正态分布或者 z 分布估计总体均值的置信区间，在未知的情况下，由于要使用 t 分布进行估计，所以在小样本中，区间会变宽。

▶▶▶ 使用标准正态分布（z分布）的总体均值的区间估计

● 由于标准化后的样本均值的离散程度（标准误差）为 1，所以区间估计变得更加简单。

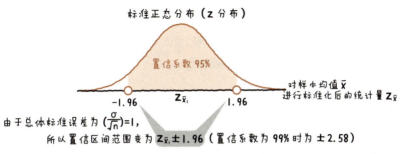

标准正态分布（z分布）

置信系数 95%

-1.96 $\quad z_{\bar{x}_1}$ $\quad 1.96$

对样本均值 $\bar{x}$ 进行标准化后的统计量 $z_{\bar{x}}$

由于总体标准误差为 $(\frac{\sigma}{\sqrt{n}}) = 1$，

所以置信区间范围变为 $z_{\bar{x}_1} \pm 1.96$（置信系数为 99% 时为 ± 2.58）

● 使用了标准正态分布的、总体均值 μ（等于 0）的置信系数为 95% 的置信区间如下所示。

$$z_{\bar{x}_1} - 1.96 \leqslant 0 \leqslant z_{\bar{x}_1} + 1.96$$

$$\bar{x}_1 - 1.96 \times \frac{\sigma}{\sqrt{n}} \leqslant \mu \leqslant \bar{x}_1 + 1.96 \times \frac{\sigma}{\sqrt{n}}$$

如果代入公式 $z_{\bar{x}} = \dfrac{\bar{x} - \mu}{\sigma / \sqrt{n}}$ 来计算 μ，

公式就会变为使用正态分布时的公式

▶▶▶ 使用 t 分布的总体均值的区间估计

● 在样本较小且总体方差未知的情况下，我们使用 t 分布进行估计。

● 由于预测的误差比 z 分布大，所以估计的区间也会更宽。

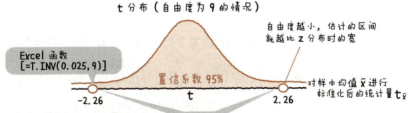

t 分布（自由度为 9 的情况）

Excel 函数 [=T.INV(0.025, 9)]

自由度越小，估计的区间就越比 z 分布时的宽

置信系数 95%

-2.26 $\quad t \quad$ 2.26

对样本均值 $\bar{x}$ 进行标准化后的统计量 $t_{\bar{x}}$

由于无偏标准误差为 1，所以置信区间变为 $t_{\bar{x}_1} \pm 2.26$

不过，置信界限不仅会根据置信系数发生变化，还会根据自由度的不同发生改变

> **练习**
>
> 当 $n = 10$ 且总体方差未知时，总体均值 μ 的置信系数为 95% 的置信区间如下所示。

$$t_{\bar{x}_1} - 2.26 \leqslant 0 \leqslant t_{\bar{x}_1} + 2.26$$

$$\bar{x}_1 - 2.26 \times \frac{s}{\sqrt{n-1}} \leqslant \mu \leqslant \bar{x}_1 + 2.26 \times \frac{s}{\sqrt{n-1}}$$

如果代入公式 $t_{\bar{x}} = \dfrac{\bar{x} - \mu}{s / \sqrt{n-1}}$ 来计算 μ……

置信区间的宽度（confidence interval width）••• 虽然较窄的置信区间更实用，但如果使用较高的置信系数（在 t 分布的情况下也会受到小样本的影响）进行估计，置信区间就会变得更宽。

有范围的估计②

~总体比例的置信区间~

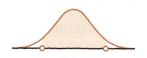

与总体均值一样，我们也可以对总体比例和总体方差（4.3 节）进行区间估计。
总体比例的区间估计可应用于预测收视率等。

▶▶▶ 总体比例的区间估计（正态分布）

● 与平均数的情况一样，总体比例的置信区间就是在样本比例的两边各取标准误差的
1.96 倍（置信系数为 95% 的情况）所形成的区间。

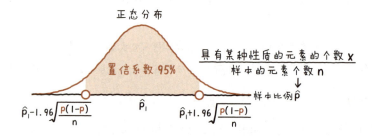

● 如果总体比例 p 未知，则无法计算总体标准误差，但如果样本的数据个数非常多
（ $n \geqslant 100$ ），我们就可以使用样本比例 $\hat{p}$ 进行近似计算。

在大样本的情况下，总体比例 p 的置信系数为 95% 的置信区间如下所示（Wald 方法）。

$$\hat{p}_1 - 1.96\sqrt{\frac{\hat{p}_1(1-\hat{p}_1)}{n}} \leqslant p \leqslant \hat{p}_1 + 1.96\sqrt{\frac{\hat{p}_1(1-\hat{p}_1)}{n}}$$

当置信系数为 99% 时为 2.58

当样本较小时，区间会比原本的置信系数的区间窄，因此，我们需要使用下面
的公式（Agresti-Coull 方法）对其进行修正，然后再进行估计。
该方法与 Wald 方法基本相同。在计算 $\hat{p}$ 时，我们给分母（元素个数 n ）加上 4，
给分子（具有某种性质的元素的个数 x ）加上 2，将得到的结果记为 $\hat{p}'$ 。

$$\hat{p}_1' - 1.96\sqrt{\frac{\hat{p}_1'(1-\hat{p}_1')}{n+4}} \leqslant p \leqslant \hat{p}_1' + 1.96\sqrt{\frac{\hat{p}_1'(1-\hat{p}_1')}{n+4}} \qquad 且 \ \hat{p}_1' = \frac{x+2}{n+4}$$

总体比例的置信区间（confidence interval for proportion）··· 用来预测收视率、选举得票率等。在大样本的情
况下可以使用正态分布进行估计（Wald 方法），如果是小样本，则使用 Agresti-Coull 方法。

有范围的估计③
~总体方差的置信区间~

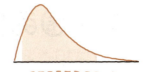

▶▶▶ 总体方差的区间估计（卡方分布）

● 总体方差的置信区间可以根据"与样本方差或无偏方差成比例的统计量遵循卡方分布"（3.6 节）这一点间接进行估计。

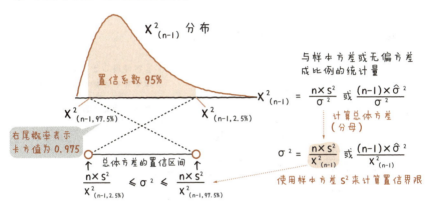

例如，当样本容量（数据个数）$n = 5$ 时，使用样本方差 s^2 来估计总体方差 σ^2 的置信系数为 95% 的置信区间，结果如下所示。

$$\frac{5 \times s^2}{11.143} \leqslant \sigma^2 \leqslant \frac{5 \times s^2}{0.484}$$

> 样本方差 s^2 可以通过样本数据计算出来

> 卡方值不仅会根据置信系数发生变化，还会根据自由度发生改变

练习

假设有如下 5 只瓢虫。请使用这些瓢虫的身长，以无偏方差 $\hat{\sigma}^2$ 来估计总体方差的置信系数为 99% 的置信区间。

5 mm   15 mm   10 mm   11 mm   8 mm

$$\frac{(5-1) \times 13.7}{14.860} \leqslant \sigma^2 \leqslant \frac{(5-1) \times 13.7}{0.207}$$

> 无偏方差 $\hat{\sigma}^2 = \dfrac{\sum (x - \bar{x})^2}{n-1} = 13.7$

> 计算自由度为4、右尾概率为 0.5% 的卡方值的 Excel 函数 [=CHISQ.INV(0.005,4)]

答案：总体方差的置信系数为 99% 的置信区间是
（3.69 mm², 264.73 mm²）

总体方差的置信区间（confidence interval for variance）••• 用于重视质量稳定性的质量管理等领域，它利用"与样本方差或无偏方差成比例的统计量遵循自由度为 $n-1$ 的卡方分布"这一点间接进行估计。

有范围的估计④

~总体相关系数的置信区间~

▶▶▶ 总体相关系数的区间估计（正态分布）

总体相关系数的置信区间可以根据"对样本相关系数 r 进行 Fisher-z 变换（3.7 节）后的统计量近似遵循正态分布"这一点进行估计。

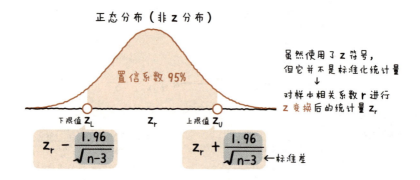

正态分布（非 z 分布）

置信系数 95%

下限值 z_L　　　z_r　　　上限值 z_U

$$z_r - \frac{1.96}{\sqrt{n-3}}$$

$$z_r + \frac{1.96}{\sqrt{n-3}} \leftarrow 标准差$$

虽然使用了 z 符号，但它并不是标准化统计量
↓
对样本相关系数 r 进行
z 变换后的统计量 z_r

总体相关系数 ρ 的置信系数为 95% 的置信区间是

$$z_r - \frac{1.96}{\sqrt{n-3}} \leq z_\rho \leq z_r + \frac{1.96}{\sqrt{n-3}}$$

$$\frac{1}{2}\ln\left(\frac{1+\rho}{1-\rho}\right)$$

直接使用 z 变换后的值不好理解，因此通过逆变换对值进行还原

$$\frac{e^{2z_L} - 1}{e^{2z_L} + 1} \leq \rho \leq \frac{e^{2z_U} - 1}{e^{2z_U} + 1}$$

自然对数的底数 e 的 $2z_L$ 次方

使用 Excel 中的 EXP 函数可以轻松求出以 e 为底的 n 次方（参照后面的专栏）

总体相关系数的置信区间（confidence interval for correlation coefficient）••• 由于样本相关系数的分布不是左右对称的，所以我们可以通过 Fisher-z 变换让统计量遵循正态分布，然后估计总体相关系数的置信区间。

Excel 的函数

E xcel 中有一个非常方便的功能——函数。函数中有很多按照目的事先定好的公式。函数的使用方法十分简单，我们只要在单元格中输入"=函数名（参数）"就可以进行各种计算，无须编写公式。

笔者以 EXP 函数为例进行介绍。该函数返回 e 的 n 次方。

① 在"公式"标签页中选择"插入函数"，然后搜索并选择"EXP"。当然，我们也可以直接在单元格中输入"=EXP（数值）"。

② 在"Number"处指定次方的值（e 的几次方）。我们可以直接输入值，也可以输入值的单元格地址，或者使用鼠标来指定。

③ 按回车键（Enter）或点窗体中的"确定"按钮，值（答案）就出来了。输入的参数是 2 就表示求 e 的平方，这时函数会返回 7.389...。

通过模拟来估计总体参数

~自助法~

自助法是即使无法假定总体的概率分布也能进行总体参数估计的方法。

对手头的数据有放回地重复进行抽样，从而形成大量重采样后的数据，然后根据该统计量来估计总体参数。

自助法属于统计学中的蒙特卡洛法（计算机模拟），估计分布时使用的是实际数据，不是随机数。

▶▶▶ 小样本时的总体分布

传统的总体参数估计

大样本

总体参数估计

总体分布

可以假定为　　正态分布

小样本的情况

小样本

总体参数估计

正态分布的假设不可信

? ? ? ? ?

即便强行假设正态性，使用 t 分布进行估计，得出的估计结果也会因误差过大而无法使用（置信区间过宽等）

如何使用手头的数据准确估计总体参数呢？

自助（bootstrap）　原指靴子后面的圈形吊带，方便穿靴子时用手指往上提。比喻不可能的行为。

▶▶▶ 重复抽取样本

- 原始样本（观察到的手头数据）具有总体特征。
- 这样一来，从原始样本中抽取的新样本（重采样后的数据）也应该具有总体特征。

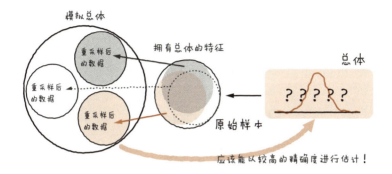

应该能以较高的精确度进行估计！

▶▶▶ 自助法

- 自助法是根据重采样的统计量（平均数等）来估计总体参数的方法。
- 采用重置抽样（放回抽取的值）的方法大量创建与原始样本大小相同的样本。重复 1000~2000 次，统计量的值就稳定了。
- 使用新获取的平均数和样本标准差可以估计出更准确的区间。

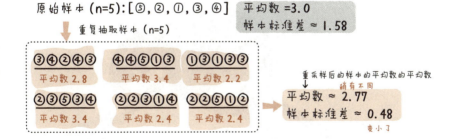

🚩 练习

总体均值的置信系数为 95% 的置信区间如下所示（上述示例：$n = 5$）。

传统的方法（t 分布）　$3.00 \pm 2.78 \times 1.41/\sqrt{4}$　→（1.04, 4.96）　变窄了！

自助法　　　　　　　　$2.77 \pm 2.78 \times 0.48/\sqrt{4}$　→（2.10, 3.44）

自助法（bootstrapping）▶▶▶ 布拉德利·埃弗龙（Bradley Efron）提倡的一种蒙特卡洛法（模拟方法）。从手头的 n 个数据中多次有放回地抽取相同大小的样本，然后根据这些样本的统计量来估计总体参数。

Reject and win.

第 5 章　假设检验

判断是否存在差异

～假设检验～

假设检验用来判断观测到的多个平均数或方差之间的差异在总体中是否也存在。
根据比较的统计量的类型，假设检验可以划分为多种类型。

▶▶▶ 指定的值和样本均值的检验

| 理论油耗 | 比较 | 用户监测的实际油耗 |

 例 说明书中记载的 A 车的
油耗与用户监测的实际
油耗之间有差异吗？

▶▶▶ 指定的比例和样本比例的检验

| 目标支持率 | 比较 | 通过问卷调查得出的支持率 |

 例 支持率低于 **30%** 将解散内
阁，而问卷调查的结果显
示支持率为 **20%**。应该解
散内阁吗？

▶▶▶ 指定的方差和样本方差的检验

| 可容许的容量离散程度 | 比较 | 某条生产线上产品的容量离散程度 |

 例 某条生产线上生产的
1 袋零食，其容量的
离散程度是否超过了
容许的范围？

72

指定的值与样本统计量的检验（one sample test）••• 比较"观测到的 1 个样本统计量"与"已知的指定统计量"（平
均数、方差、比例等），使用概率来判断它们的差异在总体中是否也存在。

▶▶▶ 不相关检验

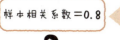 样本相关系数＝0.8   比较   总体相关系数＝0

 例 运动量和体重之间是否存在负相关关系？

▶▶▶ 平均数差异的检验

全班男生成绩的平均数   比较   全班女生成绩的平均数

 例 男生的成绩和女生的成绩之间有差异吗？

▶▶▶ 等方差检验

A工厂的螺丝长度的离散程度   比较   B工厂的螺丝长度的离散程度

 例 A工厂生产的螺丝和B工厂生产的螺丝在长度的离散程度上有差异吗？

▶▶▶ 比例之差的检验

A生产线的成品率   比较   B生产线的成品率

 例 A生产线生产的液晶屏和B生产线生产的液晶屏在成品率上有差异吗？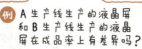

双样本检验（two sample test）••• 在根据条件或处理把样本划分为两组时，使用概率来判断观测到的两个样本统计量（平均数、方差、比例等）的差异在总体中是也否存在。

两种假设

~零假设和备择假设~

在检验时，因为需要通过概率来判断关于总体的假设是否正确，所以建立什么样的假设非常重要。

▶▶▶ 零假设

● 与研究中主张（希望采用）的内容相反的假设称为零假设。

● 内容为"无差异"或"处理无效"等。

● 检验方法是尝试反证该假设。

表示零假设的符号 H_0

总体
假设的真正对象

H_0：两组样本的▲▲无差异

总体均值、总体方差等

从同一个总体中抽取

样本 = 样本 ←实际上比较的是它们

▶▶▶ 备择假设

● 拒绝零假设后，作为替代品被接受的假设称为备择假设。

● 备择假设是研究中真正主张的内容。

表示备择
假设的符号 H_1

可以认为这两组样本是分别从不同的总体中抽取的！

H_1：两组样本的▲▲有差异

从不同总体中抽取

 ≠

样本 样本

假设（hypothesis）••• 预先建立的关于总体的假设分为希望假设内容错误的零假设（研究中不主张的），和拒绝该零假设后采用的备择假设（研究中主张的）。

HELLO WE ARE...

内曼和皮尔逊

Jerzy Neyman（1894—1981）
Egon Sharpe Pearson（1895—1980）

Neyman

Pearson

现在使用了零假设和备择假设的假设检验程序是由耶日·内曼和皮尔逊创立的。这里所说的皮尔逊并不是描述统计学的集大成者卡尔·皮尔逊，而是他的儿子埃贡·皮尔逊。埃贡·皮尔逊出生于英国伦敦，早年在剑桥大学学习天文物理学，后来对统计学产生兴趣，加入了父亲的研究室。出生于摩尔多瓦的内曼非常崇拜卡尔·皮尔逊，为了接受他的指导前往伦敦留学，但比起年迈的卡尔·皮尔逊，内曼与年龄相仿的埃贡·皮尔逊更意气相投。除了假设检验，内曼和埃贡·皮尔逊还建立了区间估计等现代推断统计学的框架。另外，内曼还是最早在美国的大学设立统计学专业的人。

实际上，现代假设检验的基础——对总体的假设进行反证是费歇尔先想出来的。但是，他并未设置在假设被拒绝的情况下作为替代品被接受的另一个假设。内曼和埃贡·皮尔逊通过设置备择假设，让检验的内容变得更加容易理解。除此之外，他们还实现了统计检验能力（5.5 节）的计算。换句话说，通过设置零假设，人们可以选择最好的检验方式。这真是划时代的思想。

虽然内曼和埃贡·皮尔逊大幅改进了费歇尔的检验，但他们的成果并未得到费歇尔的认可。由此，内曼对假设检验失去信心，在后半生的研究中基本未再用过假设检验。不过后来，设置了备择假设的假设检验被人们重新认识到价值所在。除在学术研究中用作统计工具之外，假设检验在新药审批、工厂抽检等领域中也成为一种必不可少的统计手段。

假设检验的步骤

根据获取观测数据的难度（实验结果发生的概率）来判断预先建立的关于总体的假设是否正确。

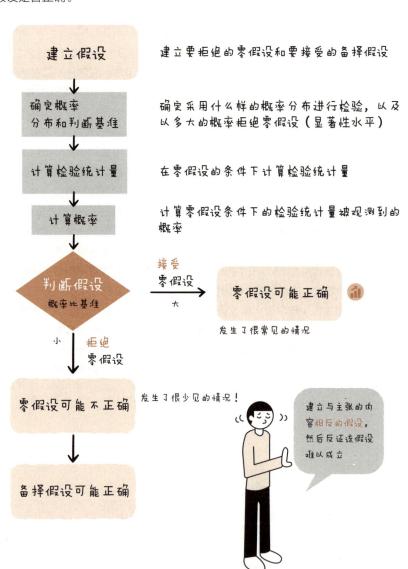

| 建立假设 | 建立要拒绝的零假设和要接受的备择假设 |

确定概率分布和判断基准 —— 确定采用什么样的概率分布进行检验，以及以多大的概率拒绝零假设（显著性水平）

计算检验统计量 —— 在零假设的条件下计算检验统计量

计算概率 —— 计算零假设条件下的检验统计量被观测到的概率

判断假设
概率比基准

接受
零假设
大

零假设可能正确
发生了很常见的情况

小 拒绝
零假设

零假设可能不正确
发生了很少见的情况！

备择假设可能正确

建立与主张的内容相反的假设，然后反证该假设难以成立

假设检验（hypothesis testing）··· 指以获取样本的难度（观测到该数据的概率）来检验预先建立的关于总体参数的零假设不成立的过程。

不可以接受零假设（判断零假设为"无差异"）

零假设（无差异）在被拒绝时表示该零假设不正确，即并非没有差异（＝有差异）。我们要注意的是零假设没有被拒绝时的含义。

即使没有拒绝零假设，也不可以就此接受零假设，认为该内容（无差异）是正确的。之所以这么说，是因为在重做实验或增加数据的情况下，零假设可能被拒绝，只不过在这次实验中观测到的数据未检测出显著的差异而已。因此，即使无法拒绝零假设，我们也不要接受它，要将这种情况理解为暂且保留零假设。

假设检验是拒绝零假设的过程，不是证明零假设正确的手段。不过，在呼吁削减成本的今天，许多领域的厂家也想就此主张"无差异"。例如：生产仿制药的公司就想主张自己的产品效果与原研药没有很大差异；生产塑料瓶的厂家想主张使用廉价原料生产的产品，其强度也不会很差等。在这种情况下，我们要将零假设定为"仿制药的效果比原研药的效果低一成"等，然后进行单侧检验（5.12 节）。

为什么不对主张的假设进行检验

不熟悉假设检验的学生常会问为什么不从一开始就对主张的假设进行检验。费心思去考虑明明就想拒绝的假设确实像是在绕远路。但是，我们思考一下检验两个平均数的差异的情景。在不知道实际的差异程度时，我们该建立什么样的假设呢？是假设差异较小，还是假设差异较大呢？

也就是说，由于可以建立无数个要主张（有差异）的假设，所以我们永远也到不了检验那一步。因此，建立不主张（无差异）的假设（内容唯一）并对其进行反证的做法更加合理。

指定的值（总体均值）和样本均值的检验

本节介绍的是将观测到的样本均值与指定的值（已知）进行比较，然后通过概率来判断它们是否存在差异的检验。

这是最基本的假设检验，回归系数的 t 检验也是该假设检验中的一种。

这种假设检验也称为单样本检验或总体均值的检验等。

▶▶▶ 假设的思路

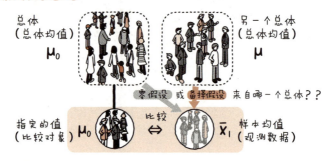

总体
（总体均值）
μ_0

另一个总体
（总体均值）
μ

零假设 或 备择假设 来自哪一个总体？？

指定的值
（比较对象）μ_0 比较 $\Leftrightarrow$ $\bar{x}_1$ 样本均值
（观测数据）

零假设
$H_0: \mu = \mu_0$

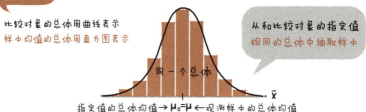

比较对象的总体用曲线表示
样本均值的总体用直方图表示

同一个总体

从和比较对象的指定值
相同的总体中抽取样本

指定值的总体均值→ $\mu_0 = \mu$ ←观测样本的总体均值

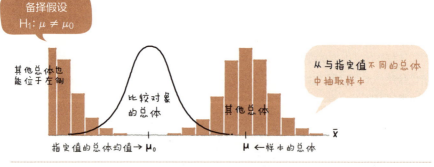

备择假设
$H_1: \mu \neq \mu_0$

其他总体也
能位于左侧

比较对象
的总体

其他总体

从与指定值不同的总体
中抽取样本

指定值的总体均值→ μ_0 μ ←样本的总体

总体均值的检验（one sample *t*-test）••• 是一种将观测到的样本均值与指定的平均数进行比较的检验方法。如回归系数的 t 检验等。

▶▶▶检验的思路

- 思考作为比较对象的"指定的值"与"观测到的样本均值"之间的差异是否在误差范围之内。

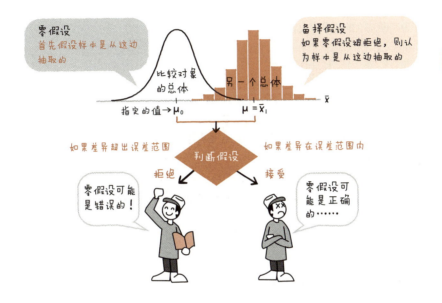

▶▶▶判断的思路

- 根据显著性水平来计算临界值(或阈值),即计算"如果样本均值大于该值,则拒绝零假设"的值。
- 比较临界值和观测到的样本均值 $\bar{x}_1$。

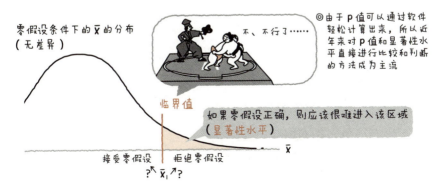

零假设(null hypothesis)⋯关于总体参数的假设,内容为"假设无差异"或者"假设没有效果"等否定形式。
备择假设(alternative hypothesis)⋯零假设被拒绝时所采用的假设,通常是研究中主张的内容。

79

假设检验 指定的值(总体均值)和样本均值的检验

▶▶▶ 显著性水平

- 显著性水平（概率用 α 表示）表示在原假设为真时拒绝原假设的概率。通常置于分布的两侧，为 5%（即每侧各为 2.5%）。
- 换句话说，显著性水平就是允许在检验中犯第一类错误（5.5 节）的概率。
- 作为判断基准的临界值设置在显著性水平的临界处。

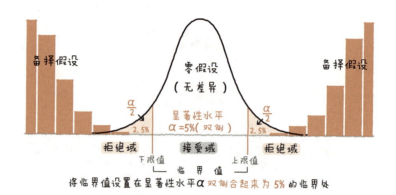

将临界值设置在显著性水平 α 双侧合起来为 5% 的临界处

▶▶▶ 双侧检验和单侧检验

- 上图那样的双侧检验比较常用，但在下面两种情况下，我们也可以使用仅将一侧的概率作为 α 的单侧检验。

  ① 已知备择假设（样本均值）的分布比零假设（指定的值）的分布大（或小）。

  ② 仅对一个方向的显著性差异感兴趣。（5.5 节的非劣效性试验等）

  另外，单侧检验的备择假设 H_1 为 $\mu < \mu_0$（或者 $\mu > \mu_0$），与双侧检验相比，更易于拒绝零假设。

显著性水平（significance level）••• 决定临界值的基准，需要在检验之前确定。它是检验中犯第一类错误的概率，用 α 表示。

▶▶▶计算临界值（正态分布）

- 在总体方差已知的情况下，临界值要根据正态分布来计算。
- 不过，在大样本的情况下，样本方差可以用来代替未知的总体方差。
- 与使用正态分布进行总体均值的区间估计中的置信界限的计算相同。

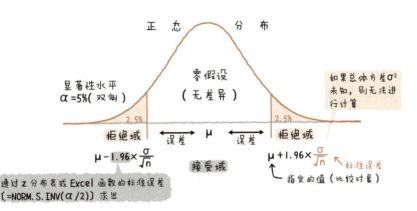

▶▶▶判断零假设（正态分布）

- 关于显著性水平 $\alpha = 5\%$（双侧）的检验，下图只显示了上侧（右尾）的情况。

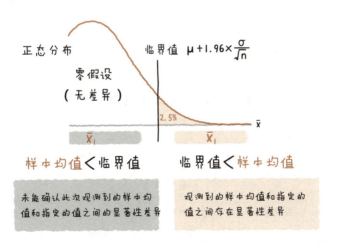

双侧检验（two-tailed test）••• 是概率分布两侧的概率合起来为 α 的一种常见的检验方法，比单侧检验更严格。

临界值（critical value）••• 由设置好的显著性水平 α 导出，用于表示零假设的拒绝域，也称阈值。

▶▶▶ z 检验

⊙ 我们也可以使用 z 分布来进行同样的检验。与前面介绍的正态分布一样，总体方差必须是已知的。

⊙ 由于标准误差已经标准化为 1，所以临界值的计算也变简单了。（不过，检验并没有变简单，因为还要计算检验统计量 z。）

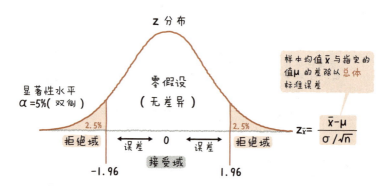

z 分布

显著性水平
α =5%（双侧）

零假设
（无差异）

2.5%   2.5%

拒绝域   拒绝域

误差 0 误差

接受域

-1.96   1.96

样本均值 $\bar{x}$ 与指定的值 μ 的差除以**总体**标准误差

$$z_{\bar{x}} = \frac{\bar{x} - \mu}{\sigma / \sqrt{n}}$$

▶▶▶ t 检验

⊙ 通常，总体方差是未知的。因此，我们要使用 t 分布来进行检验（自由度 df 为 $n-1$）。

⊙ 自由度越小，零假设越难被拒绝。

⊙ 回归分析系数的 t 检验也是一样的步骤。

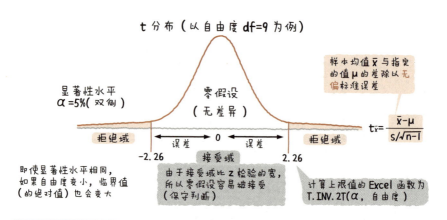

t 分布（以自由度 df=9 为例）

显著性水平
α =5%（双侧）

零假设
（无差异）

拒绝域   拒绝域

误差 0 误差

接受域

-2.26   2.26

即使显著性水平相同，如果自由度变小，临界值（的绝对值）也会变大

由于接受域比 z 检验的宽，所以零假设容易被接受（保守判断）

样本均值 $\bar{x}$ 与指定的值 μ 的差除以**无偏**标准误差

$$t_{\bar{x}} = \frac{\bar{x} - \mu}{s / \sqrt{n-1}}$$

计算上限值的 Excel 函数为 T.INV.2T（α，自由度）

---

p 值（p-value）··· p 值越小，观测数据越不符合零假设的内容。因此，如果 p 小于已经设置的显著性水平，零假设就会被拒绝。p 值也称为概率值或**显著性概率**。

▶▶▶▶ p 值（概率值）

● p 值就是在零假设的分布中，观测到比检验统计量（下图中的样本均值）更极端（外侧）的值的概率（深色部分的面积）。

● 换句话说，p 值就是可以拒绝零假设的最低显著性水平，通常我们希望它越小越好。

● 在论文中用到统计时，除检验结果外，最好能提供 p 值。（在双侧检验的情况下，一般软件会自动输出双尾合计的概率。）

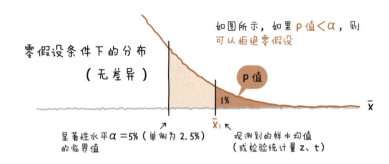

如图所示，如果 p 值 < α，则可以拒绝零假设

零假设条件下的分布
（无差异）

p 值

1%

$\bar{x}$

显著性水平 α = 5%（单侧为 2.5%）的临界值

观测到的样本均值（或检验统计量 z、t）

专栏

再见，p 值至上主义

显著性这个词总给人一种非常重要的感觉。

因此，经常有学生想方设法得到小于显著性水平的 p 值（通常，双侧一共为 5%）。但是，检验中的显著性只表示"在这次实验中观测到了在零假设条件下很难出现的值，所以零假设不成立"。p 值只表示出现的概率，即数据和零假设不一致的程度。它不能表示实际效果的大小，更不用来衡量实验结果的重要程度或结论的科学性等。因此，将 p 值解释为"显著性概率"可能并不准确。

为防止 p 值至上主义进一步泛滥，美国统计协会在 2016 年 3 月发布了关于 p 值的六项使用原则。感兴趣的读者可以在网上查阅相关资料。

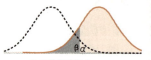

假设检验中的两类错误

~第一类错误和第二类错误~

假设检验使用的是样本，因此会出现判断错误的情况。
错误内容可分为两类。

▶▶▶ 第一类错误

- 所谓**第一类错误**，就是将实际没有差异（零假设是正确的）的两个值判断为有差异。
- 犯第一类错误的概率（风险率，即检验中的显著性水平）用 α 表示。

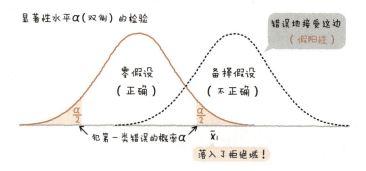

显著性水平 α（双侧）的检验

零假设（正确）   备择假设（不正确）

错误地接受这边（假阳性）

$\frac{\alpha}{2}$ $\frac{\alpha}{2}$ $\bar{x}_1$

犯第一类错误的概率 α

落入了拒绝域！

▶▶▶ 第二类错误

- 所谓**第二类错误**，就是虽然无差异的假设是错误的（零假设是不正确的），但忽视该错误，将两个值判定为"无差异"。
- 犯第二类错误的概率（通常不称为风险率）用 β 表示。

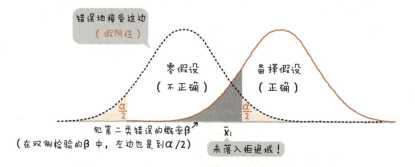

错误地接受这边（假阴性）

零假设（不正确）   备择假设（正确）

$\frac{\alpha}{2}$ $\frac{\alpha}{2}$ $\bar{x}_1$

犯第二类错误的概率 β

（在双侧检验的 β 中，左边也要到 $\alpha/2$）

未落入拒绝域！

第一类错误（type I error）···指拒绝了正确的零假设的错误。在未进行检验时，犯第一类错误的概率就是显著性水平，因此它们都用 α 表示。第一类错误也称为生产者风险。

▶▶▶ 统计检验能力

- 统计检验能力是指在有差异的情况下能判断出有差异的能力，表示检验的优劣程度。
- 统计检验能力是不犯第二类错误的概率，用 β 的补数（$1-\beta$）表示。
- 统计学家雅各布·科恩（Jacob Cohen）认为统计检验能力至少要达到 0.8（80%）。也就是说，在 100 次检验中要有 80 次能够检验出真正的差异。

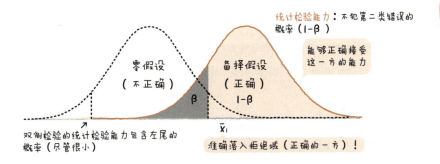

应该采用什么样的检验方法？

我们当然希望采用第一类错误的风险率 α 和第二类错误的概率 β 都很小的检验方法。不过，从第二类错误相应的展示图中可以看出，如果 α 变小，β 就会变大，反之亦然。也就是说，在样本容量、效果量不变的情况下，无法设置一个能让两个概率同时变小的临界值。

在这种情况下，假设检验中的方针是，关于会带来许多严重的社会性问题的第一类错误，我们预先确定能够接受的风险率（也就是显著性水平 α），然后从中选择犯第二类错误的概率 β 最小的拒绝域，也就是选择统计检验能力（$1-\beta$）最强的检验方法（最强能力的检验）。该方针称为内曼–皮尔逊准则。

近年来，为了了解检验方法的统计检验能力，论文中除了要求要有检验结果，还要有犯第二类错误的概率 β 的值和统计检验能力的值。

另外，因为统计检验能力会受样本容量的影响，所以它也可以用来确定收集多少数据。笔者会在 8.8 节对相关内容进行讲解。

第二类错误（type II error）••• 指备择假设是正确的，却接受了零假设的错误。这类错误用 β 表示。它也称为消费者风险。

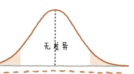

指定的值（总体比例）和样本比例的检验

无差异

将观测到的样本比例与指定的比例值进行比较，并使用正态分布来判断它们之间是否存在差异。

▶▶▶ 假设的思路

$\begin{cases} \text{零假设 } H_0 : p = p_0 \text{ 样本比例的总体参数（总体比例）与指定的总体比例之间} \color{red}{无差异} \\ \text{备择假设 } H_1 : p \neq p_0 \text{ 样本比例的总体参数（总体比例）与指定的总体比例之间} \color{red}{有差异} \end{cases}$

▶▶▶ 检验统计量（正态分布）

◉ 在样本容量较大（$n \geqslant 100$）的情况下，样本比例 $\hat{p}$ 遵循正态分布（3.5 节）。

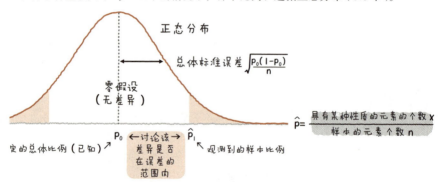

正态分布

总体标准误差 $\sqrt{\dfrac{p_0(1-p_0)}{n}}$

零假设
（无差异）

$\hat{p} = \dfrac{\text{具有某种性质的元素的个数 } x}{\text{样本的元素个数 } n}$

定的总体比例（已知）→ p_0 ←讨论该差异是否在误差的范围内 $\hat{p}_1$ ← 观测到的样本比例

▶▶▶ 判断零假设

◉ 如果检验统计量在分布图的右侧大于上限值，在分布图的左侧小于下限值，或者 p 值小于 α，则拒绝零假设，接受备择假设（下图展示的是右侧的情况）。

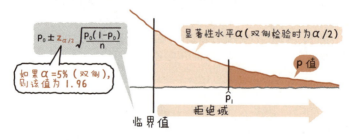

$p_0 \pm z_{\alpha/2} \sqrt{\dfrac{p_0(1-p_0)}{n}}$

如果 α =5%（双侧），则该值为 1.96

显著性水平 α（双侧检验时为 $\alpha/2$）

p 值

$\hat{p}_1$

临界值　　拒绝域

总体比例的检验（testing for ratio）••• 具体来说就是将观测到的样本比例与指定的总体比例进行比较。该检验用于赞成率、发病率、成品率等方面。

指定的值（总体方差）和样本方差的检验

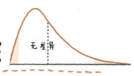

无差异

将观测的样本方差与指定的方差值进行比较，并使用卡方分布来判断它们之间是否存在差异。

▶▶▶ 假设的思路

$\begin{cases} \text{零假设 } H_0 : \sigma^2 = \sigma_0^2 \text{ 样本方差的总体参数（总体方差）与指定的总体方差之间无差异} \\ \text{备择假设 } H_1 : \sigma^2 \neq \sigma_0^2 \text{ 样本方差的总体参数（总体方差）与指定的总体方差之间有差异} \end{cases}$

▶▶▶ 检验统计量（卡方值）

◎ 由于不存在方差的分布，所以我们将样本方差变换为遵循卡方分布的统计量。（3.6 节）

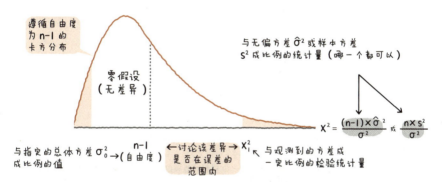

遵循自由度为 n-1 的卡方分布

零假设（无差异）

与指定的总体方差 σ_0^2 成比例的值 → n-1（自由度）← 讨论该差异是否在误差的范围内 → x_1^2

与无偏方差 $\hat{\sigma}^2$ 或样本方差 S^2 成比例的统计量（哪一个都可以）

$$X^2 = \frac{(n-1) \times \hat{\sigma}^2}{\sigma^2} \text{ 或 } \frac{n \times S^2}{\sigma^2}$$

与观测到的方差成一定比例的检验统计量

▶▶▶ 判断零假设

◎ 如果检验统计量在分布图的右侧大于上限值，在分布图的左侧小于下限值，或者 p 值小于 α，则拒绝零假设，接受备择假设（下图展示的是右侧的情况）。

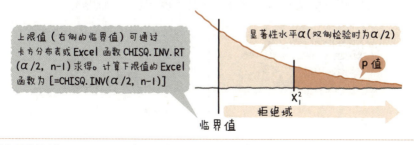

上限值（右侧的临界值）可通过卡方分布表或 Excel 函数 CHISQ. INV. RT $(\alpha/2, n-1)$ 求得。计算下限值的 Excel 函数为 [=CHISQ.INV($\alpha/2, n-1$)]

显著性水平 α（双侧检验时为 $\alpha/2$）

P 值

x_1^2

临界值

拒绝域

总体方差的检验（testing for variance）••• 具体来说就是将观测到的样本方差与指定的总体方差进行比较。该检验可应用于重视稳定性的质量管理中。

真的有相关关系吗？

~不相关检验~

将观测到的相关系数与 0（不相关）进行比较，并使用 t 分布来判断它们之间是否存在差异。

▶▶▶ 假设的思路

$$\begin{cases} 零假设 H_0 : p = 0 & 相关系数（总体相关系数）的真值为 0 \quad \rightarrow 不相关 \\ 备择假设 H_1 : p \neq 0 & 相关系数（总体相关系数）的真值不为 0 \rightarrow 相关 \end{cases}$$

▶▶▶ 检验统计量（t 分布）

● 在零假设（不相关）的情况下，准标准化的样本相关系数 t_r 遵循自由度为 $n-2$ 的 t 分布。（3.7 节）

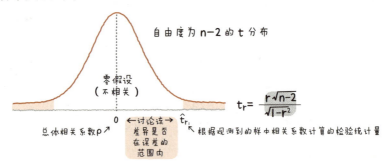

自由度为 n−2 的 t 分布

零假设（不相关）

$$t_r = \frac{r\sqrt{n-2}}{\sqrt{1-r^2}}$$

总体相关系数 ρ ↗   0   ←讨论该→ $\hat{t}_{r_1}$

差异是否在误差的范围内

↙ 根据观测到的样本相关系数计算的检验统计量

▶▶▶ 判断零假设

● 如果检验统计量在分布图的右侧大于上限值，在分布图的左侧小于下限值，或者 p 值小于 α，则拒绝零假设，接受备择假设（下图展示的是右侧的情况）。

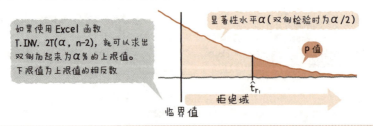

如果使用 Excel 函数 T.INV.2T(α, n-2)，就可以求出双侧加起来为 α% 的上限值。下限值为上限值的相反数

显著性水平 α（双侧检验时为 $\alpha/2$）

p 值

$\hat{t}_{r_1}$

临界值   拒绝域

不相关检验（testing for no correlation）••• 将根据观测数据计算出来的相关系数与总体相关系数 $\rho = 0$ 进行比较。除小样本的情况外，不相关的零假设很容易被拒绝。

罕见的零相关与选择效应

大部分软件在计算相关系数时会自动进行不相关检验，因此大家会毫不怀疑地将检验结果写到论文中。不知各位有没有发现，不相关的零假设在很多情况下是被拒绝的。

正如笔者在 3.7 节介绍的那样，由于样本相关系数 r 的无偏标准误差是 $\sqrt{(1-r^2) \div (n-2)}$，所以检验统计量 t（的绝对值）能够轻易变大。例如，在样本相关系数 r 为 0.4 的情况下，如果样本容量为 25，t 值就为 2.1，当显著性水平为 5% 时，零假设就会被拒绝，结果判定为相关。样本容量越大，这种倾向就越强。当 $n = 100$ 时，就算 $r = 0.2$，零假设也会被拒绝。

因此，像对待水户黄门的印笼[①]那样对待不相关检验的结果，把它太当回事可不好。

虽然与不相关检验并无直接联系，但在使用了相关系数的分析中，我们经常能看到一种叫作选择效应的错误。这里，笔者也想对该内容进行简单讲解。

选择效应，具体来说就是虽然只观测到偏差范围内的数据，但还是计算了相关系数或实施了不相关检验，从而遗漏本来存在的相关关系，或者在原本不相关的情况下得出了相关的结论。下图是高考成绩和大学成绩之间是否存在相关关系的分析。该示例可以说是选择效应的一个典型示例。

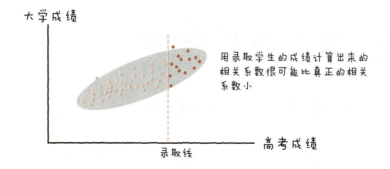

① 印笼是一种小型盒式漆器，原用来收纳印章，到江户时代演变为在腰间存放药物的容器。水户黄门的印笼是惩恶扬善的象征，恶人见到印笼就会乖乖就范。正文中用来比喻过度重视不相关检验的结果。——译者注

平均数差异的检验①

~两独立样本的情形~

比较两组（群体、条件、处理）的平均数，利用概率来判断它们之间的差异是否也在总体中存在。

独立（使用不同个体进行测量）的情况和配对（使用相同个体进行测量）的情况在检验统计量的计算方法上是不一样的。

▶▶▶ 两独立样本

◉ 在两个条件下观测不同的个体（检验对象的受试者等），并比较它们的平均数。本节将讲解两独立样本的相关内容。

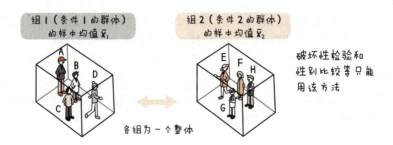

组 1（条件 1 的群体）的样本均值 $\bar{x}_1$ 　　　　组 2（条件 2 的群体）的样本均值 $\bar{x}_2$

破坏性检验和性别比较等只能用该方法

各组为一个整体

▶▶▶ 两配对样本

◉ 在两个条件下观测相同的个体，比较它们的平均数。

◉ 在个体差异较大的情况下，该检验可以提高判断的准确度。

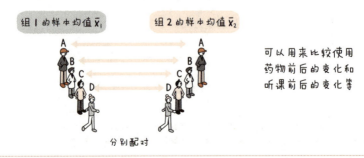

组 1 的样本均值 $\bar{x}_1$ 　　　　组 2 的样本均值 $\bar{x}_2$

可以用来比较使用药物前后的变化和听课前后的变化等

分别配对

平均数差异的检验（testing for difference in means）···比较两组样本的平均数，根据数据被观测到的概率来检验它们之间的差异在总体中也存在，也就是检验它们来自不同的总体。

▶▶▶样本均值差异的分布与假设

🔴由于总体均值未知，所以我们取两组样本的样本均值的差异，思考该差异的分布。

复习： 在指定的值和样本均值的检验（5.4节）中，由于比较的两个总体均值中有一个是常数（已知的），所以我们可以轻松讨论差异的大小。

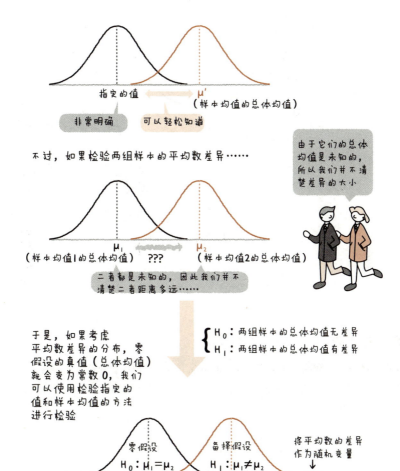

指定的值

μ'（样本均值的总体均值）

非常明确　可以轻松知道

不过，如果检验两组样本的平均数差异……

由于它们的总体均值是未知的，所以我们并不清楚差异的大小

μ_1（样本均值1的总体均值）　???　μ_2（样本均值2的总体均值）

二者都是未知的，因此我们并不清楚二者距离多远……

于是，如果考虑平均数差异的分布，零假设的真值（总体均值）就会变为常数0，我们可以使用检验指定的值和样本均值的方法进行检验

$\begin{cases} H_0：两组样本的总体均值无差异 \\ H_1：两组样本的总体均值有差异 \end{cases}$

零假设　　备择假设

$H_0：\mu_1=\mu_2$　　$H_1：\mu_1\neq\mu_2$

0　　　　$\mu_{\bar{x}_1-\bar{x}_2}$

将平均数的差异作为随机变量
↓
$\bar{x}_1-\bar{x}_2$

"无差异"为零假设，所以此处为常数0　　可知

独立数据（unpaired data）••• 在各种条件下观测不同的个体所得到的数据。观察性别差异的实验等得到的数据就属于独立数据。

配对数据（paired data）••• 在各种条件下观测相同的个体所得到的数据。配对数据的优点是考虑到了个体差异。

▶▶▶ 方差的加和性

● 在计算检验统计量时，有一点需要多加注意。那就是在样本均值差异的分布中，总体均值等于样本均值的期望，总体方差等于样本方差的期望。

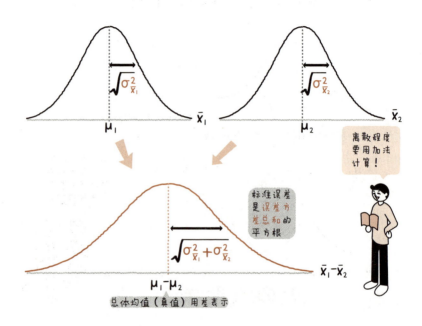

▶▶▶ 检验统计量（z 分布）

● 在总体方差已知或者样本容量较大的情况下，我们使用 z 分布。

● 样本均值 $\bar{x}$ 的标准化变量 $z_{\bar{x}}$ 是 $(\bar{x} - \mu)/\sigma_{\bar{x}}$，因此，样本均值 $\bar{x}_1$ 和 $\bar{x}_2$ 的差也可以进行标准化（只需注意误差方差）。

在零假设（$H_0: \mu_1 = \mu_2$）的条件下为0

$$z_{\bar{x}_1 - \bar{x}_2} = \frac{(\bar{x}_1 - \bar{x}_2) - (\mu_1 - \mu_2)}{\sqrt{\sigma_{\bar{x}_1}^2 + \sigma_{\bar{x}_2}^2}} = \frac{(\bar{x}_1 - \bar{x}_2) - (\mu_1 - \mu_2)}{\sqrt{\dfrac{\sigma_1^2}{n_1} + \dfrac{\sigma_2^2}{n_2}}} \rightarrow \frac{\bar{x}_1 - \bar{x}_2}{\sqrt{\sigma^2\left(\dfrac{1}{n_1} + \dfrac{1}{n_2}\right)}}$$

在零假设的条件下为相同的方差 σ^2

各组的样本容量

如果样本容量较大，也可以使用样本方差 S^2

方差的加和性（additivity of variance）••• 当 A 组的方差为 $\sigma_A{}^2$，B 组的方差为 $\sigma_B{}^2$ 时，两组之和（A + B）的方差为 $\sigma_A{}^2 + \sigma_B{}^2$。另外，两组之差（A − B）的方差也是 $\sigma_A{}^2 + \sigma_B{}^2$。

▶▶▶检验统计量（t 分布）

- 在总体方差未知且样本较小的情况下，我们使用 t 分布。
- 与 z 值的不同之处是总体方差 σ^2 变成了无偏方差 $\hat{\sigma}^2$。
- 无偏方差 $\hat{\sigma}^2$ 既可以通过组 1 计算又可以通过组 2 计算，因此，我们可以使用通过组 1 和组 2 的自由度获取的加权平均值（合并方差）。

$$t_{\bar{x}_1-\bar{x}_2}=\frac{\bar{x}_1-\bar{x}_2}{\sqrt{\hat{\sigma}^2\left(\frac{1}{n_1}+\frac{1}{n_2}\right)}} \quad \text{其中} \quad \hat{\sigma}^2=\frac{(n_1-1)\hat{\sigma}_1^2+(n_2-1)\hat{\sigma}_2^2}{(n_1-1)+(n_2-1)}$$

- 如果两组样本的容量都是 n，公式则变为下面这种简单的形式。

$$t_{\bar{x}_1-\bar{x}_2}=\frac{\bar{x}_1-\bar{x}_2}{\sqrt{\frac{\hat{\sigma}_1^2+\hat{\sigma}_2^2}{n}}}=\frac{\bar{x}_1-\bar{x}_2}{\sqrt{\frac{S_1^2+S_2^2}{n-1}}}$$

可以使用右边的公式。如果已经计算出无偏方差 $\hat{\sigma}^2$，使用中间的公式也无妨

▶▶▶判断零假设（t 检验）

- 使用检验统计量（z 或 t），按照与指定的值和样本均值的检验相同的步骤进行检验。这里笔者使用 t 分布进行讲解。

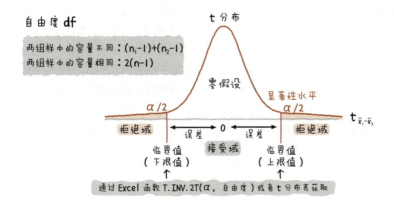

自由度 df
两组样本的容量不同：$(n_1-1)+(n_2-1)$
两组样本的容量相同：$2(n-1)$

t 分布
零假设
显著性水平
$\alpha/2$ $\alpha/2$
拒绝域 误差 误差 拒绝域
$t_{\bar{x}_1-\bar{x}_2}$
接受域
0
临界值（下限值） 临界值（上限值）
通过 Excel 函数 T.INV.2T（α，自由度）或者 t 分布表获取

合并方差（weighted average of variance）••• 在根据两组独立样本计算 t 值时，我们使用的是两组样本的无偏方差的平均数，但在样本容量不同时，计算的则是根据两组样本的自由度进行加权后的合并方差。

▶▶▶ Welch 检验（不假设等方差的检验）

- 两组独立样本的平均数差异的检验统计量（z、t）是以两组样本的方差相等为前提的，所以在等方差检验等无法假设等方差的情况下，我们需要使用 Welch 检验。
- 检验本身与普通的 t 检验相同，只是自由度的计算稍微有点复杂。

不假设等方差时的检验统计量：
（准确来说并不是 t 值，因此加上了 "'"）

$$t'_{\bar{x}_1 - \bar{x}_2} = \frac{\bar{x}_1 - \bar{x}_2}{\sqrt{\dfrac{\hat{\sigma}_1^2}{n_1} + \dfrac{\hat{\sigma}_2^2}{n_2}}}$$

不计算合并方差

← 检验统计量 t' 近似遵循右侧自由度的 t 分布

$$df = \frac{\left(\dfrac{\hat{\sigma}_1^2}{n_1} + \dfrac{\hat{\sigma}_2^2}{n_2}\right)^2}{\dfrac{\hat{\sigma}_1^4}{n_1^2(n_1-1)} + \dfrac{\hat{\sigma}_2^4}{n_2^2(n_2-1)}}$$

专栏

一开始就进行 Welch 检验？

统计学的教材一直都是这么介绍的：在检验两组独立样本的平均数差异之前，先进行等方差检验，如果等方差的零假设被接受，则进行 t 检验，如果被拒绝，则进行 Welch 检验。

但是，在检验平均数差异之前进行等方差检验，会出现第一类错误的风险率 α 变大的多重性问题（6.5 节），因此近年来不再进行等方差检验，而是使用了新的方法。具体来说就是在两组样本的容量接近的情况下，使用普通的 t 检验；如果两组样本的容量相差较大，则忽略等方差，直接进行 Welch 检验（特别在药学中，后者成为主流方法）。

尽管如此，现在市面上的软件只要进行 t 检验，就会自动进行等方差检验和 Welch 检验。对此，我们可以采取两种对策：一是在最开始就声明使用哪一种检验，忽略等方差检验的结果；二是像之前那样在等方差检验之后进行 t 检验，同时考虑多重性，严格设置和判断两种检验（等方差检验和 t 检验）的显著性水平（例如，显著性水平由 5% 改为 2.5%）。不过，在使用第二种方法时，出现第二类错误的概率 β 会变大。

▶▶▶ 等方差检验（F 检验）

- 等方差检验用来判断两组样本的方差是否相等。
- 在等方差的条件下，两组样本的无偏方差的比值遵循 F 分布（见第 36 页 📊 ）。

$$\begin{cases} \text{零假设 } H_0 : \sigma_1{}^2 = \sigma_2{}^2 & \text{两组样本的总体方差之间无差异} \\ \text{备择假设 } H_0 : \sigma_1{}^2 \neq \sigma_2{}^2 & \text{两组样本的总体方差之间有差异} \end{cases}$$

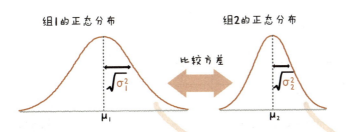

组1的正态分布　　　　组2的正态分布

比较方差

$\sqrt{\sigma_1^2}$　　　$\sqrt{\sigma_2^2}$

μ_1　　　μ_2

两组样本间无偏方差的比值遵循 F 分布

▶▶▶ 检验统计量（F 分布）

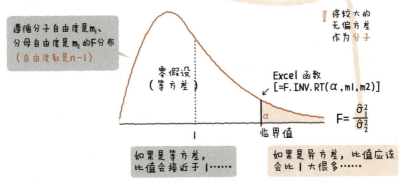

遵循分子自由度是 m_1、分母自由度是 m_2 的 F 分布（自由度都是 n-1）

零假设（等方差）

将较大的无偏方差作为分子

Excel 函数
[=F.INV.RT(α, m1, m2)]

α

临界值

$$F = \frac{\hat{\sigma}_1^2}{\hat{\sigma}_2^2}$$

如果是等方差，比值会接近于 1……

如果是异方差，比值应该会比 1 大很多……

❗ F 值的分子必须比分母大，所以我们只考虑临界值右侧的检验。不过，为了保证检验的准确性，有的软件会从 $\alpha/2$（在显著性水平为 5% 的情况下，$\alpha/2$ 为 2.5%）的 F 分布表中取临界值，有的软件会输出两倍的 p 值。

▶▶▶ 判断零假设

- 如果检验统计量大于临界值或者 p 值小于 α，则拒绝零假设，接受备择假设。

Welch 检验（Welch's test）••• t 检验的改良版，可用于两组样本的方差不同的情形。

等方差检验（test for homogeneity of variances）••• 将方差相等作为零假设的 F 检验。如果在 t 检验之前进行等方差检验，最好先接受零假设。

平均数差异的检验②

~两配对样本的情形~

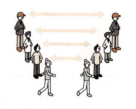

在两个条件下观测相同的个体时已经考虑到了个体差异，因此检验结果更加准确。

示例：服用降压药前后的血压变化（收缩压）

受试者	服药前(x_1)	服药后(x_2)	差 d ($d=x_1-x_2$)
A	180	120	60
B	200	150	50
C	250	150	100
平均数	$\bar{x}_1=210$	$\bar{x}_2=140$	$\bar{d}=70$

差 **d** 是有分布的
（个体差异 $\hat{\sigma}=26.5$）

将总体均值 μ_1 与 μ_2 之间无差异作为零假设

↓将差 d 的分布绘成图

独立样本的检验中考虑的是"样本均值差异"的分布，而配对样本的检验中考虑的是"个体差异"的样本分布

$\hat{\sigma}=26.5$（总体方差未知）

50 60 **70** 100　　$d=x_1-x_2$
B　A　$\bar{d}$　　C

反证差 d 的平均数 $\bar{d}$ 的真值（总体均值）不为 0

▶▶▶检验统计量（t 分布）

● 因为仅根据 d 的分布无法预测误差，所以我们来思考样本 $\bar{d}$ 的 t 分布。

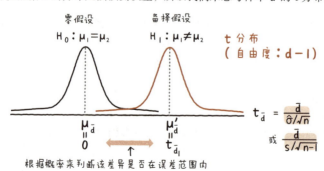

零假设
$H_0:\mu_1=\mu_2$

备择假设
$H_1:\mu_1\neq\mu_2$

t 分布
（自由度：d-1）

$$t_{\bar{d}} = \frac{\bar{d}}{\hat{\sigma}/\sqrt{n}}$$

或

$$\frac{\bar{d}}{s/\sqrt{n-1}}$$

$\mu_{\bar{d}} = 0$　　$\mu'_{\bar{d}}$　$t_{\bar{d}_1}$

根据概率来判断该差异是否在误差范围内

配对样本 t 检验（paired t test）••• 用于判断在两个条件下观测的相同个体的平均数差异在总体中是否也存在。
在个体差异很大的情况下进行检验可以得到精确度更高的结果。

练习 试着对前面降压药的示例（显著性水平双侧加起来为 5%）进行检验。

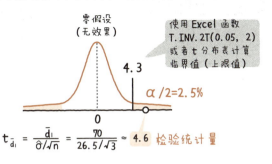

零假设
（无效果）

4.3

使用 Excel 函数
T.INV.2T(0.05, 2)
或者 t 分布表计算
临界值（上限值）

$\alpha/2=2.5\%$

$$t_{\overline{d_1}} = \frac{\overline{d_1}}{\hat{\sigma}/\sqrt{n}} = \frac{70}{26.5/\sqrt{3}} \approx 4.6 \ 检验统计量$$

答案：由于检验统计量 t（4.6）大于临界值（4.3），所以零假设被拒绝。这说明该降压药具有降低血压的效果。另外，使用软件计算的 p 值为 0.0445，小于显著性水平（α = 0.05），由此我们也可以得知零假设会被拒绝。

专栏 ✁ **正确的图形绘制方法** ✁

在 统计分析中，绘制图形十分重要。不过，即使是两组样本的平均数差异，在独立情况下的绘制方法和在配对情况下的绘制方法也是不同的。尤其在配对的情况下，比较的是两组样本的差异（即变化量）。因此，如果不按照右图那样绘制，将无法估计检验结果。

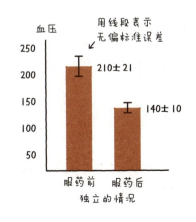

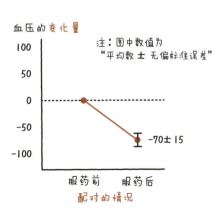

比例之差的检验

～两独立样本的情形～

比例之差的检验用于判断总体比例在两个条件（组、群体）下是否存在差异。
在小样本的情况下请使用 Fisher 确切概率法（7.3 节）。

▶▶▶假设的思路

示例：某液晶屏工厂中两条生产线的成品率。

	生产线A	生产线B
合格品	60台	80台
残次品	40台	120台
成品率	**0.6**	**0.4**

可以根据统计（归纳）好的
数据而非原始数据进行检验，
这也是其一大优势

$$成品率 = \frac{合格品个数}{合格品个数 + 残次品个数}$$

通过讨论两条生产线的成品率（样本比例）的差异（0.2）是否在误差范围之内来
判断两条生产线的成品率的真值（总体比例）之间是否存在差异

$$\begin{cases} 零假设\ H_0 : p_1 = p_2 & 两组样本的总体比例之间无差异 \\ 备择假设\ H_1 : p_1 \neq p_2 & 两组样本的总体比例之间有差异 \end{cases}$$

▶▶▶检验统计量（z 分布）

- 当样本足够大时，两组样本比例的差异（$\hat{p}_1 - \hat{p}_2$）遵循正态分布。
- 这里笔者用该样本比例差异标准化后的 z 统计量进行讲解 📊。

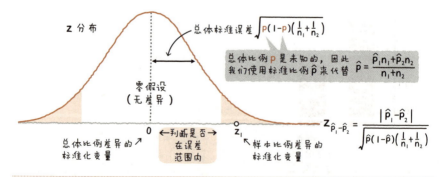

z 分布

总体标准误差 $\sqrt{p(1-p)\left(\frac{1}{n_1} + \frac{1}{n_2}\right)}$

总体比例 p 是未知的，因此
我们使用标准比例 $\hat{p}$ 来代替

$$\hat{p} = \frac{\hat{p}_1 n_1 + \hat{p}_2 n_2}{n_1 + n_2}$$

零假设
（无差异）

$$z_{\hat{p}_1 - \hat{p}_2} = \frac{|\hat{p}_1 - \hat{p}_2|}{\sqrt{\hat{p}(1-\hat{p})\left(\frac{1}{n_1} + \frac{1}{n_2}\right)}}$$

总体比例差异的
标准化变量

←判断是否
在误差
范围内→

样本比例差异的
标准化变量

比例之差的检验（testing for difference in proportions）••• 用于判断两组样本的样本比例的差异在总体中是否
也存在。在样本足够大的情况下，比例的差异近似遵循正态分布，这时比例之差的检验相当于 z 检验。

▶▶▶ 判断零假设

- 如果检验统计量在右（上）侧大于上限值，在左（下）侧小于下限值，或者 p 值小于 α，则拒绝零假设，接受备择假设（下图展示的是右侧的情况）。

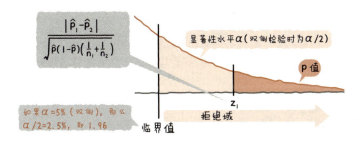

练习 试着对前面液晶屏成品率的示例进行 z 检验。（双侧合起来的显著性水平为 5%。）

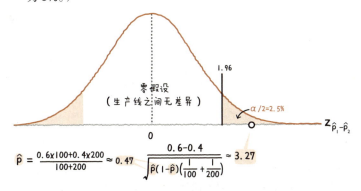

$$\hat{p} = \frac{0.6 \times 100 + 0.4 \times 200}{100 + 200} \approx 0.47 \qquad \frac{0.6 - 0.4}{\sqrt{\hat{p}(1-\hat{p})\left(\frac{1}{100} + \frac{1}{200}\right)}} \approx 3.27$$

答案：由于检验统计量 z（3.27）＞临界值（1.96），所以零假设被拒绝。这说明生产线 A 的良品率高于生产线 B 的。另外，使用软件计算的 p 值为 0.001，小于显著性水平（$\alpha = 0.05$），由此我们也可以得知零假设会被拒绝。

方差加和性和合并方差

　　试着比较比例之差的检验统计量的公式与两独立样本平均数差异的检验统计量（z 或 t）的公式，确认它们的结构基本相同，即都使用了比例差异的分布。注意到这一点后，就可以理解检验统计量中代替总体比例 p 使用的样本比例 $\hat{p}$ 是计算无偏方差 $\hat{\sigma}$ 时使用的合并方差，而 $(1/n_1 + 1/n_2)$ 是遵循方差加和性后，在零假设下将相同的值 $\hat{p}(1 - \hat{p})$ 提出来并整理的结果。

分布的上侧（upper tail）··· 概率分布的右侧，左侧称为下侧（lower tail）。也有只使用一侧的概率进行判断的检验（例如，在有三组样本以上的独立性检验中只使用右侧的概率）。

99

检验非劣效

～非劣效性试验～

在统计检验中，我们不可以接受"无差异"的零假设。不过，在呼吁削减成本的当代社会，很多时候人们想要证明仿制药的效果与原研药的效果没有很大差别。由此便采用了单侧检验的方法，证明仿制药与原研药之间的差异保持在允许范围之内。

▶▶▶目的

● 例如，在销售低成本的仿制产品之前，将它与评价较好的原创产品进行比较（有效率、强度等），证明二者之间差异不大。

有效率 相差不大？

通用的替代品 （仿制药） ⟷ 原研药

强度 相差不大？

用便宜原料 制作的容器 ⟷ 用常用原料 制作的容器

▶▶▶假设的思路

● 以仿制药的效果与原研药的效果相比仅差△为零假设。通过单侧检验拒绝该假设，接受备择假设，即仿制药与原研药之间的差异不会超过△。

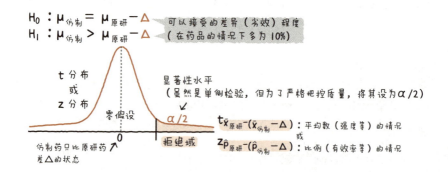

$H_0 : \mu_{仿制} = \mu_{原研} - \triangle$
$H_1 : \mu_{仿制} > \mu_{原研} - \triangle$

可以接受的差异（劣效）程度（在药品的情况下多为10%）

t分布 或 z分布

显著性水平（虽然是单侧检验，但为了严格把控质量，将其设为$\alpha/2$）

零假设

$\alpha/2$

拒绝域

仿制药只比原研药差△的状态

$t_{\bar{x}_{原研} - (\bar{x}_{仿制} - \triangle)}$：平均数（强度等）的情况
或
$z_{\hat{p}_{原研} - (\hat{p}_{仿制} - \triangle)}$：比例（有效率等）的情况

非劣效性试验（non-inferiority trials）•••虽然仿制药会比原研药差，但不会差过某种程度，对此进行检验的方法就是非劣效性试验。

▶▶▶ 检验统计量

- 从两组样本的平均数之差（t 值）或比例之差的检验统计量（z 值）的分子中减去 △，得到的值就是检验统计量。不过，比例之差的检验统计量计算起来会稍微复杂一些。

- 我们用 2 代表原研药，用 1 代表仿制药。

两独立样本的
平均数差异的检验统计量 $\quad t_{\bar{x}_1-(\bar{x}_2-\Delta)} = \dfrac{\bar{x}_1-(\bar{x}_2-\Delta)}{\sqrt{\hat{\sigma}^2\left(\dfrac{1}{n_1}+\dfrac{1}{n_2}\right)}}$

两配对样本的
平均数差异的检验统计量 $\quad t_{\bar{d}-\Delta} \qquad = \dfrac{\bar{d}-\Delta}{\hat{\sigma}/\sqrt{n}}$

不过 $\quad \hat{p}=\dfrac{\hat{p}_1 n_1+\hat{p}_2 n_2-n_1\Delta}{n_1+n_2}$

两独立样本的
比例之差的检验统计量 $\quad z_{\hat{p}_1-(\hat{p}_2-\Delta)} = \dfrac{\hat{p}_1-(\hat{p}_2-\Delta)}{\sqrt{\dfrac{(\hat{p}-\Delta)(1-\hat{p}+\Delta)}{n_1}+\dfrac{\hat{p}(1-\hat{p})}{n_2}}}$

📈 使用置信区间的非劣效性试验

　　我们也可以使用置信区间估计来确认非劣效性。

　　如果是平均数，则计算 $\mu_{仿制}-\mu_{原研}$ 的置信区间；如果是比例，则计算 $p_{仿制}-p_{原研}$ 的置信区间。如果置信界限的下限值大于 $-\Delta$，我们就可以得出"仿制药与原研药之间的差异不会超过 △"的结论。

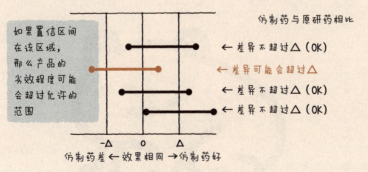

仿制药-原研药（效果的平均数或比例的差异）的置信区间

非劣效性界值（non-inferiority margin）●●● 指是在非劣效性试验中设置的 △，表示可以接受的平均数差异或比例差异。不同的领域，设置的值也不一样，日本厚生劳动省发布的《统计解析指南》（『統計解析ガイドライン』，暂无中文版）中记述了在药品的情况下该值通常为 10%。

X factor.

第6章 方差分析和多重比较

用实验确认效应
~单因素方差分析~

方差分析用于判断作为实验目标的因素是否对实验结果造成了影响。
由于平均数差异的检验对象扩展到了 3 组样本以上，所以我们使用 F 分布进行检验。
笔者通过示例介绍完方差分析的特征后，会对独立的单因素方差分析进行讲解。
单因素方差分析是只有一个因素的最基本的方差分析。

方差分析的特征 1

即使用于创建组（群体）的处理条件或水平有 3 个以上，我们也可以检验平均数的差异（ t 检验只针对有两组的情况 ）。

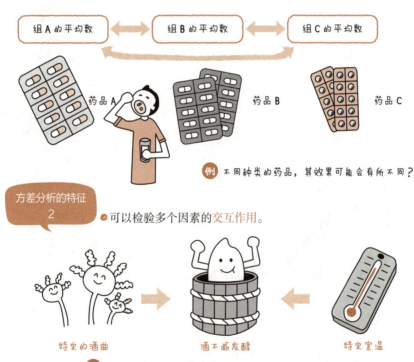

组 A 的平均数 ⟷ 组 B 的平均数 ⟷ 组 C 的平均数

药品 A 药品 B 药品 C

例 不同种类的药品，其效果可能会有所不同？

方差分析的特征 2

可以检验多个因素的交互作用。

特定的酒曲 → 酒不断发酵 ← 特定室温

例 只改变酒曲的种类或者室温并不会对酒的发酵产生影响，但如果同时改变这两个因素，可能在某一种组合形式下能很好地促进酒的发酵

方差分析（analysis of variance）•••针对 3 组以上的样本检验平均数的差异，利用了当作为研究目标的因素效应比误差效应大时，方差比例 F 值也会变大这一特点。该方法是实验设计法的支柱。

▶▶▶ 单因素方差分析

- 单因素方差分析是只有一个因素的最基本的方差分析，是独立样本的方差分析。
- 单因素方差分析用于确认被人为改变处理条件（水平）的因素是否对实验结果造成影响。

示例 **肥料种类与庄稼收成之间的关系**

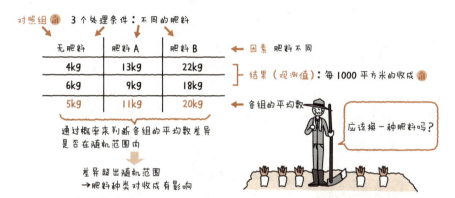

对照组 3 个处理条件：不同的肥料

无肥料	肥料 A	肥料 B
4kg	13kg	22kg
6kg	9kg	18kg
5kg	11kg	20kg

← 因素 肥料不同

} 结果（观测值）：每 1000 平方米的收成

← 各组的平均数

通过概率来判断各组的平均数差异是否在随机范围内

差异超出随机范围
→肥料种类对收成有影响

应该换一种肥料吗？

 对照组的设置

实验中最好设置一个"对照组"（不设置也可以分析），t 检验也是如此。

在前面的示例中，如果不设置"无肥料"那一组，而是用肥料 A、肥料 B 和肥料 C 进行实验，就算通过方差分析检测出显著性差异，我们也无法推断出施肥的有效性。尤其在以人为对象检测药品效果时，我们需要设置一个服用安慰剂（无治疗效果的药）的对照组（不是"未服药"），将心理作用的效果添加到检验水平中。

 重复实验

在方差分析的情况下，数据如果不离散就无法进行分析。因此，我们需要针对各个水平重复进行多次独立实验。关于应该重复多少次实验，笔者会在 8.8 节进行讲解。为方便计算，本节示例中选择让实验重复 2 次（$n = 2$）。

单因素方差分析（one-way ANOVA）··· 只有一个目标因素的方差分析。有数据独立和数据配对 2 种情况。
对照组（control group）··· 指不加处理的实验组。它是对照实验的基本元素，又叫控制组。

▶▶▶ 方差分析的思路

● 数据整体的差异（总变异）可分为由目标因素造成的差异（组间变异）和由误差这一目标之外的因素造成的差异（组内变异）。

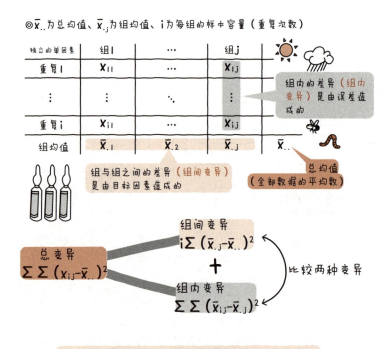

◎ $\bar{x}_{..}$为总均值、$\bar{x}_{.j}$为组均值、i为每组的样本容量（重复次数）

独立的单因素	组1	...	组j	
重复1	x_{11}	...	x_{1j}	
⋮	⋮	⋱	⋮	组内的差异（组内变异）是由误差造成的
重复i	x_{i1}	...	x_{ij}	
组均值	$\bar{x}_{.1}$	$\bar{x}_{.2}$	$\bar{x}_{.j}$	$\bar{x}_{..}$

组与组之间的差异（组间变异）是由目标因素造成的

总均值（全部数据的平均数）

总变异
$$\sum\sum(x_{ij}-\bar{x}_{..})^2$$

组间变异
$$i\sum(\bar{x}_{.j}-\bar{x}_{..})^2$$

$+$

组内变异
$$\sum\sum(\bar{x}_{ij}-\bar{x}_{.j})^2$$

比较两种变异

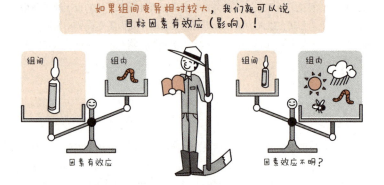

如果组间变异相对较大，我们就可以说目标因素有效应（影响）！

组间　组内　　　　组间　组内

因素有效应　　　　因素效应不明？

总变异（total variation）••• 指实验中观测数据整体的差异（偏差平方和），包含目标因素造成的差异（组间变异等）和误差造成的差异（组内变异）。总变异也称为全变异。

▶▶▶总变异的计算

● 所谓变异就是偏差平方和，即各个值与总均值的偏差的平方和。总变异不可以用于检验。

无肥料	肥料 A	肥料 B
4-12	13-12	22-12
6-12	9-12	18-12

①计算偏差

各个值减去平均数（总均值＝12）

无肥料	肥料 A	肥料 B
$(-8)^2$	1^2	10^2
$(-6)^2$	$(-3)^2$	6^2

②计算偏差的平方

为了消除负值

$$\underset{\text{对照组}}{64+36}+\underset{\text{肥料A}}{1+9}+\underset{\text{肥料B}}{100+36}$$
$$= 246 \leftarrow \text{总变异}$$

③计算总变异

将偏差的平方（②）全部相加

▶▶▶组间变异的计算

● 如果误差不起作用，那么各组内的值应该是相同的。
● 组间变异的方差是检验统计量（F值）的分子。

无肥料	肥料 A	肥料 B
5-12	11-12	20-12
5-12	11-12	20-12
组均值→ 5	11	20

①计算偏差

在各个组中，用组均值减去总均值

无肥料	肥料 A	肥料 B
$(-7)^2$	$(-1)^2$	8^2
$(-7)^2$	$(-1)^2$	8^2

②计算偏差的平方

$$\underset{\text{对照组}}{49+49}+\underset{\text{肥料A}}{1+1}+\underset{\text{肥料B}}{64+64}$$
$$= 228 \leftarrow \text{组间变异}$$

③计算组间变异

将偏差的平方（②）全部相加

$$228 / (3-1) = 114$$

自由度：组数（3）减去平均数的个数（总均值1）

④计算无偏方差

由于计算的是检验统计量（F值）的分子，即无偏方差，所以用组间变异（③）除以自由度。这种无偏方差又叫因素方差

组间变异（variation between subgroup）••• 指由目标因素造成的差异（偏差平方和）。其值除以自由度（组数 −1）得到的无偏方差是检验统计量（F值）的分子。

▶▶▶组内变异的计算

- 组内的值本应该是相同的，但误差使它们之间出现差异。
- 组内变异的方差是检验统计量（F值）的分母。

无肥料	肥料 A	肥料 B
4-5	13-11	22-20
6-5	9-11	18-20
组均值→ 5	11	20

①计算偏差
各个值减去组均值

无肥料	肥料 A	肥料 B
$(-1)^2$	2^2	2^2
1^2	$(-2)^2$	$(-2)^2$

②计算偏差的平方

对照组　　肥料 A　　肥料 B
1+ 1+ 4+ 4+ 4+ 4
= 18 ←组内变异

③计算组内变异
将偏差的平方（②）全部相加

18 / (6-3) = 6
自由度：数据个数（6）－平均数的个数（组数3）

④计算无偏方差
由于计算的是检验统计量（F值）的分母，即
无偏方差，所以要用组内变异（③）除以自由度。
这种无偏方差又叫误差方差

▶▶▶检验统计量（F值）

- 组间变异的无偏方差除以组内变异的无偏方差的结果，就是方差分析的检验统计量（F值）。

$$检验统计量（F值） = \frac{组间变异的无偏方差（因素方差）}{组内变异的无偏方差（误差方差）} = \frac{114}{6} = 19$$

示例的
检验统计量

方差与方差的比值遵循F分布！

组内变异（variation within subgroup）••• 指由误差产成的偏差平方和。其值除以自由度（数据个数－组数）得到的无偏方差（误差方差）是检验统计量的分母。

▶▶▶ 假设的思路

◉ 假设的内容与两组样本时的一样，用"有/无"因素效应来表示组间的总体均值有没有差异更容易理解。

$$\begin{cases} \text{零假设 } H_0: \mu_1 = \mu_2 = \mu_3 \\ \text{备择假设 } H_1: \mu_1 \neq \mu_2 \neq \mu_3 \end{cases}$$

组间的总体均值无差异 → 无因素效应（各组样本来自同一个总体）

组间的总体均值有差异 → 有因素效应（各组样本来自不同的总体）

▶▶▶ 判断假设

◉ 如果检验统计量大于临界值，或者 p 值小于 α，则拒绝零假设，接受备择假设。

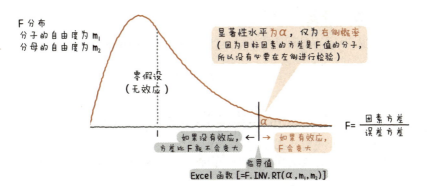

$$F = \frac{\text{因素方差}}{\text{误差方差}}$$

练习 试着对前面示例中施肥对收成的影响进行显著性水平为 5% 的检验。
结果，根据观测值计算出来的检验统计量（19）比临界值（9.55）大，由此我们可以说施肥是有效果的。我们通过计算 p 值（1.98%）也能确认其小于 α。

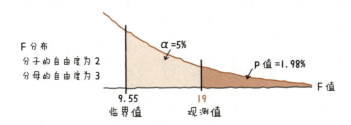

方差分析的检验统计量（test statistic for ANOVA）••• 即 F 值，其分子是目标因素造成的数据的无偏方差，分母是误差造成的无偏方差（误差方差）。该检验统计量仅可以用于右侧概率的单侧检验。

6 | 2

多个样本的等方差检验
~ Bartlett 检验~

方差分析也以等方差为前提，我们最好进行事前检验。

▶▶▶假设的思路

$$\begin{cases} 零假设 H_0 : \sigma_1^2 = \sigma_2^2 = \sigma_3^2 & \to 各组的总体方差无差异（等方差）\\ 备择假设 H_1 : \sigma_1^2 \neq \sigma_2^2 = \sigma_3^2 & \to 各组的总体方差中至少有一对有差异（异方差）\end{cases}$$

▶▶▶检验统计量

[20]我们将遵循卡方分布的"全组方差的偏离程度"作为检验统计量。

①计算方差的偏离度。n_j 是组 j 的数据个数，$\hat{\sigma}_j^2$ 是组 j 的无偏方差，ln 是自然对数。

$$\sum (n_j-1)\ln \frac{\sum (n_j-1)\hat{\sigma}_j^2}{\sum (n_j-1)} - \sum (n_j-1)\ln \hat{\sigma}_j^2$$

②随着数据个数增多，偏离度也会变大，因此，我们需要计算补正系数。

$$1+ \frac{1}{3(j-1)}\left(\sum \frac{1}{n_j-1} - \frac{1}{\sum \frac{1}{n_j-1}}\right)$$

③偏离度除以补正系数，得到的值就是遵循自由度为 $j-1$ 的卡方分布的统计量。

> **练习** 试着检验一下示例（肥料与收成）的等方差性（显著性水平为 5%）。

①方差的偏离度：$(1+1+1)\ln \dfrac{1\times 2+1\times 8+1\times 8}{1+1+1} - (\ln 2+\ln 8+\ln 8) = 0.5232$

②补正系数：$1+\dfrac{1}{3(3-1)}\left\{\left(\dfrac{1}{1}+\dfrac{1}{1}+\dfrac{1}{1}\right) - \dfrac{1}{\left(\dfrac{1}{1}+\dfrac{1}{1}+\dfrac{1}{1}\right)}\right\} \approx 1.4444$

③检验统计量：零假设条件下的卡方值 $= 0.5232 \div 1.4444 \approx 0.3622$

④检验结果：在自由度为 2 的卡方分布中，右侧概率 5% 的临界值为 5.991，所以各组的方差相等这一零假设不能被拒绝（p 值 $= 0.8343$）。

因此，我们可以对示例中的数据进行方差分析。

Bartlett 检验（Bartlett's test）••• 方差分析中会假设各组之间的方差相等，因此最好先进行 Bartlett 检验，将等方差作为零假设。除此之外，还存在正态性前提比较宽松的 Levene 检验。

HELLO I AM...
罗纳德·艾尔默·费歇尔
Ronald Aylmer Fisher（1890—1962）

如果问学习统计学的人"谁是最伟大的统计学家？"大家一定会选费歇尔吧。除本章介绍的方差分析之外，假设检验、p 值、自由度等现代推断统计学中必不可少的方法和概念，以及总体参数估计法之一的极大似然估计法都是由费歇尔提出来的。

1890 年出生于英国伦敦郊区的费歇尔，从小便擅长数学。他身体羸弱，眼睛也高度近视，被医生建议不要在晚上读书，但从 6 岁开始，他便对数学和天文学感兴趣，整日埋头破解数理统计学的难题。1909 年，尽管父亲事业失败，费歇尔还是靠奖学金进入英国剑桥大学学习，在校期间发表了许多优秀的论文。1918 年，费歇尔拒绝了卡尔·皮尔逊的邀请，决定去英国洛桑实验站工作。任职期间（1919~1933 年），他在统计学领域取得了很大的成就。在洛桑实验站，费歇尔主要负责选择收成较高的农作物品种和效果良好的肥料。他调查了实验站保存的 90 年的数据，发现与肥料的效果相比，天气等因素的影响更大，并且各个因素间有混淆作用，无法帮助人们得出清晰的结论。所谓混淆，就是无法分辨是哪个因素对结果造成了影响。由此可见，胡乱收集数据并不可取，必须事先对实验进行设计，以便确认效果。

费歇尔的性格极具攻击性。他与卡尔·皮尔逊一生不和这件事尤为有名。据说二人产生分歧的导火索是费歇尔向卡尔·皮尔逊等人创立的《生物统计学报》投寄的第二篇论文迟迟没有发表，未发表的原因是该论文涉及的数学知识过于高深，皮尔逊无法理解。

费歇尔是一名烟民。他在晚年对主张抽烟与肺癌有因果关系的研究提出了质疑，指出该研究在数据和实验次数上存在不足，而且很可能把容易患癌的遗传基因和吸烟上瘾的遗传基因弄混了。不过，据说费歇尔不断提出质疑的真正原因是那些研究使用了他十分不喜欢的贝叶斯统计学，还有一说是他得到了烟草公司的资助。当然，现在已经证实吸烟和肺癌之间存在因果关系了。

考虑个体差异

~配对的单因素方差分析~

去除个体差异

在各个条件下观测相同的个体时，进行配对的单因素方差分析能够实现考虑个体差异的检验。

不过，如果个体差异很小，因素效应就很难被检验出来了。

配对的单因素	组I	···	组j	个体均值
个体I	x_{11}	···	x_{1j}	$\bar{x}_{1.}$
⋮	⋮	⋱	⋮	⋮
个体i	x_{i1}	···	x_{ij}	$\bar{x}_{i.}$
组均值	$\bar{x}_{.1}$	$\bar{x}_{.2}$	$\bar{x}_{.j}$	$\bar{x}_{..}$

由个体差异造成的差异

独立情况下的组内变异（由误差造成的差异）包含由个体差异造成的变异（受试者间变异），但在配对的情况下这个受试者间变异可以去除，以此提高精度。

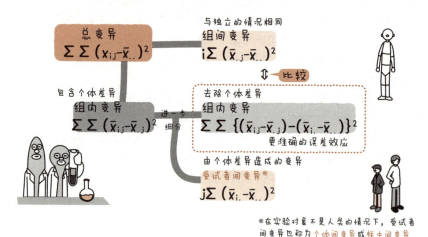

总变异
$$\sum\sum(x_{ij}-\bar{x}_{..})^2$$

与独立的情况相同
组间变异
$$i\sum(\bar{x}_{.j}-\bar{x}_{..})^2$$

比较

去除个体差异
组内变异
$$\sum\sum\{(\bar{x}_{ij}-\bar{x}_{.j})-(\bar{x}_{i.}-\bar{x}_{..})\}^2$$
更准确的误差效应

包含个体差异
组内变异
$$\sum\sum(\bar{x}_{ij}-\bar{x}_{.j})^2$$
进一步细分

由个体差异造成的变异
受试者间变异[*]
$$j\sum(\bar{x}_{i.}-\bar{x}_{..})^2$$

[*] 在实验对象不是人类的情况下，受试者间变异也称为个体间变异或样本间变异

配对的单因素方差分析（one-way ANOVA, repeated measurement）···针对在各个条件下观测相同个体得到的数据实施的方差分析，只有一个目标因素。在个体差异很大的情况下，该方差分析能够帮助我们得到精确度更高的结果。

▶▶▶计算受试者间变异

示例：抑制尿酸生成的药与尿酸值（mg/dl）之间的关系

	未服药	第1次服药	第2次服药	受试者均值
A先生	22	13	4	13
B先生	18	9	6	11
组均值	20	11	5	总均值12

- 可以认为受试者之间的平均数差异是由个人差异导致的。（自由度为"受试者数量
  − 1"。）
- 将受试者均值（13 和 11）减去总均值（12），然后平方。因为只是个人差异的变异，
  所以平方后求得的值对所有的组来说都是相同的。

	未服药	第1次服药	第2次服药
A先生	$(13-12)^2$	$(13-12)^2$	$(13-12)^2$
B先生	$(11-12)^2$	$(11-12)^2$	$(11-12)^2$

→ 受试者间变异 = 1+1+1 = 6
　　　　　　　　+1+1+1

自由度 = 2−1 = 1

▶▶▶计算（配对情况下的）组内变异

- 用独立情况下的组内变异减去受试者间变异，可以得到去除了个体差异的组内变异。
  注意，自由度的计算也要用到减法。

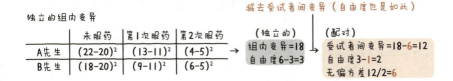

独立的组内变异

	未服药	第1次服药	第2次服药
A先生	$(22-20)^2$	$(13-11)^2$	$(4-5)^2$
B先生	$(18-20)^2$	$(9-11)^2$	$(6-5)^2$

→ 减去受试者间变异（自由度也是如此）

（独立的）
组内变异 = 18
自由度 6−3 = 3

（配对）
受试者间变异 = 18−6 = 12
自由度 3−1 = 2
无偏方差 12/2 = 6

▶▶▶检验统计量和零假设的判定

- 示例中作为因素效应的组间变异（114）与独立情况下的组间变异相同，因此基于零
  假设的检验统计量 F 值为 114 ÷ 6 = 19，与显著性水平为 5% 的临界值 $F_{(2, 2)}$ 相
  等。保守来看，最好接受零假设，得出药效不明的结论。

受试者间变异（intersubject variation）••• 由个体差异造成的数据差异（偏差平方和）。一般我们不将它作为检
验对象。

找出交互作用

~双因素方差分析~

在目标因素不少于两个的方差分析中，除了各因素的主效应，我们还可以检验它们之间是否存在交互作用。

有重复的双因素	因素B				行均值
	水平l	...	水平j		
水平1	$x_{111}, \cdots, x_{11k}$	...	$x_{1j1}, \cdots, x_{1jk}$		$\bar{x}_{1\cdots}$
因素A ⋮	⋮	⋱	⋮		⋮
水平i	$x_{i11}, \cdots, x_{i1k}$	...	$x_{ij1}, \cdots, x_{ijk}$		$\bar{x}_{i\cdots}$
列均值	$\bar{x}_{\cdot1\cdot}$		$\bar{x}_{\cdot j\cdot}$		$\bar{x}_{\cdots}$

为了检验交互作用，我们需要在各个水平的组合形式下重复进行实验（该表中为k次）

总变异可以分为由因素效应引起的变异（组间变异）和由误差效应引起的变异（组内变异）。另外，由因素效应引起的变异可以分为由各个主效应引起的变异（都是组间变异）和由交互作用引起的变异。

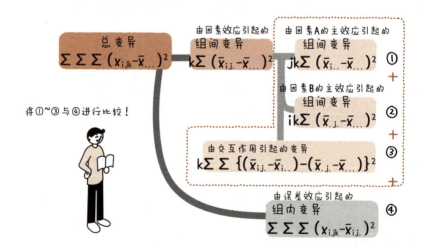

将①~③与④进行比较！

总变异
$$\sum\sum\sum(x_{ijk}-\bar{x}_{\cdots})^2$$

由因素效应引起的组间变异
$$k\sum(\bar{x}_{ij\cdot}-\bar{x}_{\cdots})^2$$

由因素A的主效应引起的组间变异
$$jk\sum(\bar{x}_{i\cdots}-\bar{x}_{\cdots})^2 \quad ①$$
+

由因素B的主效应引起的组间变异
$$ik\sum(\bar{x}_{\cdot j\cdot}-\bar{x}_{\cdots})^2 \quad ②$$
+

由交互作用引起的变异
$$k\sum\sum\{(\bar{x}_{ij\cdot}-\bar{x}_{i\cdots})-(\bar{x}_{\cdot j\cdot}-\bar{x}_{\cdots})\}^2 \quad ③$$
+

由误差效应引起的组内变异
$$\sum\sum\sum(x_{ijk}-\bar{x}_{ij\cdot})^2 \quad ④$$

双因素方差分析（two-way ANOVA）••• 要经过实验验证的因素有两个时的方差分析。与单因素方差分析相比，其特征是可以检验两个因素的交互作用。

▶▶▶ 交互作用

- 交互作用指一个因素的水平变化对另一个因素产生影响，由此产生的组合效应。分为相乘效应和相抵效应。
- 我们通过绘图来看一下交互作用。如下所示，其中纵轴为观测值，横轴为一个因素。存在交互作用（橘色背景部分）时的线段不会处于平行状态。

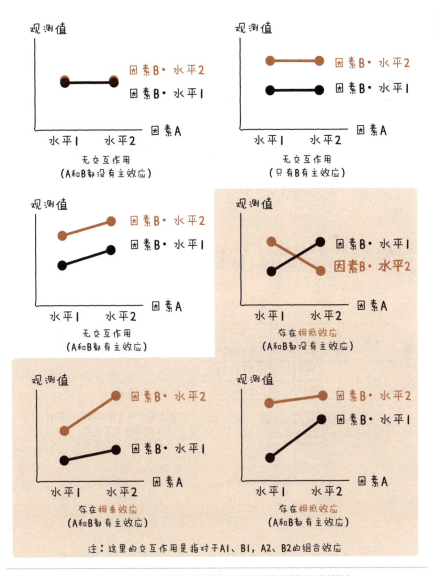

注：这里的交互作用是指对于A1、B1，A2、B2的组合效应

交互作用（interaction effect）••• 指在多个因素之间组合指定水平时产生的相乘效应和相抵效应。
主效应（main effect）••• 各个因素独自产生的效应。主效应是在有两个以上的因素时使用的术语。

用于练习双因素方差分析的数据

	因素B		
	水平1	水平2	行均值
水平1	0	8	5
	2	10	
水平2	6	9	9
	8	13	
列均值	4	10	总均值7

（因素A 在最左侧标注）

在各个水平的组合下重复进行两次实验
（可重复双因素方差分析）

如果不检验交互作用，则无须重复

◉ 首先计算结合了主效应和交互作用的"因素效应"所引起的变异。为此，我们需要考虑由误差之外的因素引起的变异。

◉ 如果没有误差，那么因素 A 和因素 B 的各水平组合内的值应该都相同。

因素A和因素B的各水平组合的平均数（1，7，9，11）减去总均值（7）后平方

	因素B	
	水平1	水平2
水平1	$(1-7)^2$	$(9-7)^2$
	$(1-7)^2$	$(9-7)^2$
水平2	$(7-7)^2$	$(11-7)^2$
	$(7-7)^2$	$(11-7)^2$

（因素A 在最左侧标注）

因素A的水平2和因素B的水平1的组合实验的观测值6与8的平均数

由因素效应引起的变异=112
自由度=4-1=3
↑
因素A的水平数（2）×因素B的水平数（2）-总均值的个数（1）

◎之后，因素效应会被分解为各主效应和交互作用，因此我们无须计算无偏方差

可重复方差分析（ANOVA with replication）••• 为了检验交互作用，我们需要在各个水平组合下进行两次以上的实验。注意不要与"配对"的英文 repeated measurement 弄混。

▶▶▶计算由因素 A 的主效应引起的（组间）变异

❷如果数据只是因为因素 A 的主效应而出现差异，那么因素 A 的各水平下（各行中）的值应该是相同的。

①在因素A的各水平下（各行中），用行均值减去总均值后平方 → ②将前一步计算的偏差的平方相加，得到的值就是由因素A的主效应引起的变异 → ③除以自由度，算出无偏方差，让它成为检验统计量的分子

因素 A	水平1	$(5-7)^2$	$(5-7)^2$
		$(5-7)^2$	$(5-7)^2$
	水平2	$(9-7)^2$	$(9-7)^2$
		$(9-7)^2$	$(9-7)^2$

$$16+16=32 \qquad 32/(2-1)=32$$

水平1　水平2　由主效应引起的变异

自由度：水平数2-总均值数1

▶▶▶计算由因素 B 的主效应引起的（组间）变异

❷如果数据只是因为因素 B 的主效应而出现差异，那么因素 B 的各水平下（各列中）的值应该是相同的。

①在因素B的各水平下（各列中），用行均值减去总均值后平方 → ②将前一步计算的偏差的平方相加，得到的值就是由因素B的主效应引起的变异 → ③除以自由度，算出无偏方差，让它成为检验统计量的分子

因素 B	
水平1	水平2
$(4-7)^2$	$(10-7)^2$
$(4-7)^2$	$(10-7)^2$
$(4-7)^2$	$(10-7)^2$
$(4-7)^2$	$(10-7)^2$

$$36+36=72 \qquad 72/(2-1)=72$$

水平1　水平2　由主效应引起的变异

自由度：水平数2-总均值数1

▶▶▶计算由交互作用引起的变异

❷由因素效应引起的变异中包含由因素 A 和因素 B 的主效应引起的变异，所以用由因素效应引起的变异减去由因素 A 和因素 B 的主效应引起的变异就是由交互作用引起的变异🔧。

❷自由度的计算也是如此，即用因素效应的自由度减去因素 A 和因素 B 的主效应的自由度。

$$112 - 32 - 72 = 8$$

由因素效应引起的变异　由因素A的主效应引起的变异　由因素B的主效应引起的变异

← 由交互作用引起的变异
自由度=3-1-1=1
无偏方差=8/1=8

平方和的类型（types of sums of squares）••• 由因素引起的变异减去由主效应引起的变异，剩下的就是由交互作用引起的变异，因此在数据不平衡的情况下，减的顺序也会影响结果。平方和的类型指的就是调整方法的类型（参照本节专栏）。

▶▶▶ 计算由误差效应引起的（组内）变异

● 误差效应导致各个水平组合下的值不同。

用各值减去因素A和因素B的各水平组合的平均数后平方

	因素B	
	水平1	水平2
因素A 水平1	$(0-1)^2$	$(8-9)^2$
	$(2-1)^2$	$(10-9)^2$
水平2	$(6-7)^2$	$(9-11)^2$
	$(8-7)^2$	$(13-11)^2$

总和 ⟶

由误差效应引起的变异=14

自由度=8-4=4

无偏方差14/4=3.5
↑
成为检验统计量的分母

▶▶▶ 检验统计量和零假设的判定

● 我们对因素 A 和因素 B 的主效应，以及交互作用这 3 个效应进行检验。它们的零假设都是"无效应"。

● 3 个统计量（F 值）的分子和分母的自由度都是 1，因此显著性水平为 5% 的临界值为 7.7。

因素 A 的统计量：$32/3.5≈9.1$ > 的临界值 $F(1, 1)$：7.7 →拒绝零假设

因素 B 的统计量：$72/3.5≈20.6$ > 5% 的临界值 $F(1, 1)$：7.7 →拒绝零假设

交互作用的统计量：$8/3.5≈2.3$ < 5% 的临界值 $F(1, 1)$：7.7 →无法拒绝

● 该示例中的因素 A 和因素 B 的主效应在显著性水平为 5% 的情况下都被认定为存在，但交互作用是否存在未能得到确认。

用 Excel 自带的免费功能"数据分析"中的"方差分析：可重复双因素分析"对示例进行分析，结果如右表所示。列为因素 A，样本为因素 B，观测到的方差比（图中的 F）为检验统计量的 F 值。

	A	B	C	D	E	F	G
1	差异源	SS	df	MS	F	P-value	F crit
2	样本	32	1	32	9.14	0.04	7.71
3	列	72	1	72	20.57	0.01	7.71
4	交互	8	1	8	2.29	0.21	7.71
5	内部	14	4	3.5			
6							
7	总计	126	7				

集中（pooling）••• 如果将可以判断为无效应的交互作用的变异和自由度算到误差中，就能增大主效应的检验统计量。在正交实验法中，主效应也是实验对象。

用其他方法计算由交互作用引起的变异

前面，我们用由因素效应引起的变异减去由各主效应引起的变异来计算由交互作用引起的变异，用下面的公式也可以达到同样的目的。我们来试着用一下这个公式吧。

$$k\Sigma\ \Sigma\ \{(\bar{x}_{ij.}-\bar{x}_{i..})-(\bar{x}_{.j.}-\bar{x}_{...})\}^2$$

		因素B		
		水平1	水平2	总和
因素A	水平1	$\{(1-5)-(4-7)\}^2$	$\{(9-5)-(10-7)\}^2$	
		$\{(1-5)-(4-7)\}^2$	$\{(9-5)-(10-7)\}^2$	
	水平2	$\{(7-9)-(4-7)\}^2$	$\{(11-9)-(10-7)\}^2$	
		$\{(7-9)-(4-7)\}^2$	$\{(11-9)-(10-7)\}^2$	

→ 由交互作用引起的变异 8

专栏
平方和的类型

虽然示例中的组合都有 2 个数据（重复次数为 2），但实际上在很多情况下，它们的大小并不一定相同（大小不同的情况称为不平衡或不均衡）。

在处理不平衡的数据时，我们需要多加注意。这些数据在很多时候不满足方差分析的前提条件——各个因素是正交的（不相关的）。说得详细一点就是，如果因素之间是相关的，先计算的因素或交互作用的平方和（变异）就会比后计算的因素或交互作用的平方和（变异）大一些。也就是说，各个主效应或交互作用的检验结果会根据计算的顺序发生改变。为了不受计算顺序的影响，人们想出了一些调整方法，也就是平方和的类型（type）I 到 IV。这里笔者简单介绍一下这 4 种类型的使用方法。

- 类型 I：该方法会受计算顺序的影响，因此不怎么常用。
- 类型 II：该方法只调整主效应，不调整交互作用。
- 类型 III：该方法既调整主效应又调整交互作用，是软件中默认指定的方法。
- 类型 IV：该方法用于存在空白单元格（完全没有数据的组合）的情况。

不可以重复检验

～多重性～

在方差分析中，我们会因为不清楚哪组和哪组之间的平均数存在差异而想重复进行两组样本的平均数检验（如 t 检验），但这种做法是不可取的。如果对同一个实验中得到的数据重复进行检验，即使每次检验都以 5% 的显著性水平进行，从整体来看，一些检验中还是会出现错误，导致结果为显著的概率变高（检验宽松）。

▶▶▶ 方差分析的缺点

● 方差分析中会比较多组样本的平均数，但我们并不清楚哪组样本和哪组样本之间存在差异。（即使只有一对存在差异，零假设也会被拒绝。）

▶▶▶ 多重比较

● 为了找出哪组样本和哪组样本之间的平均数存在差异，要在各组间反复进行"两组样本的平均数差异的检验"（多重比较），但我们不可以对同一个数据重复进行检验。

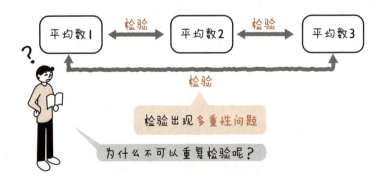

多重比较（multiple comparison）••• 方差分析中会检验多组样本间的平均数差异，但我们并不清楚哪组样本和哪组样本之间存在显著性差异。这时就要通过逐对比较平均数来确定哪些样本之间存在显著性差异。

▶▶▶检验的多重性问题

- 所谓重复检验，就是希望零假设被同时拒绝。在概率论中，同时就是乘法的意思。
- 检验的基准是不犯第一类错误的概率 $1 - \alpha$，重复进行 n 次检验，基准 $1 - \alpha$ 也会自乘 n 次，数值会变小。
- 如果检验基准 $1 - \alpha$ 变小，作为显著性水平的 $1 - \alpha$ 的补数 $1 - (1 - \alpha)$ 就会变大，零假设更容易被拒绝。

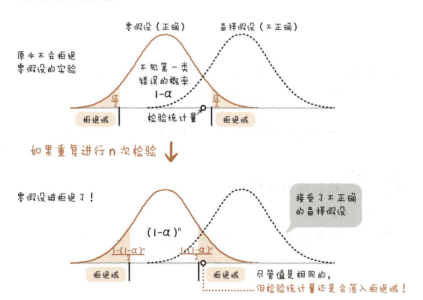

3 组样本的多重比较示例（单侧检验）

如果对同一个数据重复进行 3 次检验，就会出现明明打算用 5% 的显著性水平进行检验，实际却按 14.3% 的显著性水平进行检验的情况！

多重性问题（multiplicity problem）••• 如果对相同的数据集重复进行检验，犯第一类错误的概率就会变高。换句话说就是以大于预想的显著性水平进行了检验。

可重复的检验（多重比较法）①

~ Bonferroni 校正法和 Scheffe 法~

我们可以使用多重比较法对相同的数据重复进行检验。
按照多重性问题的校正对象进行划分，多重比较法有 20 多种，大致可分为 3 类。

▶▶▶ 多重性问题的校正类型

⬤ 在重复进行检验时，为了防止检验统计量轻易落入拒绝域，我们需要使用能让检验更加严格的校正方法。校正方法可根据校正对象分为 3 类。

多重性问题
的校正方法

- 显著性水平校正 ……… 根据重复次数来减小显著性水平，使拒绝域不会变大（如 Bonferroni 校正法）

- 检验统计量校正 ……… 根据组数来减小检验统计量，使其难以落入拒绝域（如 Scheffe 法）

- 分布校正 ………………… 即使重复次数增加，各个分布的显著性水平也不会变大。该方法通过读取各个分布的临界值进行判断（如 Tukey 法和 Dunnett 法）

▶▶▶ Bonferroni 校正法（校正显著性水平）

⬤ Bonferroni 校正法是使用事先除以重复次数（比较的次数）的显著性水平进行检验的方法。

⬤ 如果有 A、B、C 这 3 组样本，就要比较 AB、AC、BC 这 3 对样本。因此，我们用 α 除以 3 得到 α'，然后用 α' 进行检验（右图）。

⬤ 该方法十分简单，能够手动完成，而且不会对统计量本身造成影响，因此可以针对配对数据或品质数据使用。

⬤ 该方法的缺点是当样本超过 5 组时，检验会变得过于严格。

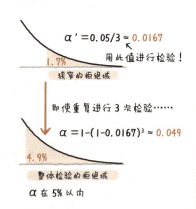

$$\alpha' = 0.05/3 \approx 0.0167$$

用此值进行检验！

1.7%
狭窄的拒绝域

即使重复进行 3 次检验……

$$\alpha = 1 - (1 - 0.0167)^3 \approx 0.049$$

4.9%

整体检验的拒绝域

α 在 5% 以内

Bonferroni 校正法（Bonferroni's method）••• 事先除以重复次数，使显著性水平变小。这样一来，即使重复进行检验，显著性水平也会保持在最初预想的基准范围之内。

▶▶▶ Scheffe 法（校正检验统计量）

- Scheffe 法不是像 Bonferroni 校正法那样对各组样本逐对进行比较（两两比较），而是将多组样本汇总到一起分成 2 组，然后对这 2 组样本进行比较（对比）。
- 用检验统计量（F 值）的分子除以"组数 − 1"，以此提高检验的严格度。
- 若临界值为 $F(1, \infty; \alpha)$，那么 Scheffe 法也可以针对定序数据使用。

▶▶▶ 对比

- 在组数为 j、各组样本的总体均值为 μ_j 的情况下，对比的定义如下所示。

$$\sum c_j \mu_j \text{ 其中 } \sum c_j = 0$$

这里，c_j 是各组样本所乘的常数（对比系数），如果设置恰当，可以将对比的总和设为 0，用来表示各种零假设。

例如下面这种对比方式

①	μ_1 $c_1=1$	和	平均数 μ_2 和 μ_3 的平均数 $c_2=c_3=-1/2$	的对比

$H_0: \mu_1 = (\mu_2 + \mu_3)/2$

②	平均数 μ_1 和 μ_2 的平均数 $c_1=c_2=1/2$	和	μ_3 $c_3=-1$	的对比

$H_0: (\mu_1 + \mu_2)/2 = \mu_3$

③	μ_1 $c_1=1$	和	μ_2 $c_2=-1$	$c_3=0$ 的对比

$H_0: \mu_1 = \mu_2$

如果用平均数 3 乘以对比系数 0，就会比较平均数 1 与平均数 2

◎随着对比系数的变化，我们还可以想到其他无数种对比形式，但普通软件中（像③那样）只检验两两比较的组合

▶▶▶ Scheffe 法的检验统计量

- 将检验统计量与临界值 $F(j-1, N-j; \alpha)$ 进行比较。其中 j 是组数，$\bar{x}_j$ 是 j 组样本的平均数，$\hat{\sigma}_e^2$ 是无偏误差方差，n_j 是第 j 组的样本容量，N 是总样本容量。

$$F = \frac{\left(\sum c_j \bar{x}_j\right)^2 / (j-1)}{\hat{\sigma}_e^2 \sum c_j^2 / n_j} \xleftarrow{\text{严格化}} \text{ 其中 } \hat{\sigma}_e^2 = \frac{\sum (n_j-1) \hat{\sigma}_j^2}{N-j} \text{、} \hat{\sigma}_j^2 = \frac{\sum (x_{ij} - \bar{x}_j)^2}{n_j - 1}$$

Scheffe 法（Scheffe's method）••• 将多组样本汇总起来分成两组进行比较的方法。因此，该方法可以针对无数个组合使用。它通过将检验统计量（F 值）的分子除以"组数 − 1"来提高检验的严格程度。

可重复的检验（多重比较法）②
～ Tukey 法和 Tukey-Kramer 法～

Tukey 法是能够将两组样本的 t 检验应用于多个样本中的方法。
这里将检验统计量 t 值与从学生化极差分布中取出的 q 值（临界值）进行比较。
Tukey-Kramer 法在 Tukey 法的基础上进行了改良。该方法可以在数据不平衡的
情况下使用。

▶▶▶ Tukey 法的检验统计量

⊛ 在比较组 1 和组 2 时，如果它们的样本容量都为 n，那么检验统计量就是对两独立
样本平均数差异的 t 检验稍微变形后的内容。

$$t_{\bar{x}_1-\bar{x}_2}=\frac{\bar{x}_1-\bar{x}_2}{\sqrt{\dfrac{\hat{\sigma}_e^2}{n}}}$$

所有组共同的无偏方差，也就是方差分析的检验统计量F值的分母——无偏误差方差

虽然与两组样本的t检验基本相同，但分母中使用的无偏方差是以所有组为对象计算出来的，因此，其他组的离散程度也会影响检验

▶▶▶ 临界值（q 值）

⊛ 在多重比较中会进行多次两两比较。在比较平均数最大的组与平均数最小的组时，
检验统计量是最大的。这两组数据的统计量分布就是学生化极差分布，从中取出的
临界值叫作 q 值。

$$q=\frac{\bar{x}_{最大}-\bar{x}_{最小}}{\sqrt{\hat{\sigma}_e^2/n}}$$

对所有样本对使用该范围并以它为显著性概率的临界值，检验就会变严格

Tukey 法（Tukey's test）••• 最常见的多重比较法。该方法以从 "学生化极差分布" 中取出的 q 值为临界值，对使用无偏误差方差的检验统计量 t 值进行检验。

▶▶▶ Tukey 法的判定

如果从专用的表（见附录）中依据任意的显著性概率（通常 $\alpha = 5\%$）读取 q 值，并以它为临界值（自由度 v 为"总样本容量 N – 样本个数 j"）对所有样本对的检验统计量进行判断，就能实现最严格的检验。

Tukey法的检验统计量
（t的绝对值）

←比较→
（左边大于右边时
拒绝零假设）

临界值（从附录的q值
表中读取）

▶▶▶ Tukey-Kramer 法的检验统计量

（可以应用于数据不平衡的情况）

$$t_{\bar{x}_1-\bar{x}_2} = \frac{\bar{x}_1-\bar{x}_2}{\sqrt{\hat{\sigma}_e^2\left(\frac{1}{n_1}+\frac{1}{n_2}\right)}}$$

使用进行比较的两组样本的容量
对无偏误差方差进行加权

修正临界值（q值）

Tukey 法的显著性检验

$$\frac{|\bar{x}_1-\bar{x}_2|}{\sqrt{\hat{\sigma}_e^2/n}} > q$$

↓ 两边均除以 $\sqrt{2}$

在两组样本的容量相同时，
使用Tukey-Kramer法进行的
显著性检验

$$\frac{|\bar{x}_1-\bar{x}_2|}{\sqrt{2\hat{\sigma}_e^2/n}} > \frac{q}{\sqrt{2}}$$

在数据不平衡时也可以使用
这个除以 $\sqrt{2}$ 的临界值

▶▶▶ Tukey-Kramer 法的判定

Tukey-Kramer 法的检验
统计量(t的绝对值)

←比较→
（左边大于右边时
拒绝零假设）

临界值（用从q值表中
读取的值除以 $\sqrt{2}$ ）

什么是学生化极差分布？

光看名称，很难理解学生化极差分布是一个什么样的分布。学生化就是 t 分布中的准标准化。所以学生化极差分布是指，最大范围（最强检验）除以无偏标准误差的值的分布。当然，该分布的函数也有定义，但实在太难，因此本书中省略了这部分内容。另外，该分布的形状与 F 分布非常相似。

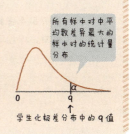

所有样本对中平
均数差异最大的
样本对的统计量
分布

0   q

学生化极差分布中的q值

Tukey-Kramer 法（Tukey-Kramer method）・・・ 对 Tukey 法进行改良后的多重比较法，可在不平衡的数据中使用。注意，在从 q 值表中读取临界值时，需要除以 $\sqrt{2}$ 。

饲料添加剂与肉牛的成长速度

饲料公司调查3种添加剂中哪种添加剂
会促进牛的生长

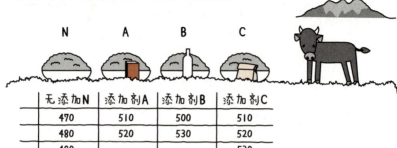

	无添加N	添加剂A	添加剂B	添加剂C
	470	510	500	510
	480	520	530	520
	490	–	–	530
平均数	480	515	515	520

共有6对数据进行比较

如果对该数据进行6次两独立样本的平均数的
t检验……

t值	A	B	C
N	4.2*	2.6	4.9**
A		0.0	0.6
B			0.4

注：＊为p<5%、＊＊为p<1%

可以检验出控制组的
无添加N与添加剂A
之间，以及N与C之间
存在显著性差异！

因此，饲料公司会选择添加剂A或添加剂C中的一种（例如选择成本更低的
一方），不过，该检验中可能出现了多重性问题……

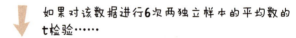

学生化极差分布（Studentized range distribution）··· 所有样本对中平均数差异最大的样本对的统计量分布。

练习 对 6 对数据中的无添加 N 与添加剂 A 这对数据实施 Tukey-Kramer 法。当然，其他样本对也可以使用同样的方法进行计算。

① 首先分别计算4组样本的组内变异的无偏方差（右面的公式）。

$$\hat{\sigma}_j^2 = \frac{\sum (x_{ij} - \bar{x}_j)^2}{n_j - 1}$$

$$\hat{\sigma}_N^2 = \frac{\sum (x_{iN} - 480)^2}{3-1} = 100 \qquad \hat{\sigma}_A^2 = \frac{\sum (x_{iA} - 515)^2}{2-1} = 50$$

$$\hat{\sigma}_B^2 = \frac{\sum (x_{iB} - 515)^2}{2-1} = 450 \qquad \hat{\sigma}_C^2 = \frac{\sum (x_{iC} - 520)^2}{3-1} = 100$$

② 将各个组内变异的无偏误差方差代入公式中，计算整体的无偏误差方差 $\hat{\sigma}_e^2$。

$$\hat{\sigma}_e^2 = \frac{\sum (n_j - 1)\hat{\sigma}_j}{N - j} = \frac{\sum (n_j - 1)\hat{\sigma}_j}{10 - 4} = 150$$

误差的自由度（v）：总样本容量N减去样本个数 j 所得到的值

③ 将整体的无偏误差方差代入公式中，计算检验统计量。

$$t_{\bar{x}_1 - \bar{x}_2} = \frac{\bar{x}_A - \bar{x}_N}{\sqrt{\hat{\sigma}_e^2 \left(\frac{1}{n_A} + \frac{1}{n_N}\right)}} = \frac{515 - 480}{\sqrt{150\left(\frac{1}{2} + \frac{1}{3}\right)}} \approx 3.1$$

④ 对检验统计量与q值表的值（$\div \sqrt{2}$）进行比较。

将 q 值表中样本个数（j）为 4、误差自由度（v）为 6 的值与统计量 3.1 进行比较。显著性水平为 5% 的 q 值表中的值为 4.896，我们把该值除以 $\sqrt{2}$ 所得到的值 3.462 作为临界值。3.1 小于 3.462，因此，无法检验出显著性差异。

对所有的样本对进行比较，结果如下所示。

t 值	A	B	C
N	3.1	3.1	4.0*
A		0.0	0.4
B			0.4

注：* 为 p<5%

> 只有N与C的总体均值存在差异。也就是说，最好不使用添加剂A

---

q 值（*q, Q*）… 遵循学生化极差分布的统计量。如果将使统计量最大的两组数据的临界值（*q* 值）用于其他样本对的检验，就相当于按最严格的基准进行检验。

可重复的检验（多重比较法）③

~ Dunnett 法~

在只与对照组进行两两比较的情况下更容易检验出显著性差异。不过，由于存在无数个专用表，所以我们一般会使用软件进行检验。

6.7 节的示例	无添加 N	添加剂 A	添加剂 B	添加剂 C
平均数	480	515	515	520

N N N ① A ② B ③ C

仅用于调查处理组与对照组之间是否存在显著性差异的情况

▶▶▶假设的思路

● 零假设：$\mu_N = \mu_A$、$\mu_N = \mu_B$、$\mu_N = \mu_C$ ← 需要比较的样本对由 6 个减少为 3 个，这就减小了多重性问题出现的概率。

● 备择假设：比较对象只有对照组，所以存在下述 3 种模式。

模式 1（双侧检验） $\mu_N \neq \mu_A, \mu_N \neq \mu_B, \mu_N \neq \mu_C$

模式 2（单侧检验） $\mu_N > \mu_A, \mu_N > \mu_B, \mu_N > \mu_C$

模式 3（单侧检验） $\mu_N < \mu_A, \mu_N < \mu_B, \mu_N < \mu_C$

因为是单侧检验，所以与模式 1 相比，模式 2 和模式 3 更容易检验出显著性差异。

▶▶▶检验统计量和判定

● Dunnett 法的检验统计量与 Tukey-Kramer 法的完全相同。

● 要比较的样本对的个数与 Tukey-kramer 法的不同，所以我们需要从 Dunnett 法专用的表中读取临界值。该专用表通过去掉多个两两比较的统计量之间出现的相关系数来修正多重性问题。因此，即使显著性水平都是 5%，双侧检验和右侧检验也会存在差异，还会因相关系数存在无数个专用表（所以本书中并未记载）。

● 以下是使用模式 1 的备择假设对 6.7 节的示例进行检验的结果。可以确定样本 A、样本 B、样本 C 与样本 N 之间存在显著性差异。

t 值	A	B	C
N	3.1*	3.1*	4.0*

注：＊为 p<5%

所有样本大小相同的相关系数

$$\rho = \frac{n_2}{n_2 + n_1}$$

Dunnett 法（Dunnett's test）··· 只比较对照组与处理组。它与 Tukey 法基本相同，但因为组间的样本容量不同，所以我们需要为每个计算出的相关系数准备一个专用的检验表。

专栏 可以一开始就分成两组样本吗？（以及如何选择最合适的多重比较法）

在课上介绍多重比较法时，经常有学生问可不可以一开始就分成（可以检验出差异的）两组样本。笔者能理解这种想法，但实施预先设计好的内容才是实验。因此，在实验完成之后将未发现显著性差异的样本当作不存在的东西是一种不可取的欺骗行为。

本章中只介绍了基本的多重比较法，而如今的统计分析软件中搭载了 20 种以上的方法，我们很难判断到底该用哪一种。不过，这些方法都被改良过，在统计检验能力较低的情况下也可以使用，因此我们无须过于烦恼。再简易的软件也会带有 Tukey-Kramer 法，而且 Bonferroni 校正法只会按照严格的显著性水平从分布表中读取临界值，因此，我们只要选择其中一种方法使用即可。需要注意的是，当样本数超过 5 个时，Bonferroni 校正法会变得过于严格。如果软件中有名为 R-E-G-W Q（F）的方法，大家不妨使用它，它就是统计检验能力最强的逐步回归法，笔者强力推荐。另外，有的软件中还带有不调整多重性问题的（Waller-）Duncan 和 Student-Newman-Keuls，大家不要使用。

下表中整理了 Tukey-Kramer 之外的一些方法供大家参考。基本上越靠左边的方法统计检验能力越强。

与对照组的比较	Williams[※1]	Dunnett	Holm	Scheffe	Bonferroni
异方差[※2]	Tamhane's T2	Games-Howell	Dunnett's T3(C)		
配对[※3]	Sidak	Holm	Bonferroni		
定序数据[※4]	Shirley-Williams[※1]	Steel (-Dwass)	Holm	Scheffe	Bonferroni

※1：用于假设组间存在单调性（$\mu_1 < \mu_2 < \mu_3$）的情况

※2：其他多重比较法都假定所有组的方差是相等的

※3：除这 3 个方法之外的多重比较法不适用于组间配对的情况

※4：定序数据的检验方法称为非参数方法，相关内容在下一章中介绍

6 方差分析和多重比较　可重复的检验（多重比较法）③

This must be
non-parametric.

第 7 章 非参数方法

不依赖于分布的检验

~非参数方法~

非参数方法是不以"总体遵循特定的概率分布"为前提的统计方法的总称。

▶▶▶ 参数方法和非参数方法

● t 检验和方差分析都属于参数方法。这类方法会假定总体遵循正态分布，因此可以用于计算在零假设条件下实验结果发生的概率。

t 检验的概念图
（实际上是根据取平均数差异的分布进行的检验）

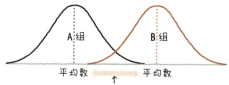

如果两组数据都遵循正态分布（并且等方差），就可以根据平均数的差异情况来判断两组数据是否相同

如果总体的概率分布无法确定……

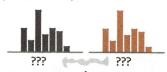

如果分布的形态未知，就没有办法判断两组数据的差异情况
（原本品质数据等就无法计算平均数）

如果不知道分布形态，就无法判断两组数据是否相似

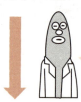

需要使用不依靠总体分布的方法！

使用 非参数方法 进行检验，"间接"计算（在零假设的条件下）实验结果发生的概率

参数方法（parametric methods）••• 是以"总体遵循特定的概率分布"为前提的统计方法的总称。例如，在 t 检验和方差分析中，总体需要遵循正态分布。

● 非参数方法适用的情况　其一：品质数据

在以名义尺度或定序尺度观测品质数据时，由于选取的值不是随机变量，所以我们无法假定总体的概率分布。

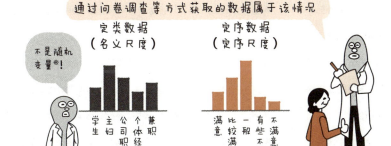

通过问卷调查等方式获取的数据属于该情况

定类数据（名义尺度）　　定序数据（定序尺度）

不是随机变量※!

学生　主妇　公司职员　个体经营　兼职

满意　比较满意　一般　有些不满意　不满意

※取某一特定值的概率是固定变量
这一点必须以量化尺度测量。测
量尺度会在后面讲到

● 非参数方法适用的情况　其二：存在极端值

示例：饲料中的赖氨酸浓度与猪里脊的脂肪率

	赖氨酸浓度	
	0.4%	0.6%
猪里脊的脂肪率	7.0	4.1
	6.5	4.8
	6.2	3.9
极大值	7.1	5.2
	30.0	4.9
平均数	11.4	4.6

在实施两独立样本平均数差异的t
检验后，t值=1.5，双侧p值=0.2，
无法检验出显著性差异

左侧的实验数据用于确认"如果控制猪饲料中赖氨酸的浓度，猪里脊的脂肪率就会变高"。这些数据看起来有显著性差异，但由于其中存在极大值，所以 t 检验没有检验出显著性差异。注意，如果不是输入错误或者测量仪器的问题，我们是不可以直接删掉极端值的。

t检验中一旦
存在极端值，
统计检验能力
就会下降

非参数方法（non-parametric methods）••• 是不以总体遵循特定的概率分布为前提的统计方法的总称。这类方法对品质数据、存在极端值的数值型数据有效。

各种非参数检验

非参数检验的名称	组数 ※1	配对/独立 ※1	数据	相应的参数方法或目的
独立性检验（皮尔逊卡方检验）	多组	独立	品质	多独立样本的比例差异的检验
Fisher 确切概率法	两组	独立	品质	两独立样本的比例差异的检验（小样本）
McNemar 检验 ※2	两组	配对	品质	两配对样本的比例差异的检验
Cochran's Q 检验 ※2	多组	配对	品质	多配对样本的比例差异的检验
曼-惠特尼 U 检验	两组	独立	数值型、定序	两独立样本平均数差异的检验
符号检验	两组	配对	数值型、定序	两配对样本平均数差异的检验
威尔科克森符号秩检验	两组	配对	数值型	两配对样本平均数差异的检验
Kruskal-Wallis 检验	多组	独立	数值型、定序	独立的单因素方差分析
Friedman 检验	多组	配对	数值型、定序	配对的单因素方差分析
Steel-Dwass 法 ※2	多组	独立	数值型、定序	多重比较法（全组对比）
Steel 法 ※2	多组	独立	数值型、定序	多重比较法（对照组比较）
Shirley-Williams 法 ※2	多组	独立	数值型、定序	多重比较法（对照组比较且组间存在单调性）

※1：我们可以采用处理多组数据时使用的方法来检验两组数据，或者使用独立的方法来检验配对的数据（在后一种情况下，精确度可能比较低）

※2：非本书内容

对任何数值型数据都可以使用非参数方法吗?

我们可以毫不犹豫地对品质数据使用非参数方法，但对数值型数据就不能这样了。由于样本容量和总体分布之间没有任何关系，所以"在小样本的情况下使用非参数方法"这一规律也不一定正确。

实际上，最近人们发现，即使对总体是正态分布的样本使用非参数方法，统计检验能力也没有下降多少。也就是说，我们可以对所有数值型数据使用非参数方法。

什么是品质数据？　——关于测量尺度——

心理学家斯坦利·史密斯·史蒂文斯（Stanley Smith Stevens）将测量尺度分为四类。下面的表中整理了这四类尺度以及测量数据的特征和示例等。

数据可以实现的计算根据测量尺度发生改变。例如，以名义尺度或定序尺度测量的品质数据（分别为定类数据和定序数据）不可以计算平均数。因此，我们必须使用非参数方法来检验其差异。

	数据类型	测量尺度	值的含义	可以直接进行的计算	示例
品质数据	定类数据	名义尺度	值仅用于进行分类	频数统计	性别、血型
	定序数据	定序尺度	表示值的大小关系	＞＝	满意度、偏好度
数量数据	定距数据	定距尺度	值之间的间隔是相等的	＋－	摄氏度、智商
	定比数据	定比尺度	原点（0）是固定的	＋－ ×÷	质量、长度、金额

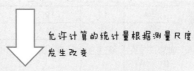

允许计算的统计量根据测量尺度发生改变

	定类数据	定序数据	定距数据	定比数据
众数	○	○	○	○
中位数	✕	○	○	○
平均数	✕	✕	○	○

注：○为可以计算，✕为可以计算

不可以计算平均数就是指

不可以使用t检验和方差分析。◀——需要使用非参数方法

测量尺度（level of measurement）••• 基于数据的信息性质在统计学中进行分类的标准，源于1946年史蒂文斯在《科学》杂志上发表的论文"On the Theory of Scales of Measurement"（《论测量尺度理论》）。

品质数据的检验
～独立性检验（皮尔逊卡方检验）～

独立性检验用于判断交叉表的左表头和上表头是相关的还是独立的，即检验左表头和上表头的两个变量之间是否存在相关关系。

在 2×2（交叉表）的情况下，独立性检验与比例之差的检验（5.11 节）和后面介绍的 Fisher 确切概率法（7.3 节）的目的是一样的。

即使没有原始数据，只要有统计表就可以进行检验，因此这类检验也称为统计表检验或皮尔逊卡方检验。

 示例 你认为森林受到保护了吗？（摘自 2010 年日本农林水产省的调查）

		北海道	东北地区	关东地区	北陆地区	东海地区
	是	19	18	89	9	16
	否	17	51	336	31	64
回答"是"的人的占比数		0.53	0.26	0.21	0.23	0.20

独立？ 相关？ — 上表头

左表头

想要检验认为森林受到保护的人的占比数是否存在地域差异

将"左表头和上表头相互独立"设为零假设，如果能够拒绝零假设，就可以证明认为森林受到保护的人的占比数存在地域差异

不过，我们不可以将地域作为随机变量，那该怎么办呢？

北海道 东北地区 关东地区 北陆地区 东海地区

皮尔逊卡方检验（Pearson's chi-square test）●●● 卡尔·皮尔逊提出的非参数检验，通过卡方分布来检验"观察频数遵循期望频数分布"这一零假设。皮尔逊卡方检验分为独立性检验和拟合优度检验。

▶▶▶ 期望频数

- 在零假设正确的情况下，也就是左表头与上表头相互独立的情况下思考期望的频数分布，然后将其与观察频数的分布进行比较。
- 如果观察频数的分布与期望频数的分布相差很大，就可以拒绝"左表头与上表头之间相互独立"这一零假设。

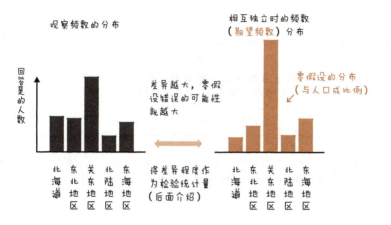

观察频数表

	北海道	东北地区	关东地区	北陆地区	东海地区	合计
是	19	18	89	9	16	151
否	17	51	336	31	64	499
合计	36	69	425	40	80	650

如果左表头和上表头相互独立，那么在任何地区中"是"与"否"的频数比（151:499）应该都一样

期望频数表

	北海道	东北地区	关东地区	北陆地区	东海地区	合计
是	8.4	16.0	98.7	9.3	18.6	151
否	27.6	53.0	326.3	30.7	61.4	499
合计	36	69	425	40	80	650

所有地区的频数比都是151:499

期望频数（expected frequency）••• 在独立性检验中，期望频数是在零假设为"交叉表的左表头与上表头相互独立"的条件下所期望的行列频数，是通过观察频数的行列合计值的比例反算出来的值。

 检验统计量（卡方值）

- 我们使用近似遵循卡方分布的统计量来表示零假设条件下期望的频数分布与观察的频数分布的差异程度，并对该统计量进行检验。

- 严格来说，该统计量并不是卡方值，但由于它在总频数很大的情况下近似遵循卡方分布，所以为了方便，人们就把它简称为卡方值。

$$\chi^2 = \frac{\sum (x_i - \mu)^2}{\sigma^2}$$ 左边是卡方值的公式

把 x 直接当成观察频数，把其他两个总体参数（总体均值 μ 和总体方差 σ^2）替换为期望频数

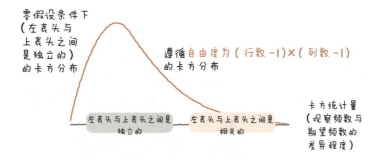

卡方统计量 $= \sum \sum \dfrac{(\text{观察频数} - \text{期望频数})^2}{\text{期望频数}}$ ←独立性检验的统计量

有两个 $\sum$ 的原因是行和列都需要做加法（另外，由于分母的期望频数因单元格的不同而不同，所以针对整个公式加上了 $\sum\sum$）

零假设条件下（左表头与上表头之间是独立的）的卡方分布

遵循自由度为（行数 -1）×（列数 -1）的卡方分布

卡方统计量（观察频数与期望频数的差异程度）

左表头与上表头之间是独立的 | 左表头与上表头之间是相关的

由于原本的卡方值中的总体参数被替换成了期望频数，所以独立性检验与总体参数无关，是非参数方法

non!

皮尔逊卡方检验中还包含一种叫作拟合优度检验的检验方法。其内容与独立性检验基本相同，通过卡方统计量来检验某个指定的理论频数（即期望频数）的分布与观察频数的分布是否相符（零假设为理论频数的分布与观察频数的分布相符）

独立性检验（test for independence）••• 将两个变量（交叉表的左表头与上表头）之间相互独立作为零假设的非参数检验。另外，还有一种名为残差分析的方法，该方法用于判断哪一个单元格中的观察频数与期望频数相差较大。

练习　使用本节示例中的数据检验一下独立性。

观察频数	北海道	东北地区	关东地区	北陆地区	东海地区
是	19	18	89	9	16
否	17	51	336	31	64

$$\frac{(观察频数 - 期望频数)^2}{期望频数} = \frac{(19-8.4)^2}{8.4} \approx 13.4$$

期望频数	北海道	东北地区	关东地区	北陆地区	东海地区
是	8.4	16.0	98.7	9.3	18.6
否	27.6	53.0	326.3	30.7	61.4

每个单元格的统计量	北海道	东北地区	关东地区	北陆地区	东海地区
是	13.4	0.2	1.0	0.0	0.4
否	4.1	0.1	0.3	0.0	0.1

将所有行列的 10 个单元格加起来，结果为 $\sum\sum \frac{(观察频数 - 期望频数)^2}{期望频数} \approx 19.6$

进行卡方检验

在左表头与上表头相互独立的情况下，统计量遵循自由度为 4=(行数 2-1)×(列数 5-1) 的卡方分布

零假设条件下的分布

临界值 11.1
$\alpha = 5\%$

↑19.6 拒绝零假设

由于该检验中有 5 组样本，所以只进行单侧检验。但在 2×2 的情况下，检验内容就会变为两组样本比例的大小关系，这时可以进行双侧检验。

答案：由于检验统计量 19.6 大于显著性水平为 5% 的临界值 11.1，所以我们可以说认为森林受到保护的人占比数在地域之间存在差异。

拟合优度检验（test for goodness of fit）••• 检验观察频数分布与理论上的期望频数分布是否相同（相符）的非参数方法。例如，该方法可以用于检验客流量是否会因今天是星期几而不同（一周各天的期望频数是均等的）。

▶▶▶ 独立性检验的缺点与修正

- 在有四个单元格（2 行 × 2 列的交叉表）的小样本的情况下，由于 p 值会比实际的值小，对第一类错误的判断比较宽松，所以我们一开始就要先将检验统计量修正得小一些（连续性修正）。这是因为虽然检验统计量是离散型数据，但假设的卡方分布是连续型分布 📊。
- 另外，小样本通常定义为总频数 n 小于 20，或者 n 小于 40 且存在期望频数小于 5 的单元格。

$$独立性检验的统计量 = \sum\sum \frac{(观察频数 - 期望频数)^2}{期望频数}$$

将分子（观察频数与期望频数的差）减去 0.5，减小统计量

$$实施耶茨连续性修正后的统计量 = \sum\sum \frac{(|观察频数 - 期望频数| - 0.5)^2}{期望频数}$$

示例：某课程与考试结果（n=25）

观察频数	听课	未听课	期望频数小于 5 的单元格 观察频数	听课	未听课	未修正的检验统计量 观察频数	听课	未听课	实施耶茨连续性修正后的检验统计量 观察频数	听课	未听课
及格	4人	6人	及格	2人	8人	及格	2.0	0.5	及格	1.13	0.28
不及格	1人	14人	不及格	3人	12人	不及格	1.3	0.3	不及格	0.75	0.18

期望频数 ➡ 统计量 ➡ 修正 ➡

卡方值＝4.1，p＝0.03　　卡方值＝2.34，p＝0.13

修正前在 5% 的显著性水平下会被拒绝的零假设现在不会被拒绝了

注：由于检验统计量可能被修正得过小，所以有人指出，针对小样本的 2×2 交叉表，最好使用 7.3 节中介绍的 Fisher 确切概率法

连续性修正（continuity correction）••• 虽然实际的统计量是离散型的，但在使用近似的连续型概率分布进行检验时容易犯第一类错误。为了防止该问题发生，要事先将检验统计量修正得小一些。

▶▶▶ 关联系数（独立系数）

- 随着总频数或单元格数的增加，作为独立性检验统计量的卡方值会变大。因此，如果只想了解左表头与上表头的关联程度，就需要计算不受这些因素影响的关联系数。
- 关联系数分许多种，这里笔者仅介绍比较有代表性的克莱姆关联系数 V（❗）。

$$克莱姆关联系数\ V = \sqrt{\frac{x^2}{x^2\ 的理论最大值}}$$

总频数 $n \times$（行数和列数中较小一方的值 -1）

在前面有关森林保护的示例中，克莱姆关联系数为 $19.6 \div 650 \times (2-1)$ 的平方根，即 $V = 0.17$。克莱姆关联系数在 $0 \sim 1$ 中取值，没有"系数大于多少就表示关联性强"的标准。不过，在克莱姆关联系数为 0.17 的情况下，我们可以说上表头和左表头之间有弱关联性。

📊 连续性修正的必要性

虽然实际的统计量是离散型数据，但如果在检验时假设的分布是连续型的，我们就需要多加注意了。

以下图为例，当统计量为 4 时，在零假设条件下，该统计量发生的概率（p 值）本应该等于灰色部分的面积（3.5 的右侧）。然而，如果假设该统计量遵循连续型概率分布，那么 p 值就等于 4 右侧的橙色部分的面积。也就是说，对第一类错误的判断会变得比较宽松。因此，我们需要一开始就将统计量修正得小一些。

右侧检验的示例

根据离散型数据计算出来的实际的 p 值（灰色部分）

根据连续型概率分布计算出来的 p 值的近似值（橙色部分）

2　　3　3.5　4　　5

修正后的统计量　　实验统计量（修正前）

关联系数（coefficient of association）••• 在独立性检验中，关联系数是表示上表头与左表头的关联程度的指标。比较有代表性的是克莱姆关联系数。

克莱姆关联系数（cramer's coefficient of association）••• 卡方值除以"行数和列数中较小一方的值 -1"后的平方根，取值范围为 $0 \sim 1$，值越接近 1，关联性就越强。

2×2交叉表的检验

~ Fisher 确切概率法 ~

Fisher 确切概率法是针对小样本的定类数据的检验方法。相较于在独立性检验中实施耶茨连续性修正，使用 Fisher 确切概率法可以得到更加准确的结果。

当样本较大或者单元格数量很多时，计算量会变得庞大，因此，我们通常只将 Fisher 确切概率法用于小样本的 2×2 交叉表的检验。

▶▶▶ 假设的思路

示例：真药与假药的有效率

	假药	真药
有效果	1人	6人
无效果	5人	2人
有效率	0.17	0.75

比例之差的检验（5.11节）中考虑的是样本比例（这里的有效率）的差异的分布，Fisher 确切概率法中使用的是2×2交叉表的频数

⚫ 当总体比例没有差异时，观察频数的分布应该不会偏向某一方。但当总体比例存在差异时，观察频数的分布就会偏向某一方。

H₀：有效率（总体比例）没有差异
（零假设的频数分布）

	假药	真药
有效果	3	4
无效果	3	4
有效率	0.50	0.50

H₁：有效率（总体比例）存在差异
（极端的备择假设的频数分布）

	假药	真药
有效果	0	7
无效果	6	1
有效率	0.00	0.875※

偏差小 ◀ 观测到的频数分布接近于哪一边？ ▶ 偏差大

如果实际观测到的频数分布更接近于备择假设的模式而非零假设的模式，那么我们可以说总体比例存在差异！

※如果每行的观测频数之和不是固定（第1行和第2行都是7人），就很难计算概率，所以我们不考虑"有效果8：无效果0"这样的数据

Fisher 确切概率法（Fisher's exact test） ••• Fisher 确切概率法对有偏差的期望频数或小样本的 2×2 交叉表比较有效。在边际频数固定的状态下，直接计算偏差大于观测到的频数分布的概率，并将其与显著性水平进行比较。

▶▶▶ 能够获取指定频数分布的概率

● 固定边际频数（行和列各自的总和）就可以计算出在零假设条件下观测到指定的频数分布的概率 p。

	假药	真药	合计
有效果	a	b	a+b
无效果	c	d	c+d
合计	a+c	b+d	n

$C_n^{(a+b)}$ 是从整个n中选择第1行的组合，计算其中从第1列取出a个、从第2列取出b个的概率

$$p = \frac{C_{(a+c)}^{a} \times C_{(b+d)}^{b}}{C_n^{(a+b)}}$$

（!为阶乘 ↓）

$$= \frac{(a+b)!(c+d)!(a+c)!(b+d)!}{n!\,a!\,b!\,c!\,d!}$$

▶▶▶ 零假设的判定

● 如果观测到的边际频数固定，在频数分布中，计算偏差比观测到的频数分布大的频数分布的概率之和，并将其与显著性水平进行比较。

H_0：总体比例没有差异（偏差小）

	假药	真药	合计
有效果	3	4	7
无效果	3	4	7
合计	6	8	14

这里仅讲解了单侧的分布模式。在双侧检验中，还会考虑使左列比例变大的频数分布

$$p = \frac{7!\,7!\,6!\,8!}{14!\,3!\,4!\,3!\,4!} \approx 0.408$$

在零假设条件下观测到偏差较小的分布的概率会变大

↑ 概率大

	假药	真药	合计
有效果	2	5	7
无效果	4	3	7
合计	6	8	14

$$p = \frac{7!\,7!\,6!\,8!}{14!\,2!\,5!\,4!\,3!} \approx 0.245$$

	假药	真药	合计
有效果	1	6	7
无效果	5	2	7
合计	6	8	14

观测到的频数分布

$$p = \frac{7!\,7!\,6!\,8!}{14!\,1!\,6!\,5!\,2!} \approx 0.049$$

↓ 概率小

↑↓合计
p=0.051 > 显著性水平α/2：0.025
接受零假设
（无法确认真药的有效性）

H_1：总体比例存在差异（偏差大）

	假药	真药	合计
有效果	0	7	7
无效果	6	1	7
合计	6	8	14

$$p = \frac{7!\,7!\,6!\,8!}{14!\,0!\,7!\,6!\,1!} \approx 0.002$$

边际频数（marginal frequency）••• 表示交叉表的行方向和列方向的合计值的频数。在 Fisher 确切概率法中，可以通过固定该值来对无数个频数分布的组合进行大幅限制。

7 | 4

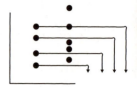

独立的两组定序数据的检验

~曼－惠特尼 U 检验~

曼－惠特尼 U 检验是两独立样本的平均数差异检验（t 检验）的非参数版本。该检验方法通过将数据转换为定序数据来计算表示分布重叠程度的统计量（U 值），可针对满意度等定序数据或存在极端值的数值型数据使用。它与威尔科克森秩和检验在本质上相同的。

▶▶▶ 检验统计量（U 值）

- 首先，将两组原始数据混合，并按照数据的大小顺序编排等级（值相同则取等级的平均数）。
- 然后，以其中一个组的等级为基准，另一组中等级比它低的数据的个数之和就是 U 值。

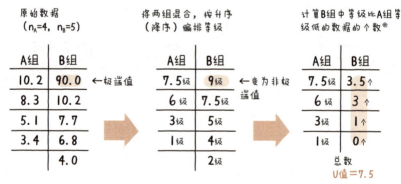

用图来表示……

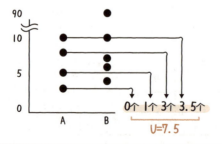

※虽然也可以使用以B为基准的U值（12.5）进行检验，但这里我们使用值较小的统计量U来进行左侧检验（其他非参数检验也是如此）

曼－惠特尼 U 检验（Mann-Whitney U test）···针对独立的定序数据，计算 B 组中等级低于 A 组等级的数据的个数，将个数总和作为检验统计量 U。该检验的零假设是两组数据的等级关系没有差异。

▶▶▶ U 分布（小样本）

- 在两组数据的样本容量都小于 20 的情况下，U 值会在 0 到两组容量的乘积（$n_A \times n_B$）之间呈左右对称分布。
- 两组数据的等级分布越接近，U 值的分布就越靠近中央；相反，两组数据的差异越大，U 值的分布就越靠近两侧。

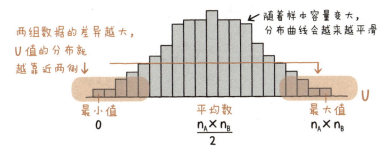

随着样本容量变大，
分布曲线会越来越平滑

两组数据的差异越大，
U 值的分布就
越靠近两侧↓

最小值　　　平均数　　　最大值
0　　　　$\dfrac{n_A \times n_B}{2}$　　　$n_A \times n_B$

▶▶▶ U 检验（小样本）

$$\begin{cases} \text{零假设 } H_0: & \text{两组样本来自同一个总体} \\ \text{备择假设 } H_1: & \text{两组样本来自不同的总体} \end{cases}$$

这是附录中曼 - 惠特尼 U 检验表（显著性水平为 5% 的双侧检验）的部分内容，我们将左表头作为样本容量较小的组（A 组）

	4	5	6	7
3	–	0	0	1
4	0	1	2	3
5		2	3	5

从该表中读取临界值

零假设条件下的U分布

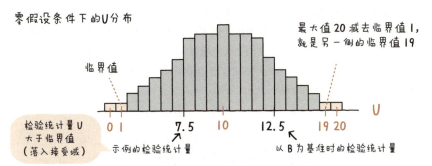

最大值 20 减去临界值 1，
就是另一侧的临界值 19

临界值

检验统计量 U
大于临界值
（落入接受域）

U

0　1　　7.5　　10　　12.5　　19　20

示例的检验统计量

以 B 为基准时的检验统计量

- 示例的检验结果：在显著性水平为 5% 的双侧检验下，零假设不会被拒绝。（即便进行 t 检验，零假设也不会被拒绝，因为 $t = 0.9$，$p = 0.4$。）

中位数差异检验（testing for difference medians）••• 定序数据检验的比较对象不是平均数，而是表示分布整体位置的中位数。注意中位数检验是指使用中位数将一个因素分成两部分的独立性检验。

▶▶▶ U检验（大样本）

- 在两组数据的样本容量都大于 20 的情况下，U 值近似遵循正态分布，因此我们可以使用 z 检验。
- 不过，要想根据标准正态分布表计算临界值，还要对 U 值进行标准化。

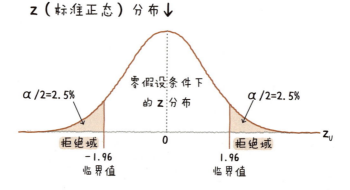

U 的标准化变量 $z_U = \dfrac{U - \mu_U}{\sigma_U}$

U 的平均数 $\dfrac{n_A \times n_B}{2}$

U 的标准差 $\sqrt{\dfrac{n_A \times n_B (n_A + n_B + 1)}{12}}$

注：由于标准差足够大，所以大多不进行连续性修正

z（标准正态）分布 ↓

零假设条件下的 z 分布

$\alpha/2 = 2.5\%$　　　　$\alpha/2 = 2.5\%$

拒绝域　　　　　　　　拒绝域
−1.96　　　　　　　　　1.96
临界值　　　　　　　　临界值

z_U

0

▶▶▶ 相同等级

- 在数据本身就是定序数据（五级满意度的调查等）的情况下会出现相同等级的数据。
- 如果有很多相同等级的数据，U 的标准化变量 z_U 的绝对值就会偏小，统计检验能力就会变弱。因此，我们使用下面的公式把标准差计算得小一些，这样 z_U 的绝对值就会变大。公式中的 n 是两组数据混合后的数据个数，w 是相同等级的等级个数，t 是某等级中等级并列的数据个数。

$$\sigma_U' = \sqrt{\frac{n_A \times n_B}{n(n-1)}\left(\frac{n^3 - n - \sum_{i=1}^{w}(t_i^3 - t_i)}{12}\right)}$$

相同等级（tie）▸▸▸ 在定序数据的检验中，如果相同等级的数据过多，计算出来的检验统计量的分母，即标准差就会偏小，统计检验能力会变弱。为了防止该问题发生，要事先将标准差修正得大一些。

提出非参数方法的人既不是统计学家，也不是数学家，而是化学家威尔科克森和经济学家亨利·伯特霍尔德·曼（Henry Berthold Mann）。

威尔科克森于 1892 年出生在爱尔兰，父母都是美国人。他获得美国康奈尔大学物理化学专业的博士学位后，成为化学设备研究所的一名研究员。此后，他就职于多家私营化学公司，并取得了许多关于推断统计学的成就。其中最广为人知的就是以他的名字命名的威尔科克森秩和检验（曼 – 惠特尼 U 检验）和威尔科克森符号秩检验（7.6 节）。因为在处理酶的化学实验中总会观测到极端值，明明是有效的处理，在传统的 t 检验或方差分析检验中却无法检验出差异。威尔科克森对此十分苦恼。通过不断尝试，他想出一个办法：将数据转换为不受极端值影响的等级，再使用这些等级的组合概率进行检验。正好在当时，经济学家曼与当时还是统计学专业研究生的惠特尼也想出用这个方法来检验两个时间点的薪资差异。使用非参数方法进行统计分析的大门由此打开。

专栏

即使存在极端值,还是想使用参数方法!

当存在极端值时，无法以遵循正态分布为前提进行检验，此时本章中介绍的非参数方法就派上了用场。如果无论如何也想使用 t 检验等参数方法，可以取数据的自然对数，这样也能达成目标。也就是说，即使数据不遵循正态分布，只要取数据的自然对数，它就会近似遵循正态分布，这样就可以使用 t 检验等参数方法了（3.7 节介绍的 Fisher-z 变换也是如此）。

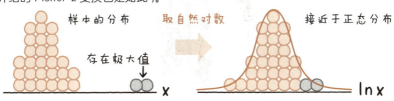

配对的两组定序数据的检验

～符号检验～

符号检验是两配对样本的平均数差异检验（t检验）的非参数版本。

它利用数据之差的正负号个数来进行检验。

由于差的大小不构成影响，所以该检验方法可以针对定序数据使用。

针对数值型数据，使用检验差的大小的威尔科克森符号秩检验（7.6 节），精确度较高。

▶▶▶检验统计量（r 值）

◉取每对数据的差，统计正号和负号的个数（差为 0 的数据对除外），将较少一方的值作为检验统计量 r。

示例：对搬家公司的满意度

	a公司	b公司	差（a-b）
A	5	3	+2
B	4	3	+1
C	4	1	+3
D	5	1	+4
E	3	2	+1
F	2	4	-2

＋有5个

一有1个

将较少一方的符号个数作为检验统计量 r（进行右侧检验）

较少的一方 → $r=1$

> 如果两组样本没有差异，那么＋和一的个数基本一样……
> 两组样本有差异就代表＋很多（一很少），或者一很多（＋很少）！

> 为什么使用（较少一方的）符号个数就可以检验两组样本是否存在差异呢？

符号检验（sign test）••• 两组配对的定序数据的非参数检验。取每对数据的差，统计正号和负号的个数，将较少一方的值作为检验统计量 r。

▶▶▶ 符号检验（小样本）

- 当零假设（两组数据没有差异）正确时，＋ 和 － 出现的概率各为一半，因此统计量 r 遵循试验次数为 n、总体比例（出现概率）为 1/2 的二项分布。
- 当对数 n 小于等于 25 时，可以直接计算 n 小于 r 值的概率，或者使用概率为 1/2 的二项分布表进行检验。这里对前一种方法进行讲解。

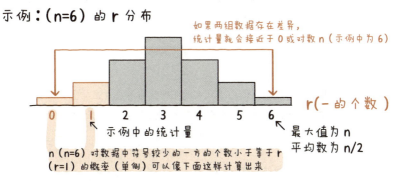

示例：（n=6）的 r 分布

如果两组数据存在差异，统计量就会接近 0 或对数 n（示例中为 6）

r（－ 的个数）

示例中的统计量

最大值为 n
平均数为 $n/2$

n（n=6）对数据中符号较少的一方的个数小于等于 r（r=1）的概率（单侧）可以像下面这样计算出来

$$(C_n^0 + C_n^1)(\tfrac{1}{2})^n = (C_6^0 + C_6^1)(\tfrac{1}{2})^6 = (1+6)(\tfrac{1}{64}) \approx 0.11$$

复习：二项分布的概率公式
如果将出现概率定义为 p，那么 n 次试验中成功 m 次的概率为

$$C_n^m \cdot p^m \cdot (1-p)^{n-m}$$

对示例进行检验，双侧的 p 值约为 0.22（单侧时 $p \approx 0.11$），因此在 5% 的显著性水平下，零假设无法被拒绝

▶▶▶ 符号检验（大样本）

- 当对数 n 大于 25 时，统计量 r 近似遵循正态分布，因此我们可以使用 z 检验。
- 与曼－惠特尼 U 检验一样，我们将 r 标准化后的值与 z 分布表中的临界值进行比较，如果小于临界值，则拒绝零假设。

r 的标准化变量（已修正）

$$z_r = \frac{r - \mu_r + 0.5}{\sigma_r} = \frac{r - \frac{n}{2} + 0.5}{\frac{\sqrt{n}}{2}}$$

通常会加上 0.5 进行连续性修正

配对的两组数值型数据的非参数检验

～威尔科克森符号秩检验～

与符号检验一样，威尔科克森符号秩检验也用来检验配对的两组数据的差异。
由于在计算检验统计量时会用到数据的差，所以该方法只能用于数值型数据的检验。（定序数据可以使用符号检验。）

▶▶▶▶检验统计量（T 值）

- 取每对数据的差，按差的绝对值由小到大的顺序编排等级。
- 将差的正负号赋给等级值，计算两个符号中个数较少的一方的等级之和（秩和），并将其作为检验统计量。（差为 0 的数据对不在计算范围之内。）

示例：减肥前后的中性脂肪（mg/dl）

	前	后	差
A	250	120	+130
B	180	155	+25
C	160	145	+15
D	145	125	+20
E	130	135	−5
F	120	130	−10

①按差的绝对值由小到大的顺序来编排等级

	差的绝对值	→ 等级
A	130	6
B	25	5
C	15	3
D	20	4
E	5	1
F	10	2

②将差的符号赋给等级值

	符号秩等级
A	+6
B	+5
C	+3
D	+4
E	−1
F	−2

③计算符号个数较少的一方的秩和

	一的等级
A	
B	
C	
D	
E	1
F	2

秩和（T 值）
1+2=3

威尔科克森符号秩检验（Wilcoxon signed-rank test）••• 配对的两组数值型数据的非参数检验。给每对数据的差的绝对值的等级加上正负号，再将其中符号个数较少的一方的秩和作为检验统计量 T。

图解:

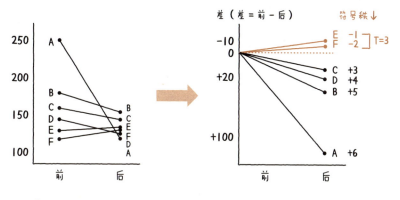

▶▶▶威尔科克森符号秩检验 (小样本)

- 利用两组数据的分布差异越大统计量 T 越小的特点进行检验 (左侧检验)。
- 当对数 n 小于等于 25 时,我们使用专用的表 (附录 B 表 8) 进行检验。

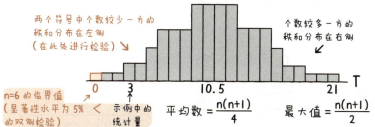

零假设的分布:T 值分布在 $0 \sim n(n+1)/2$

两个符号中个数较少一方的
秩和分布在左侧
(在此处进行检验)↘

个数较多一方的
秩和分布在右侧

$n=6$ 的临界值
(显著性水平为 5% <
的双侧检验)

示例中的
统计量

平均数 $= \dfrac{n(n+1)}{4}$

最大值 $= \dfrac{n(n+1)}{2}$

→ 在示例中,统计量 3 大于临界值 0,因此零假设无法被拒绝。

▶▶▶威尔科克森符号秩检验 (大样本)

- 当对数 n 大于 25 时,统计量 T 近似遵循正态分布,因此我们可以使用 z 检验。由于标准误差 (分母) 足够大,所以不需要进行连续性修正。

$$T \text{ 的标准化变量 } z_T = \frac{T - \mu_T}{\sigma_T} = \frac{T - \dfrac{\{n(n+1)\}}{4}}{\sqrt{\dfrac{n(n+1)(n+2)}{24}}}$$

在小于临界值时
拒绝零假设

独立的多组定序数据的检验
~ Kruskal-Wallis 检验~

Kruskal-Wallis 检验是对独立的多组样本差异进行检验（单因素方差分析）的非参数方法。该检验方法可以针对定序数据使用，也可以用于有极端值的情况，还可以用于各组之间无法假设等方差或数据个数相差较大的情况。

Kruskal-Wallis 检验是由曼－惠特尼 U 检验衍生出的多样本检验方法，可计算近似遵循卡方分布的统计量。（Kruskal-Wallis 检验也称为"H 检验"。）

▶▶▶ 秩和的偏差

- 将所有的组混合在一起编排等级，再计算每组的秩和。
- 该检验方法利用了各组分布在整体中的位置不同（零假设）时，各组秩和的偏差会变大这一特点。

示例：不同品种的西瓜的甜味检验（5级评价）

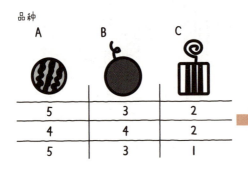

品种

A	B	C
5	3	2
4	4	2
5	3	1

将所有的组混合在一起，按降序（升序）编排等级，计算各组的秩和R

相同的值取平均秩次

A	B	C
1.5级	5.5级	7.5级
3.5级	3.5级	7.5级
1.5级	5.5级	9级
6.5	14.5	24.0

秩和R

评价

R_A=6.5　R_B=14.5　R_C=24.0

← 如果各组的分布位置不同，秩和R的偏差就会变大

R的偏差的统计量：

$$\sum_{i}^{j} \frac{R_i^2}{n_i} = \frac{6.5^2}{3} + \frac{14.5^2}{3} + \frac{24^2}{3} \approx 276.2$$

j：组数　　　n_i：组i的数据个数
R_i：组i的秩和

Kruskal-Wallis 检验（Kruskal-Wallis test）••• 独立的多组样本的非参数检验。利用了"各组的分布差异越大，各组的秩和 R 的偏差就越大"这一特点。修正 R 的偏差，使其遵循卡方分布后就得到了检验统计量 H。

▶▶▶检验统计量（H值）

- 对秩和 R 的偏差进行如下修正，让它近似遵循卡方分布，从而计算出检验统计量 H（有时也使用 T 或 K 来表示）。

$$H = \frac{12}{n(n+1)} \sum_i^j \frac{R_i^2}{n_i} - 3(n+1) = \frac{12}{9(9+1)} \times 276.2 - 3(9+1) \approx 6.82$$

←示例中的统计量

修正项（n是数据总数）

在等级相同的情况下，有些软件会把H的值修正得大一些

▶▶▶H检验（小样本）

- 在小样本的情况下直接进行卡方检验会有些过于严格（统计检验能力下降），因此，我们使用专用的表（附录 B 表 9）进行检验。
- 因为是卡方检验，所以我们只检验右侧。（如果 H 大于临界值，则拒绝零假设。）
- 小样本是指在有 3 组样本时每组中的数据个数少于 17 个，在有 4 组样本时每组中的数据个数少于 14 个的情况。

Kruskal-Wallis检验表的一部分

n_1	n_2	n_3	p=0.05
3	3	3	5.600
2	2	6	5.346
2	3	5	5.251

在 3 组样本的数据个数 n_i 都为 3 时，5% 的显著性水平的临界值

示例的检验结果：
检验统计量 H（6.82）大于 5% 的显著性水平的临界值（5.6），因此零假设可以被拒绝

→不同品种的西瓜，甜味也不同

▶▶▶H检验（大样本）

- 在大样本的情况下，从卡方分布表中读取临界值，如果 H 大于该临界值，则拒绝零假设，接受各组之间（的中位数）存在差异的备择假设。
- 卡方分布的自由度为组数减去 1 后的值。

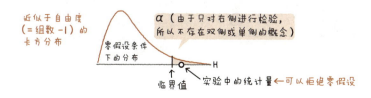

近似于自由度（= 组数 −1）的卡方分布

α（由于只对右侧进行检验，所以不存在双侧或单侧的概念）

零假设条件下的分布

临界值　实验中的统计量←可以拒绝零假设

H

153

配对的多组定序数据的检验
~ Friedman 检验~

Friedman 检验是对配对的多组样本差异进行检验（单因素方差分析）的非参数版本。
该检验方法适用于定序数据或存在极端值的数值型数据。
如果检验对象为两组样本，那么检验结果与符号检验的结果相同。

▶▶▶ 秩和的偏差

● 与 Kruskal-Wallis 检验一样，Friedman 检验计算的也是表示各组秩和偏差的统计量
R，但在 Friedman 检验中，受试者（个体）内部也要编排等级，这一点与 Kruskal-
Wallis 检验有很大不同。

示例：对某课程的满意度调查（5级评价）

将所有的组混合在一起，按降序
（升序）编排等级，计算各组的
秩和R

	第1学期	第2学期	第3学期
学生A	3	4	5
学生B	1	3	5
学生C	1	2	4

➡

	第1学期	第2学期	第3学期
学生A	3	2	1
学生B	3	2	1
学生C	3	2	1
秩和R	9	6	3

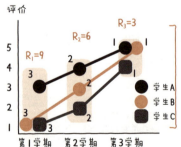

评价

$R_1=9$　$R_2=6$　$R_3=3$

← 如果各组的分布位置不同，
秩和R的偏差就会变大

R的偏差（R_i 为组i的秩和）：

$$\sum_i^j R_i^2 = 9^2 + 6^2 + 3^2 = 126$$

由于各组的数据个数相同，所以
不用像Kruskal-Wallis检验那样
用R_i除以n_i

Friedman 检验（Friedman test）••• 配对的多个样本的非参数检验。该检验方法的内容与 Kruskal-Wallis 检验
基本相同，但 Friedman 检验会使用个体内部编排好的等级来计算秩和 R，考虑到了个体差异。检验统计量为 Q。

▶▶▶检验统计量（Q值）

🔸对秩和 R 的偏差进行如下修正，让它近似遵循卡方分布。

$$Q = \frac{12}{n \times j(j+1)} \sum_i^j R_i^2 - 3n(j+1) = \frac{12}{3 \times 3(3+1)} \times 126 - 3 \times 3(3+1) \approx 6.0$$ ←示例中的统计量

修正项（n是对数，j是组数）

在使用软件时，如果存在相同等级，Q值会被修正得偏大一些

▶▶▶Friedman 检验（小样本）

🔸在小样本的情况下，如果直接进行卡方检验，检验会因组数或数据的个数而变得过于严格或过于宽松。因此，我们使用专用的表（附录 B 表 10）进行检验。

🔸当 Q 大于表中的临界值时，零假设就会被拒绝。

🔸小样本是指在有 3 组样本时每组样本中的数据个数少于 9 个，在有 4 组样本时每组样本中的数据个数少于 5 个的情况。

Friedman检验表（3组）的一部分

调整得略微严格的示例

n	p=0.05
3	6.00
4	6.50
5	6.40
6	7.00

在对数 n 为 3 时，5% 的显著性水平的临界值

示例的检验结果：
检验统计量 Q(6.0) 大于等于 5% 的显著性水平的临界值（6.0），因此零假设可以被拒绝
→不同学期的课程评价不同

▶▶▶Friedman 检验（大样本）

🔸在大样本的情况下，从卡方分布表中读取临界值，如果 Q 大于该临界值，则拒绝零假设，接受各组之间（的中位数）存在差异的备择假设。

🔸卡方分布的自由度为组数减去 1 后的值。

▶▶▶肯德尔和谐系数 W

🔸肯德尔和谐系数 W 表示各受试者内部编排的等级的一致程度，取值范围为 0 ~ 1。在本示例中，由于 3 名学生每学期的等级完全一致，所以肯德尔和谐系数 W 为 1。

不是各组，而是各受试者（示例中的各行）
↓

$$W = \frac{\text{各受试者秩和的方差}}{\text{各受试者秩和的方差的理论最大值}}$$

组数（受试者数-1）／12

肯德尔和谐系数（Kendall's coefficient of concordance）••• 各受试者之间等级的一致程度。其值等于各受试者秩和的方差除以该方差的理论最大值。取值范围为 0 ~ 1，值越接近 1，一致程度就越高。用于衡量感官评价员的评价一致性等。

Each – Other

第 8 章 实验设计法

费歇尔三原则①
~重复~

实验设计法就是设计成功实验的规则集合。
费歇尔将这些规则整理成了三个原则（重复、随机化、局部控制）。
另外，实验设计法还包含设计高效实验的方法，比如只进行部分实验，或者确定分析所需的最低限度的数据个数等。

▶▶▶费歇尔三原则

- 实验失败就是指在实验完成后的方差分析中，将明明无效的数据错误判断为有效，或者将有效的数据错误判断为无效；反过来说，实验成功就是指当存在因素效应时，能够将它准确地检验出来。
- 只要遵循费歇尔提出的三原则，就能防止实验失败。

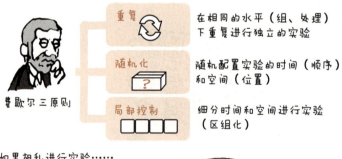

费歇尔三原则（basic principles of experimental designs）••• 为了让实验能检验出应有的效应，费歇尔提出了配置空间和时间的规则集合。这就是费歇尔三原则——重复、随机化和局部控制。

▶▶▶重复原则

- 为了求得方差分析中需要的误差方差，在相同的水平（组、处理）下重复进行实验。如果没有该原则，就无法进行方差分析。

$$
\text{方差分析的检验统计量} \quad F = \frac{\text{因素方差}}{\text{误差方差}} = \frac{\text{组间变异／自由度（＝组数－1）}}{\text{组内变异／自由度（＝数据个数－组数）}}
$$

如果没有多个数据，就无法进行计算

示例：3阶段施肥水平的农场实验

| 水平1 | 水平2 | 水平3 |
重复3次/水平 ⟶

水平1	水平2	水平3
水平1	水平2	水平3
水平1	水平2	水平3

功效分析部分会介绍如何确定重复次数

▶▶▶重复的优点

- 在 F 值的变异计算中使用的平均数的测量误差会变小，可以提高实验统计量（以及检验）的精确度。
- 分子部分的组间变异会变大，F 值也会随之变大。再加上分母中的自由度变大，临界值变小，统计检验能力得到提升。

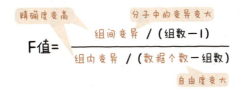

精确度变高　　　　　分子中的变异变大

$$
F\text{值} = \frac{\text{组间变异／（组数－1）}}{\text{组内变异／（数据个数－组数）}}
$$

自由度变大

▶▶▶伪重复

- 如果只进行一次实验，对相同的个体重复进行测量（伪重复），那么使用的就是用于较大自由度的临界值，从而导致检验变得很宽松。

伪重复的示例
（某水平下的实验）

测量在相同区域内栽培的蘑菇

不是n=3，而是取平均数，n=1。不过，测量误差为 $1/\sqrt{3}$，所以n=1也不是毫无意义的

正确重复的示例

用容器完全隔开

n=3
分别取平均数

重复（replication）•••重复进行独立的实验。这是方差分析的必要条件，能够提高统计检验能力和检验的精确度。

伪重复（pseudoreplication）•••如重复测量相同的个体等，不是在独立情况下重复做实验就不可以称为重复。

费歇尔三原则②

~随机化~

随机化是指为防止本应作为误差的因素系统地（有方向地）混入实验结果中而随机配置实验空间和时间顺序。

▶▶▶ 随机化的原理

非随机化的示例：确认 3 水平的施肥效果的农场实验（1~3 为施肥水平）

 田地的南面有树林

各个因素的效应都以相同的（或相反的）方向混入结果中（混杂）······

施肥量

1	2	3
1	2	3
1	2	3

日照时间

方差分析

以相同的方向混杂
（上面的示例）

即使可以拒绝零假设（施肥水平之间没有差异）······

以相反的方向混杂 ⇄

即使不可以拒绝零假设（施肥水平之间没有差异）······

无法区分是施肥量产生的效应，还是日照时间产生的效应

施肥量的效应方向与日照时间的效应方向是相反的，可能会互相抵消······

随机化（randomization）··· 为了防止在方差分析中对效应做出错误的判断，通过随机配置空间和时间，将系统误差转变为随机误差。随机化的对象是其顺序会影响结果的所有因素。

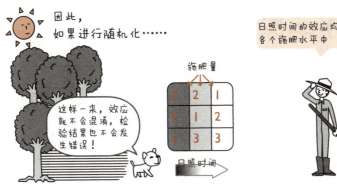

● 所谓随机化，就是将系统误差（3.8 节）转变为随机误差。

方差分析的检验统计量F：

▶▶▶随机化的对象

● 除了像农场那样的空间，实验的顺序（时间）也可以成为随机化的对象。

需要随机化处理的示例：冬天的室内实验（药品浓度差异的效应检验）

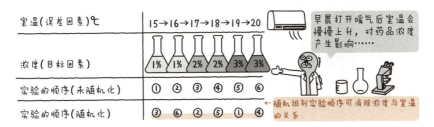

室温(误差因素)℃	15→16→17→18→19→20
浓度（目标因素）	1% 1% 2% 2% 3% 3%
实验的顺序(未随机化)	① ② ③ ④ ⑤ ⑥
实验的顺序(随机化)	③ ⑥ ② ⑤ ① ④

早晨打开暖气后室温会慢慢上升，对药品浓度产生影响……

← 随机排列实验顺序可消除浓度与室温的关系

混杂（confounding）••• 虽然知道有多个因素对结果造成影响，但无法判断每个因素的影响程度。

费歇尔三原则③
~局部控制~

局部控制是指细分实验的空间或时间（区组化），在细分出来的区组内进行实验，然后分析。

与随机化一样，局部控制也是防止误差等非目标因素系统地混入实验结果中的方法，但它并没有将系统误差转变为随机误差，而是将系统误差本身作为一个因素进行处理，从而消除系统误差本身。

▶▶▶局部控制原则

确认施肥效果的农场实验（内容与随机化相同）的示例：

从整体来看，一些实验场地的
日照时间分布不均……

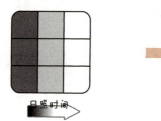

日照时间

如果按细分后的区组来看，
日照时间就都一样了

① ② ③

区组（局部）内的
日照时间没有差异

局部控制

在各个区组（局部）中
对各水平进行实验

1, 2, 3=施肥水平

除施肥之外，将区组也
作为一个因素进行分析

对于该示例，只要
进行以施肥和区组
为因素的双因素方
差分析即可

局部控制（local control）••• 对实验整体的空间和时间进行细分（区组化），在细分出来的区组内进行实验，然后分析。尤其在大型实验中，局部控制能有效削减系统误差的影响。

▶▶▶ 进行局部控制后的实验的检验

● 除目标因素之外，我们把系统误差也当作一个因素来看，这样就可以分别进行独立的检验了。也就是说，目标因素的效应检验不会受到系统误差效应的影响。

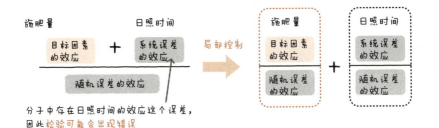

分子中存在日照时间的效应这个误差，因此检验可能会出现错误

▶▶▶ 细分（区组化）的对象

● 作为系统误差混入实验的所有因素（时间、位置）都是细分的对象。
● 如果实验规模很大（重复次数很多），那么对整体进行随机化处理反而会让误差变大。例如，只用一名检验员或一条生产线处理大量数据，会因疲劳、习惯和损耗等因素产生新的误差，这时就要使用细分对象的方法了。

以下因素可成为被细分的对象。

· 感官检验：检验员（相较于目标因素的效应，个人差异的影响通常更大）
· 工厂实验：生产线、原料批次、日期、工人、出货批次、工作时间段
· 农场试验：农场区域、种植架、果树个体、播种时间、收割时间
· 问卷或访谈调查：调查员、访问地区、回答日期

检验员　　出货批次　　种植架　　调查员

区组（block）••• 指在局部控制时细分的空间和时间。区组本身就是一个误差因素（区组因素）。相当于配对的方差分析中的各个个体（受试者）。

各种实验配置

完全满足费歇尔三原则的实验称为随机化区组设计，仅满足重复和随机化的实验称为完全随机化设计。

具体采用哪种设计，取决于实验的规模、易混淆的系统误差的性质、该领域的惯例等。

另外，根据系统误差的性质和数量，人们也提出了许多实验时间和空间的配置方法，如拉丁方设计、裂区设计等。

▶▶▶完全随机化设计和随机化区组设计

农场的示例（1~3 是目标因素的水平）

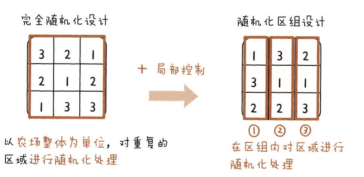

小窍门：在实验规模很大（重复次数很多），或者个体差异等效应很大且存在难以随机化的系统误差的干扰时，最好选择引入了局部控制的随机化区组设计。

完全随机化设计（completely randomized design）••• 进行重复和随机化的实验配置，适用于小型实验。虽然误差变异会变大，但由于自由度没有减少，所以与随机化区组设计相比，该设计的误差方差可能比随机化区组设计的更小。

随机化区组设计（randomized block design）••• 引入重复、随机化和局部控制这三个原则的实验配置，适用于区组因素影响大、重复次数多的大型实验。

▶▶▶拉丁方设计

- 对随机化区组设计进行扩展，引入两个区组因素的实验方法称为拉丁方设计。拉丁方阵是一个 $n \times n$ 的表格，在它的各行各列中，n 个不同的数字或符号只出现一次。
- 除目标因素之外，拉丁方设计还导入了两个区组因素。因此，拉丁方设计是三元配置（前提是不存在交互作用）。

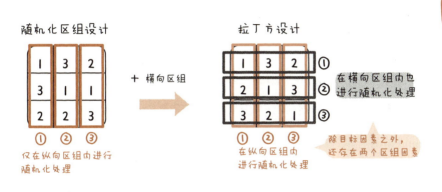

随机化区组设计　　　　　拉丁方设计

＋ 横向区组

① ② ③

在横向区组也进行随机化处理

仅在纵向区组内进行随机化处理

在纵向区组内进行随机化处理

除目标因素之外，还存在两个区组因素

▶▶▶裂区设计

- 存在两个以上的因素且有些因素的水平难以修改时，将实验分为几个阶段，并按阶段使用完全随机化设计、随机化区组设计和拉丁方设计，这样就可以正常进行实验了。
- 下面的示例中有两个因素（灌溉和施肥），我们对一级因素使用完全随机化设计，对二级因素使用随机化区组设计。

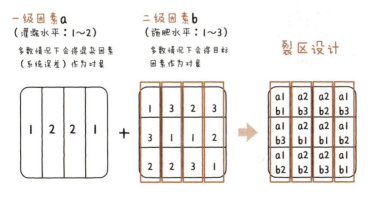

一级因素a
（灌溉水平：1～2）

多数情况下会将混杂因素（系统误差）作为对象

二级因素b
（施肥水平：1～3）

多数情况下会将目标因素作为对象

裂区设计

拉丁方设计（Latin square design）••• 引入两个区组因素的实验配置，可以设计出无交互作用的三元配置的实验。
裂区设计（split-plot design）••• 在因素的水平难以修改的情况下将实验分成几个阶段进行的方法。

减少实验次数
~正交实验法~

正交实验法是当想确认的因素效应过多而导致实验的组合数变得非常庞大时，只选择其中一部分进行实验的方法。

使用正交表来选择因素和水平的组合，并对观测到的数据进行方差分析。该方法应用于质量工程学和营销等领域。

▶▶▶ 正交实验法的作用

在工业领域和从零开始探索的初期实验中，有很多需要确认的因素效应。

> 没有时间和金钱
> 来做这么多的实验······

例如，哪怕是 2 水平的因素，如果有 4 个，就会有 $2^4 = 16$ 种组合，至少要进行 16 次实验。

如果使用正交表来设计实验······

实验只做一半（8 次）就可以了

> 真是太好了！但为什么
> 可以这样做呢？

正交实验法（orthogonal design method）••• 该方法通过将因素分配到正交表中来减少实验的组合数，从而提高效率，适用于有多个因素的实验。不过，前提条件是因素之间是不相关的。

▶▶▶ 什么是正交表

● **正交表**就是在任意两列中，水平的所有组合出现的次数都相同的表。将因素分配到正交表中可以减少实验次数。

● 正交是指各个因素之间是相互独立的，因素之间的相关系数为 0。

正交表的示例：$L_8(2^7)$ 型

> 在 2 水平的因素为 7 个的情况下，将实验组合减少为 8 种的拉丁方设计

实验次数（行）比因素个数（列）大 1（如果行 ≤ 列就无法进行计算了）

分配主效应、交互作用和误差

实验次数（组合数）→

水平的值 →

$L_8(2^7)$	列1	列2	列3	列4	列5	列6	列7
①	1	1	1	1	1	1	1
②	1	1	1	2	2	2	2
③	1	2	2	1	1	2	2
④	1	2	2	2	2	1	1
⑤	2	1	2	1	2	1	2
⑥	2	1	2	2	1	2	1
⑦	2	2	1	1	2	2	1
⑧	2	2	1	2	1	1	2

★ 在所有的列中，水平 1 和水平 2 都分别出现 4 次。

★ 在任意两列中，水平 1 与水平 2 的所有组合（1·1，1·2，2·1，2·2）都分别出现 2 次。

▶▶▶ 各种正交表

● 根据水平数和因素个数，正交表还存在很多类型。（也可以自己制作正交表。）

● 另外，混合型正交表无法用来检验交互作用。

主要的正交表

2水平型（附录B表11-1）
（所有因素都是2水平）　$L_4(2^3)$、$L_8(2^7)$、$L_{16}(2^{15})$ 等

3水平型（附录B表11-2）
（所有因素都是3水平）　$L_9(3^4)$、$L_{27}(3^{13})$ 等

混合型（附录B表11-3）
（包含2水平因素和3水平因素）　$L_{18}(2^1 \times 3^7)$、$L_{36}(2^{11} \times 3^{12})$ 等

正交表（orthogonal table）···· 无论取表的哪两列（列中分配了因素），水平的所有组合出现的次数都是相同的。正交表分为所有列的水平数都相同的表和水平数不同的列混在一起的表。

▶▶▶ 正交表的原理

- 笔者以最基本的 $L_4(2^3)$ 型正交表为例进行讲解。将前面出现的 $L_8(2^7)$ 型正交表的第 1、3、5、7 行的左边 3 列抽出来就是 $L_4(2^3)$ 型正交表。这一点应该不难理解。
- 该表是以 2 个 2 水平的因素，即双因素为基础制作的。

$L_4(2^3)$	列1	列2	列3
实验①	1	1	1
实验②	1	2	2
实验③	2	1	2
实验④	2	2	1
	因素A	因素B	交互作用（包含误差）

使用最多能分配 3 个 2 水平因素（包含交互作用）的正交表可以使原本需要进行 8 次的实验削减为 4 次

假设 2 个因素分别为 A、B，从左边开始，第 1 列为因素 A，第 2 列为因素 B，第 3 列为交互作用（A×B）。注意，最后一列中包含误差（注1、注2）

↓

试着改为上表头为因素 A、左表头为因素 B 的表……

因素 A

	水平1	水平2
因素B 水平1	实验①的数据	实验③的数据
水平2	实验②的数据	实验④的数据

变为形式同双因素方差分析（6.4 节）的表

要想查看因素 B，就要比较实验①和实验③与实验②和实验④（L_4 表第 2 列的 1·1 和 2·2）的数据

要想查看因素 A 与因素 B 的交互作用，就要比较实验①和实验④与实验②和实验③（L_4 表第 3 列的 1·1 和 2·2）的数据

要想查看因素 A，就要比较实验①和实验②与实验③和实验④（L_4 表第 1 列的 1·1 和 2·2）的数据

注1：$L_4(2^3)$ 型正交表的数据可以使用"不重复的双因素方差分析"来检验因素 A 与因素 B 的主效应，但由于交互作用会与误差混在一起，所以不进行重复实验就无法检验
注2：如果能够假设没有交互作用 A×B，那么第 3 列也可以配置第 3 个因素（即 8.4 节的拉丁方设计）

线性图（linear graphs）▶▶▶ 用"点"表示实验中要检验的因素的主效应，用连接这些"点"的"线"来表示交互作用，这样的图就是线性图。各种正交表中都带有一些线性图，因此，如果找到与实验结构相同的线性图，就容易分配因素了。

▶▶▶ 分配到 L_8 型正交表中

- 在 2 水平型或 3 水平型正交表中，分配到列中的因素是固定的（在混合型正交表的情况下可以任意分配因素到列中）。

- 下面笔者以常用的 $L_8(2^7)$ 型正交表为例来讲解因素的分配方法。

$L_8(2^7)$	列 1	列 2	列 3	列 4	列 5	列 6	列 7
实验①	l	l	l	l	l	l	l
⋮	省略了第 2 行到第 8 行的内容						

- $L_8(2^7)$ 型正交表一般是三元配置。假设 3 个因素分别是 A、B、C，那么第 1 列就是因素 A，第 2 列就是因素 B，第 3 列就是它们的交互作用 A × B，第 4 列就是因素 C，第 5 列就是 A × C，第 6 列就是 B × C，第 7 列就是 A × B × C。

$L_8(2^7)$	A	B	AxB	C	AxC	BxC	AxBxC
实验①	l	l	l	l	l	l	l
⋮	省略了第 2 行到第 8 行的内容						

- 第 7 列中分配的 3 个因素的交互作用很小，所以通常会用第 4 个因素 D 取而代之。

- 如果没有误差，则无法进行方差分析，因此要留一列给误差。通常我们会把没有用的交互作用所在的列（有 2 列以上也没关系）留给误差。

- 下面是 L_8 表中最常用的分配模式。

$L_8(2^7)$	A	B	AxB	C	AxC	误差	D
实验①	l	l	l	l	l	l	l
⋮	省略了第 2 行到第 8 行的内容						

←最规范

- 除此之外，还有许多种分配模式。举一个极端一点的例子，如果可以假设没有交互作用，就可以像下面这样分配 6 个因素（其中一列为误差）。

$L_8(2^7)$	A	B	C	D	E	误差	F
实验①	l	l	l	l	l	l	l
⋮	省略了第 2 行到第 8 行的内容						

误差的分配 ••• 为了检验效应，要在正交表中至少留一列给误差。不过，在使用 Lenth 伪标准误差时，我们也可以使用没有误差列的饱和设计进行检验。

▶▶▶ 分配到 L_8 正交表中（续）

- 我们用前面介绍的分配模式来设计实验吧。该分配模式用于检验 4 个因素（A、B、C、D）和 2 个交互作用（A×B、A×C）。
- 我们不关心因素 B 与因素 C 的交互作用（B×C），所以将误差分配到第 6 列。
- 因素 D 用来代替 A×B×C。因此，请分配一个不会与其他因素产生交互作用的因素作为因素 D。

$L_8(2^7)$	A	B	A×B	C	A×C	误差	D
①	1	1	1	1	1	1	1
②	1	1	1	2	2	2	2
③	1	2	2	1	1	2	2
④	1	2	2	2	2	1	1
⑤	2	1	2	1	2	1	2
⑥	2	1	2	2	1	2	1
⑦	2	2	1	1	2	2	1
⑧	2	2	1	2	1	1	2

从想确认主效应的 4 个因素中抽出水平的分配（不使用交互作用或误差所在的列）

$L_8(2^7)$	A	B	C	D
实验①	1	1	1	1
实验②	1	1	2	2
实验③	1	2	1	2
实验④	1	2	2	1
实验⑤	2	1	1	2
实验⑥	2	1	2	1
实验⑦	2	2	1	1
实验⑧	2	2	2	2

进行 8 次实验就可以了

例如，最上面的实验①就是让 4 个因素的水平都为"1"的实验

多水平设计（multi-level method）••• 向 2 水平型正交表中分配 4 水平因素的方法，会将 2 列合并为 1 列。

拟水平设计（pseudo-level method）••• 向 2 水平型正交表中分配 3 水平因素的方法，是对多水平设计的实际应用。

▶▶▶检验正交实验法所得实验数据（L₈ 表的情形）

● 对于想检验的主效应或交互作用，要根据水平 1 数据平均数和水平 2 的数据平均数来检验方差比（ F 值）。下面来检验一下因素 A 的主效应。

L₈(2⁷)	A	B	AxB	C	AxC	误差	D	数据
①	1	1	1	1	1	1	1	1
②	1	1	1	2	2	2	2	4
③	1	2	2	1	1	2	2	-1.625
④	1	2	2	2	2	1	1	5
⑤	2	1	2	1	2	1	2	3
⑥	2	1	2	2	1	2	1	8
⑦	2	2	1	1	2	2	1	4
⑧	2	2	1	2	1	1	2	9

水平 1 的组均值 2.75

-1.625

水平 2 的组均值 6.00

+1.625

因素 A 的组间变异

总均值 4.375

① 首先计算总变异。它等于各个数据与总均值的偏差平方和。

复习：总变异 $= \sum\sum(x_{ij} - \bar{x}..)^2$ ，其中 i 为重复次数， j 为组（水平）数

本示例中的总变异 $= (1 - 4.375)^2 + (4 - 4.375)^2 + \cdots + (9 - 4.375)^2 = 59.875$

② 计算由因素 A 的主效应引起的变异（组间变异），即上图中的虚线箭头。

复习：因素（组间）变异 $= i\sum(\bar{x}.j - \bar{x}..)^2$

水平 1（1、4、1、5）的组均值 2.75 与总均值 4.375 的偏差为 -1.625

水平 2（3、8、4、9）的组均值 6.00 与总均值 4.375 的偏差为 $+1.625$

组间变异（重复次数为 4） $= 4 \times \{(-1.625)^2 + (1.625)^2\} = 21.125$

因素方差（自由度是组数 2 减去总均值数 1 的值，即 1） $= 21.125 \div 1 = 21.125$

③ 使用相同的方法计算 4 个因素和 2 个交互作用的所有变异。

因素 B 为 1.125，因素 C 为 36.125，因素 D 为 0.125，A × B 为 0.125，A × C 为 1.125。

④ 总变异减去所有因素变异的差就是误差变异。

误差变异 $= 59.875 - 21.125 - 1.125 - 36.125 - 0.125 - 0.125 - 1.125 = 0.125$

误差方差（自由度等于总变异的自由度 7 减去各个因素的自由度 1 的值，结果为 1）
$= 0.125 \div (7 - 6) = 0.125$

⑤ 用因素方差除以误差方差来算出 F 值，并将它与临界值（分子自由度为 1、分母自由度为 1）进行比较。

因素 A 的 F 值 $= 21.125 \div 0.125 = 169.0$ ＞ 临界值（5%） $= 161.45$ ◢ 显 著

正交实验法的缺点 ••• ①无法检验交互作用或只能检验一部分交互作用；②由于重复次数少，所以统计检验能力弱；③不适合针对水平数多的因素使用。

正交实验法的应用①

~质量工程学（参数设计）~

质量工程学是关于如何高效进行技术开发和新产品开发的方法论，由田口玄一提出，因此也称为田口方法（Taguchi Methods，TM）。

▶▶▶ 质量工程学

○ 质量工程学由参数设计、在线质量工程学和 MT 系统三部分组成，参数设计中会用到正交表。

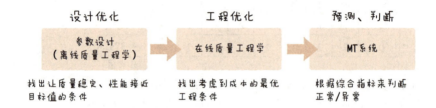

▶▶▶ 参数设计的目的

○ 参数设计的目的是使用正交表找出让质量偏差最小的控制因素（参数）与水平的组合。偏差程度的指标是 SN 比。

质量工程学（quality engineering）　用来高效实现技术开发的方法论，也称为田口方法。在构成质量工程学的三个系统中，参数设计中会用到正交表。

▶▶▶ 参数设计的概要

- 为了提高设计的实用性，参数设计中会使用不考虑交互作用的 $L_{18}(2^1 \times 3^7)$ 等混合型的正交表。

- 参数设计的特征是将误差因素与信号因素一起配置在正交表的外侧，把引起误差的外在因素包含在设计中。

L₁₈	控制因素								信号因素M₁		信号因素M₂		SN比
	A	B	C	D	E	F	G	H	误差 N₁	误差 N₂	误差 N₁	误差 N₂	
①	1	1	1	1	1	1	1	1	$y_{1,1,1}$	$y_{1,1,2}$	$y_{1,2,1}$	$y_{1,2,2}$	η₁
②	1	1	2	2	2	2	2	2	$y_{2,1,1}$	$y_{2,1,2}$	$y_{2,2,1}$	$y_{2,2,2}$	η₂
⋮	⋮	⋮	⋮	⋮	⋮	⋮	⋮	⋮	⋮	⋮	⋮	⋮	⋮
⑱	2	3	3	3	2	1	2	3	1	$y_{18,1,1}$	$y_{18,1,2}$	$y_{18,2,1}$	$y_{18,2,2}$	η₁₈

正交实验法（内部配置）　　　参数设计特殊配置（外部配置）　　计算

- 特性（y）：稳定的对象，即测量的实验结果（如发动机扭矩）
- 信号因素（M）：可以使特性随意改变的因素（喷油量）
- 误差因素（N）：难以控制的外在因素（气温、湿度、气压、大气污染等）
- SN 比（η）：表示偏差程度的指标（扭矩的稳定性）
- 控制因素（A～H）：可以控制的实验条件（汽缸和活塞的形状与材质、节流阀和燃料喷射的控制方法等）

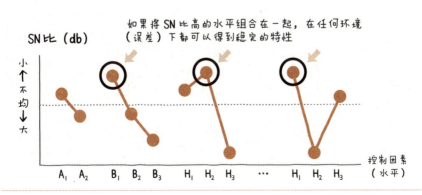

SN比（db）

小 不均 大

如果将 SN 比高的水平组合在一起，在任何环境（误差）下都可以得到稳定的特性

控制因素（水平）

A₁ A₂　B₁ B₂ B₃　H₁ H₂ H₃　…　H₁ H₂ H₃

参数设计（parameter design）••• 指在设计（离线）阶段，找出可以让质量稳定、性能接近于目标的条件组合。
参数设计中会使用不考虑交互作用的 L_{18} 等混合型正交表。

正交实验法的应用②

~联合分析~

联合分析是调查消费者喜欢什么样的产品或服务（市场调查）的方法。
在消费者实验中，为了减轻受试者的负担，会采用正交实验法。

▶▶▶联合分析

● 联合分析通过对组合了属性（因素）和水平的轮廓直观地进行评价来明确什么样的属性和水平会受到重视。

示例：智能手机的营销策略

步骤①：确定属性和水平

	屏幕	电子钱包	防水	电视
水平 1	10.16 cm	无	无	无
水平 2	12.7 cm	有	有	有

←因素称为**属性**

为了减少组合数而使用正交表，因此，需要将水平控制在 2~3 个

步骤②：创建轮廓（由属性和水平组成的虚拟产品）

● 将属性和水平数分配到合适的正交表中，创建**轮廓**。在该示例中，由于 4 个属性都是 2 水平的，所以将它们分配到 $L_8(2^7)$ 型正交表的第 1、2、4、7 列中。

轮廓 No.	屏幕	电子钱包	防水	电视	评分
①	1	1	1	1	1
②	1	1	2	2	4
③	1	2	1	2	2
④	1	2	2	1	3
⑤	2	1	1	2	5
⑥	2	1	2	1	7
⑦	2	2	1	1	6
⑧	2	2	2	2	8

6分！

⑦
屏幕　　　　　　12.7 cm

⑧
屏幕　　　　　　12.7 cm
电子钱包　　　　有
防水　　　　　　有
电视　　　　　　有

向回答者出示 8 张卡片，卡片上是用图或文字表示的属性和水平的组合，让回答者根据对这些组合的偏好程度给卡片打分

联合分析（conjoint analysis）•••是一种营销方法。根据消费者对商品的评价来获取商品各个属性（因素）的重要程度（消费者的偏好），并模拟商品整体的优点。

步骤③：计算部分效用

- 将属性（4 列）作为自变量，将评分作为因变量，进行多元回归分析（9.6 节）。

- 这里的回归系数在联合分析中称为部分效用，也就是以水平 1 为基准（0）来表示对水平 2 进行消费时的满意度。

- 为了便于理解，我们将部分效应变换为平均数为 0 的值。以屏幕属性为例，如果将水平 1（10.16 cm）的部分效用设为 −2.00，将水平 2（12.7 cm）的部分效用设为 +2.00，平均数就会变为 0。

多元回归分析的结果

	回归系数
屏幕	4.00
电子钱包	0.50
防水	2.00
电视	0.50
截距	−6.00

步骤④：计算重要性

- 各个属性的重要性是指该属性的部分效用的范围（最大值与最小值的差）在整体中所占的比例。例如，屏幕属性的部分效用的范围等于水平 2 的效用 2.00 减去水平 1 的效用 −2.00，结果是 4.00。按照同样的方法可计算出电子钱包的重要程度为 0.50，防水的重要程度为 2.00，电视的重要程度为 0.50，一共是 7.00。因此，屏幕的重要程度是 4.00 ÷ 7.00，也就是约 57.1%。

- 部分效用和重要程度有很多表示方法，将示例的结果按照下面的方式表示会比较容易理解。

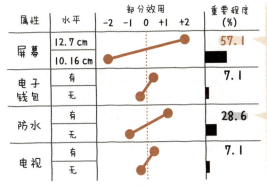

由此可知，对该消费者来说，智能手机的屏幕大小是最重要的，其次是防水功能。

因此，以这类消费者为目标的店铺最好推荐屏幕为 12.7 cm 且带有防水功能的智能手机，而不是推荐带电子钱包功能或电视功能的智能手机

轮廓卡片（profile card）••• 是一种通过组合各个属性和水平来描述虚拟商品的卡片，该卡片会出示给回答者（消费者）。在制作轮廓卡片时使用正交表能够大幅减轻回答者的负担。

8 8 样本容量的确定方法

～功效分析～

用于检验的样本容量不可以过小，也不可以过大。

我们需要在实验之前确定好合适的样本容量，以便在检验时能充分检验出想要确认的差异（效应）。

由于计算比较复杂，所以后面会介绍使用免费软件 R 的方法。

▶▶▶ 样本容量与功效分析

- 在置信区间估计中，样本容量 n 越大越好，但在检验中，如果 n 过大，那么没有意义的细微差异也会被检验出来。
- 这里介绍一下如何确定适合检验的样本容量。

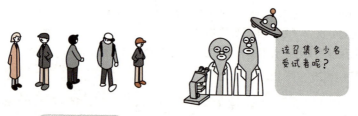

该召集多少名受试者呢？

样本过小 即使存在显著的差异（效应），也检验不出来，因为**统计检验能力太弱**

样本过大 没有意义的细微差异也会被检验出来，因为**统计检验能力太强**

不同的检验有不同的方法，在此对两组样本的 t 检验和方差分析进行讲解 →

合适的样本容量是多少？

功效分析

功效分析分为两类

事前分析 在实验之前，确定有望实现目标统计检验能力的样本容量

事后分析 实验后确认检验的统计检验能力

功效分析（power analysis） ••• 有关"影响统计检验能力的样本容量或错误概率"的分析方法的总称。除了事前确定样本容量的方法，还存在事后计算效应量和统计检验能力的方法，以及计算错误概率 α、β 的方法等。

▶▶▶显著性水平和统计检验能力（复习）

- **功效分析**是以统计检验能力为中心的。这里我们来复习一下与其紧密相关的显著性水平和统计检验能力。

- 显著性水平指检验中允许犯第一类错误（明明零假设 H_0 为真，却拒绝了零假设）的风险率，用 α 表示。

- 统计检验能力是不犯第二类错误（明明备择假设 H_1 为真，却接受了零假设 H_0，其概率用 β 表示）的概率，用 β 的补数 $(1-\beta)$ 表示。

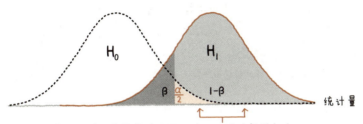

虽然最好的情况是显著性水平 α 较小，统计检验能力 $(1-\beta)$ 较高，但在样本容量和效应量不变的情况下，二者是此消彼长（无法同时成立）的关系

▶▶▶决定统计检验能力的三个要素

- 统计检验能力的强弱是由显著性水平、效应量、样本容量三个要素决定的。它们之间的关系整理如下。

统计检验能力 ← 显著性水平 ｜ 显著性水平 α 大，统计检验能力就强

效应量 ｜ 效应量大，统计检验能力就强

样本容量 ｜ 样本容量大，统计检验能力就强

如果可以事前推测显著性水平和效应量，就可以计算出实现预期**统计检验能力**的**样本容量**

样本容量的确定方法 ••• 设置检验中允许犯第一类错误的概率（显著性水平）、实验中要检验的因素的影响力（效应量）和该检验的期望能力（统计检验能力），就能事先计算出样本容量。

▶▶▶效应量

- 所谓**效应量**，就是效应本身的大小（关联强度或药效等）。换句话说，效应量是表示零假设不正确程度的指标。如果显著性水平和样本容量不变，那么效应量越大，统计检验能力就越强。
- 这是因素本身具有的性质，与样本容量无关。
- 它与 p 值等检验结果也无直接关系。即使效应量很大，在样本很小、统计检验能力很弱的情况下，也会出现无法检验出差异的情况。

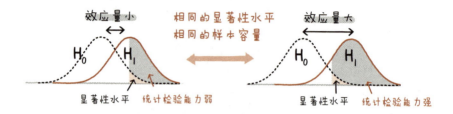

▶▶▶计算效应量

- 不同检验的效应量计算方法也不同（即使是相同的检验，也存在不同的方法），但所有的方法都是从检验统计量中去除样本容量和自由度的影响。我们来学习一下在使用统计量进行计算时的一些主要公式（❗）。

两独立样本的平均数差异的 t 检验的效应量 $\hat{d}$
$$|t\text{值}| \times \sqrt{\frac{n_1+n_2}{n_1 \times n_2}}$$

两配对样本的平均数差异的 t 检验的效应量 $\hat{d}$
$$|t\text{值}| \times \sqrt{1/n}$$

方差分析的效应量 $\hat{f}$
$$\sqrt{F\text{值} \times \frac{\text{组间变异的自由度}}{\text{组内变异的自由度}}}$$

❗ 虽然效应量只能根据实验结果来计算，但我们在做实验之前需要用它来确定样本容量。这时我们会参考之前的研究来估计效应量，但如果这种方法没有奏效，就只能先设置一个恰当的值了。例如，对于 t 检验的效应量 d，如果认为其值会很小则设置为 0.2，不大不小则设置为 0.5，很大则设置为 0.8 左右。对于方差分析的效应量 f，如果认为其值会很小则设置为 0.1，不大不小则设置为 0.25，很大则设置为 0.4 左右。另外，上面的公式是根据样本来进行估计的，因此带有符号"^"。

效应量（effect size）••• 表示原因对结果的影响大小的统计量都叫效应量。实际上，由于真实的（总体）效应量是未知的，所以要从根据样本计算的检验统计量中去除依赖自由度的部分，然后进行估计。

练习

下面的表是在两配对样本的平均数差异的检验部分介绍的"服用降压药前后的血压变化（收缩压）"的示例。我们据此来计算一下效应量 $\hat{d}$。首先计算 t 值（参照 5.10 节）。

受试者	服药前	服药后（x_2）	差 d（x_1-x_2）
A	180	120	60
B	200	150	50
C	250	150	100
平均数	$\bar{x}_1=210$	$\bar{x}_2=140$	$\bar{d}=70$

根据下面的公式得出检验统计量 t 值为 4.6（p 值 =0.04）

$$t_{\bar{d}} = \frac{\bar{d}}{\hat{\sigma}/\sqrt{n}} = \frac{70}{26.5/\sqrt{3}} \approx 4.6$$

- 不过，该公式的分母中使用了样本容量（$n=3$），因此，即使药品相同，只要增大样本容量，t 值也可能会变大（p 值会变小）。这样一来，我们就很难知道药效了。

- 因此，将 t 值乘以 $\sqrt{1/n}$，排除样本容量的影响，最终得到的值就是效应量（效应量计算中的第二个公式）。

$$\text{效应量}\ \hat{d} = t_{\bar{d}} \times \sqrt{\frac{1}{n}} = 4.6 \times \sqrt{\frac{1}{3}} \approx 2.6$$

◎只要有效应量，就不需要检验统计量和 p 值了吗？实际上并非如此。由于效应量中没有误差和概率的概念，所以即使持有的数据偶然出现了很大的效应，也无法判断这是不是恰巧发生的

---

d 族和 r 族 ••• 效应量分为 d 族（表示组间差异的大小）和 r 族（表示组间的关联程度）两类。本节中介绍的效应量是 d 族（的估计量），各种相关系数和关联系数等是 r 族。

▶▶▶计算统计检验能力

- 要想事先确定样本容量,就要设置"想要这种程度的统计检验能力"这一目标值(❗)。
- 如果只对右侧进行检验,那么事前的统计检验能力就是备择假设 H_1 的检验统计量分布中大于临界值的部分(概率)。

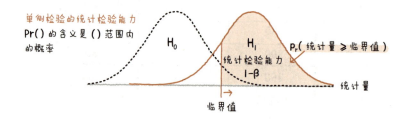

方差分析是单侧检验,所以其统计检验能力不难计算出来,但 t 检验等双侧检验就没那么容易了。这是因为它们还必须计算小于左侧临界值(负号)的部分,然后把两部分的和作为统计检验能力($1-\beta$)。不过,"单侧为 $\alpha/2$ 的检验"与"双侧为 α 的检验"在统计检验能力上是一样的。

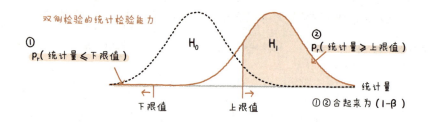

- 计算临界值外侧的概率需要用到非中心分布的知识。这部分内容非常难,本书就不对其进行介绍了。不过,我们可以使用 Excel 的累积分布函数(NORM.S.DIST)来计算。另外,笔者随后会介绍使用免费软件 R 进行计算的方法。

> ❗ 统计检验能力的目标值越大越好,但如果所需的样本容量过大就会带来麻烦,因此我们必须设置适当的值。统计学家雅各布·科恩认为其值为 0.8(80%)左右比较合适。

统计检验能力(statistical power) ••• 指当存在差异时能够判断出存在差异的能力。统计检验能力是犯第二类错误的概率的补数(5.5 节)。在计算样本容量时,会假设该检验的统计检验能力在 0.8 左右。

▶▶▶▶ 计算样本容量

● 确定显著性水平、效应量和统计检验能力这三个要素后，我们就可以计算样本容量了。

任意的显著性水平
α：0.05

效应量的估计值
d：0.2-0.8
f：0.1-0.4

预期的统计检验能力
0.8左右

理想的样本容量

● 不过，由于必须根据统计检验能力进行逆推，所以我们需要使用近似公式、对应表或软件来计算。

使用近似公式的 t 检验示例：

两独立样本的平均数差异的 t 检验的样本容量（在配对的情况下，删除第一项中的 2×，让最终结果为独立时的 1/2）。

→计算示例：如果显著性水平 α（双侧）为 5%（$z = 1.96$），统计检验能力为 0.8，效应量取不大不小的 0.5，那么需要的样本容量为 64/ 组。

如果 $1-\beta$ 为 0.8，则读取 Z 表中右侧概率为 0.2 的 0.84，并加上 "−"

$$n = 2 \times \left(\frac{z_{\alpha/2} - z_{1-\beta}}{\text{效应量}} \right)^2 + \frac{z_{\alpha/2}^2}{4}$$

$$= 2 \times \left(\frac{1.96 - (-0.84)}{0.5} \right)^2 + \frac{1.96^2}{4}$$

$$\approx 63.7$$

使用对应表的方差分析的示例：

方差分析的样本容量（重复次数）并不可以像 t 检验那样使用近似公式计算得出，而是需要反复进行试验，非常复杂。针对统计检验能力为 0.8 的样本容量，效应量与组数的对应关系如右表所示（独立的单因素方差分析）。

组数	实现 0.8 的统计检验能力 样本容量 / 组（α =5%）		
	效应量小 （f=0.10）	效应量中 （f=0.25）	效应量大 （f=0.40）
3	323	53	22
4	274	45	19
5	240	40	16
6	215	36	15

G*power ••• 功效分析的计算非常复杂，实际上都是使用软件来实现的。除 R 之外，杜塞尔多夫大学的阿克塞尔·巴克纳（Axel Buchner）教授等人开发的 G*power 也是一种非常好用的免费软件。

使用 R 进行功效分析① ~ *t* 检验 ~

　　正如前面介绍的那样，功效分析（统计检验能力和样本容量的计算）非常复杂。因此，我们通常会使用软件来实现它。这里，笔者用在后面的章节中也会用到的 R 软件来进行解说。当然，G*power 也是一个非常方便的免费软件。虽然我们可以用 R 中自带的 `power.t.test` 和 `power.anova.test` 等函数进行功效分析，但这些函数的参数（设置项）太多，用起来不太方便，因此，这里笔者来介绍使用外部包 `pwr` 的方法。首先，我们要安装 `pwr`，执行 `library(pwr)`。关于 R 的基本使用方法，请大家阅读本书的附录 A。

　　我们使用下面的命令来进行 *t* 检验的功效分析。

```
> pwr.t.test (n = 样本容量, d = 效应量, sig.level = 显著性水平, power =
统计检验能力, type= 配对 / 独立, alternative = 备择假设的位置 )
```

　　关于对应关系，如果是独立的两组样本则输入"two.sample"，在检验总体均值时输入"one.sample"，如果是配对的两组样本则输入"paired"。另外，关于备择假设的位置，双侧时输入"two.sided"，如果只有左侧则输入"less"，如果只有右侧则输入"greater"。
只要参数 n、d、sig.level、power 中有一个未指定，就会返回这个参数的值。

　　①统计检验能力的计算示例（不指定 power）
　　在两独立样本平均数差异的 *t* 检验中，在效应量设置为 0.2、显著性水平设置为双侧5%、样本容量为 60/ 组的情况下，统计检验能力的计算如下所示。

```
> pwr.t.test(d=0.2,n=60,sig.level=0.05,type="two.sample",alternative="two.sided")
```

结果为 0.19...，由此可知该检验的统计检验能力较弱。

　　②样本容量的计算示例（不指定 n）
　　我们将前面的内容改为配对的情况进行计算。在显著性水平（双侧）为 0.5、效应量为0.5、目标统计检验能力为 0.8 的情况下，样本容量的计算如下所示。

```
> pwr.t.test(d=0.5,power=0.8,sig.level=0.05,type="paired",alternative="two.sided")
```

结果为 33.36...，由此可知需要 34 对数据。

　　③如果不指定 d，则会返回效应量的值，但我们很少会根据统计检验能力和样本容量来逆推效应量，顶多会根据样本数据来计算。

使用 R 进行功效分析② ~ 方差分析 ~

我们使用下面的命令来进行单因素方差分析的功效分析。该命令也包含在外部包 `pwr` 中，因此，在使用之前要先安装 `pwr`，然后执行 `library(pwr)`。

> `pwr.anova.test(`k = 组数，n = 每组的样本容量，f = 效应量，`sig.level` = 显著性水平，`power` = 统计检验能力 `)`

同样，如果执行该命令时参数 `n`、`f`、`sig.level`、`power` 中有一个未指定，就会返回这个参数的值。

①统计检验能力的计算示例（不指定 `power`）

当 4 组样本各重复 20 次、效应量为 0.25、显著性水平为 5% 时，统计检验能力的计算如下所示。

> `pwr.anova.test(f=0.25,k=4,n=20,sig.level=0.05)`

结果为 0.42…，由此可知该检验的统计检验能力较弱。

②样本容量的计算示例（不指定 n）

在有 5 种（组）处理的单因素方差分析中，当显著性水平为 5%、效应量为 0.4、目标统计检验能力为 0.8 时，所需重复次数（样本容量 / 组）的计算如下所示。

> `pwr.anova.test(f=0.4,k=5,power=0.80,sig.level=0.05)`

结果为 15.9…，由此可知这里与前面的对应表一样，需要 16 个数据（每组）。

关于功效分析的书目

　　`pwr` 包是法国里昂第一大学的讲师斯特凡纳·尚佩（Stephane Champely）博士基于 R 中自带的函数编写而成的，计算方法则参考了统计学家科恩的书[①]（如下所示）。该书是功效分析的经典著作，感兴趣的读者可以读一读。

Jacob Cohen. Statistical Power Analysis for the Behavioral Sciences (Second Edtion) [M]. New York：Psychology Press, 1988.

---

① 该书暂无中文版。——译者注

F—it was written.

第 9 章 回归分析

探究因果关系

~回归分析~

回归分析是用于明确变量 x（原因）与变量 y（结果）之间有什么关系的方法。
表示变量 x 与变量 y 之间关系的直线或曲线的表达式称为回归线。

▶▶▶▶ 回归线

● 回归分析可以将原因对结果的影响程度数值化，用来进行预测等。

● 回归分析还可以用来确认估计的关系（回归线）在统计方面是否有意义。

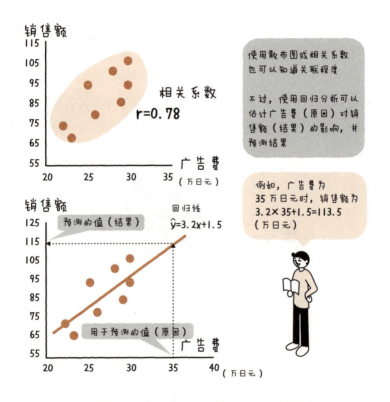

使用散布图或相关系数
也可以知道关联程度

不过，使用回归分析可以
估计广告费（原因）对销
售额（结果）的影响，并
预测结果

例如，广告费为
35 万日元时，销售额为
$3.2 \times 35 + 1.5 = 113.5$
（万日元）

回归分析（regression analysis）••• 用于明确原因（自变量）与结果（因变量）之间关系的方法。

回归线（regression line）••• 根据数据估计的函数。又称回归直线、回归平面、回归曲线。

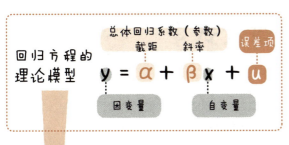

回归方程的
理论模型

总体回归系数（参数）
截距　　斜率　　误差项

$$y = \alpha + \beta x + u$$

因变量　　自变量

- 误差项表示变量 x 之外的因素对变量 y 的影响
- 误差项被当作随机变量处理

最小二乘法

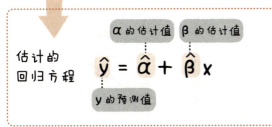

估计的
回归方程

α 的估计值　β 的估计值

$$\hat{y} = \hat{\alpha} + \hat{\beta} x$$

y 的预测值

- 有一个自变量的回归方程称为一元线性回归方程

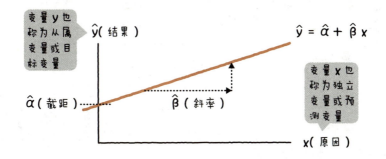

变量 y 也称为从属变量或目标变量

$\hat{y}$（结果）

$$\hat{y} = \hat{\alpha} + \hat{\beta} x$$

$\hat{\alpha}$（截距）　　　$\hat{\beta}$（斜率）

变量 x 也称为独立变量或预测变量

x（原因）

参数（α、β）与估计值（$\hat{\alpha}$、$\hat{\beta}$）

- 参数（α、β）表示一定有数值，只是还不知道是哪个数值。
- 估计值（$\hat{\alpha}$、$\hat{\beta}$）是作为已知的具体数值来处理的。（＾的读音同 hat。它与表示无偏估计量的符号相同，但二者含义不同。）

α　　$\hat{\alpha}$

3.1
2.3　　2.3
1.5
???

估计值（回归分析）（estimate）••• 使用最小二乘法或极大似然法估计的回归方程的截距和系数的值。
预测值（回归分析）（prediction value）••• 通过将指定的值赋给回归方程的自变量而得出的因变量的值。

将数据套用到公式中

最 小

~最小二乘法~

最小二乘法是一种估计回归线的参数（截距或斜率）值的方法。

最小二乘法也称为普通最小二乘法（Ordinary Least Squares，OLS）。

残差（$\hat{u}$）是观测值与预测值之间的差（$\hat{u} = y - \hat{y}$）。

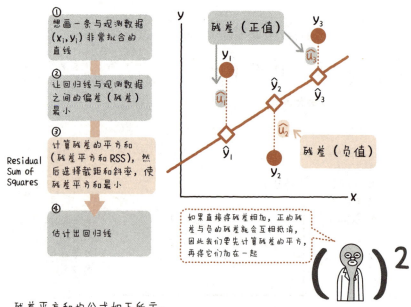

① 想画一条与观测数据 (x_i, y_i) 非常拟合的直线

② 让回归线与观测数据之间的偏差（残差）最小

Residual Sum of Squares

③ 计算残差的平方和（残差平方和 RSS），然后选择截距和斜率，使残差平方和最小

④ 估计出回归线

残差（正值）

残差（负值）

如果直接将残差相加，正的残差与负的残差就会互相抵消，因此我们要先计算残差的平方，再将它们加在一起

$\left(\text{👤} \right)^2$

残差平方和的公式如下所示。

$$J = \hat{u}_1^2 + \hat{u}_2^2 + \hat{u}_3^2 = (y_1 - \hat{y}_1)^2 + (y_2 - \hat{y}_2)^2 + (y_3 - \hat{y}_3)^2$$

$$= (y_1 - \hat{\alpha} - \hat{\beta} x_1)^2 + (y_2 - \hat{\alpha} - \hat{\beta} x_2)^2 + (y_3 - \hat{\alpha} - \hat{\beta} x_3)^2$$

当存在 n 个数据时，公式如下所示。

$$J = \sum_{i=1}^{n} (y_i - \hat{\alpha} - \hat{\beta} x_i)^2$$

残差平方和（residual sum of squares）••• 残差（观测值与预测值之间的差）的平方和。

最小二乘法（least squares method）••• 求出使残差平方和最小的回归线的方法。

函数 J（残差平方和）是关于 $\hat{\alpha}$（截距）或 $\hat{\beta}$（斜率）的二次函数，其图形如下所示
（ ）。

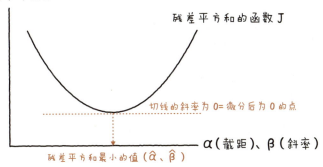

残差平方和的大小

残差平方和的函数 J

切线的斜率为 0= 微分后为 0 的点

α（截距）、β（斜率）

残差平方和最小的值（$\hat{\alpha}$、$\hat{\beta}$）

◎ $\hat{\alpha}$、$\hat{\beta}$ 基本与总体回归系数（α、β）相等（具有该性质的估计量称为无偏估计量）

使用最小二乘法计算估计值的方法（以一元线性回归为例）

● 函数 J 是 $\hat{\alpha}$ 与 $\hat{\beta}$ 的函数，不是 x 与 y 的函数。

● 偏微分是对拥有两个以上变量的函数中的一个变量进行求导。

● 偏微分的符号并不是我们在高中时学习的"d"，而是"∂"。

● 在对一个变量计算偏微分时，要将其他变量看作常数。例如，对 $G = a^2 + 5a + b$ 中的 a 计算偏微分，结果为 $\partial G/\partial a = 2a + 5$。这时，$b$ 被看作 1 或 10 等常数，其微分为 0。

● 对函数 J 中的 $\hat{\alpha}$ 和 $\hat{\beta}$ 分别计算偏微分，结果如下所示。

$$\frac{\partial J}{\partial \hat{\alpha}} = \sum \frac{\partial}{\partial \hat{\alpha}}(y_i - \hat{\alpha} - \hat{\beta}x_i)^2 = \sum -2(y_i - \hat{\alpha} - \hat{\beta}x_i) \cdots (1)$$

$$\frac{\partial J}{\partial \hat{\beta}} = \sum \frac{\partial}{\partial \hat{\beta}}(y_i - \hat{\alpha} - \hat{\beta}x_i)^2 = \sum -2x_i(y_i - \hat{\alpha} - \hat{\beta}x_i) \cdots (2)$$

估计量（estimator）••• 用来估计总体参数的规则和方法。请注意，它并不是估计的值，而是用来根据数据估计总体参数的公式。将数据代入估计量后得出的值是估计值。

- 当残差平方和（函数 J）最小时，公式（1）和公式（2）都为 0。

$$\sum(y_i - \hat{\alpha} - \hat{\beta}x_i) = \sum y_i - \hat{\alpha}n - \hat{\beta}\sum x_i = 0$$

整理后为：$\hat{\alpha}n + \hat{\beta}\sum x_i = \sum y_i \cdots (3)$

$$\sum x_i(y_i - \hat{\alpha} - \hat{\beta}x_i) = \sum x_i y_i - \hat{\alpha}\sum x_i - \hat{\beta}\sum x_i^2 = 0$$

整理后为：$\hat{\alpha}\sum x_i + \hat{\beta}\sum x_i^2 = \sum x_i y_i \cdots (4)$

- 我们可以把公式（3）和公式（4）看作 $\hat{\alpha}$ 和 $\hat{\beta}$ 的联立方程。该联立方程称为正规方程。

- 通过求解正规方程，可以得出 $\hat{\alpha}$ 和 $\hat{\beta}$ 的值。

$$\hat{\alpha} = \frac{\sum y_i}{n} - \hat{\beta}\frac{\sum x_i}{n} = \overline{y} - \hat{\beta}\overline{x}$$

$$\hat{\beta} = \frac{\sum x_i y_i - \sum x_i \sum y_i / n}{\sum x_i^2 - (\sum x_i)^2 / n} = \frac{\sum x_i y_i - n\overline{x}\,\overline{y}}{\sum x_i^2 - n\overline{x}^2}$$

专栏

另一种估计方法（极大似然估计）

还有一种方法可以计算参数估计值，那就是极大似然估计。

极大似然估计用于计算 α（截距）和 β（斜率）的值，使似然（相似程度，类似于获得观测数据的概率）最大。

似然越大，预测值越接近观测值。

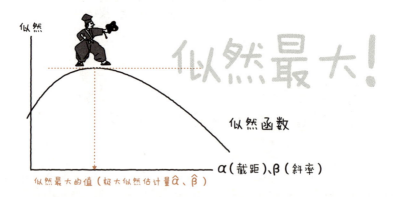

评估回归线的精确度
～决定系数～

决定系数是测量估计的回归线与观测数据的拟合程度（解释程度）的指标，也叫贡献率。我们可以据此了解回归线整体的性能。

决定系数的取值范围为 0 ～ 1，越接近 1 越拟合。

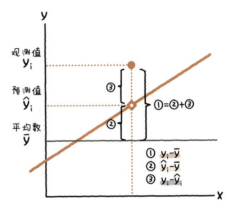

决定系数 R²

$$R^2 = \frac{用预测值解释的变异}{总变异}$$

$$= \frac{\sum(\hat{y}_i - \bar{y})^2}{\sum(y_i - \bar{y})^2} \quad (0 \leqslant R^2 \leqslant 1)$$

当回归线非常拟合时，分子的值会接近于分母的值，最终使 R² 的值接近于 1

① $y_i - \bar{y}$
② $\hat{y}_i - \bar{y}$
③ $y_i - \hat{y}_i$

① = ② + ③

观测值 y_i
预测值 $\hat{y}_i$
平均数 $\bar{y}$

$$\sum_{i=1}^{n}(y_i - \bar{y})^2 = \sum_{i=1}^{n}(\hat{y}_i - \bar{y})^2 + \sum_{i=1}^{n}(y_i - \hat{y}_i)^2$$

总变异
（偏差平方和）
（相当于①）

用预测值解释的变异
（相当于②）

没有用预测值解释的变异（残差）
（相当于③）

- 决定系数的公式还可以用残差（$\hat{u}_i = y_i - \hat{y}_i$）写为 $R^2 = 1 - \frac{\sum(y_i - \hat{y}_i)^2}{\sum(y_i - \bar{y})^2}$。

- 注意，在截距为 0 的回归方程（通过原点的模型）中，决定系数会变为负值。

- 决定系数等于观测值（y）与预测值（$\hat{y}$）的相关系数的平方。

决定系数（coefficient of determination）••• 在因变量的总变异（与方差分析的总变异相同）中，可以使用回归方程来解释的部分所占的比例。决定系数的取值范围为 0 ～ 1，越接近 1，预测值越能准确表示实际的观测值。

检验回归线的斜率

～ *t* 检验 ～

在估计的回归系数为 0 的情况下，变量 x 不能说是变量 y 的原因。为了用统计学方法确认这一点，我们进行 $H_0 : \beta = 0(H_1 : \beta \neq 0)$ 的假设检验。

◉ 与样本均值一样，根据样本估计的回归系数（截距和斜率）也是随机变量。

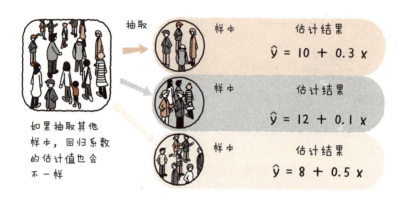

抽取　样本　　估计结果
$$\hat{y} = 10 + 0.3\, x$$

样本　　估计结果
$$\hat{y} = 12 + 0.1\, x$$

样本　　估计结果
$$\hat{y} = 8 + 0.5\, x$$

如果抽取其他样本，回归系数的估计值也会不一样

◉ 估计的斜率在统计上是否为 0，这在回归分析中具有很重要的意义。

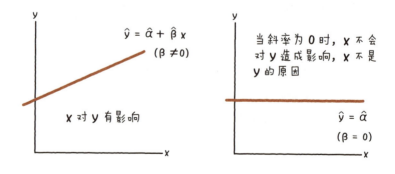

$$\hat{y} = \hat{\alpha} + \hat{\beta}\, x$$
$$(\beta \neq 0)$$

x 对 y 有影响

当斜率为 0 时，x 不会对 y 造成影响，x 不是 y 的原因

$$\hat{y} = \hat{\alpha}$$
$$(\beta = 0)$$

---

t 检验（回归分析）（*t*-test）••• 在回归分析中，为了确认偏回归系数与 0 是否存在显著性差异（统计上是否为有意义的回归系数），我们需要用到 *t* 检验。零假设设为 "偏回归系数等于 0"。

▶▶▶ t 检验

- $\hat{\beta}$ 遵循平均数为 β（总体回归系数）、方差为 $\frac{\sigma^2}{\sum(x_i-\bar{x})^2}$ 的正态分布（关于 $\hat{\beta}$ 的方差的计算方法，请参考随后的 🌠）。这里，σ^2 表示误差项的方差。

- 不过，由于误差项的方差（σ^2）未知，所以我们根据样本用残差（$\hat{u}_i$）来对它进行估计（$\sigma^2 \Rightarrow \hat{\sigma}^2 = \frac{\sum \hat{u}_i^2}{n-2}$）。这里，$n-2$ 为 $\sum \hat{u}_i^2$ 的自由度。

- 如果使用 $\hat{\sigma}^2$ 来计算 $\hat{\beta}$ 的准标准化变量（t 值），结果为（$t = \frac{\hat{\beta}-\beta}{\sqrt{\hat{\sigma}^2/\sum(x_i-\bar{x})^2}}$）。它遵循自由度为 $n-2$ 的 t 分布。

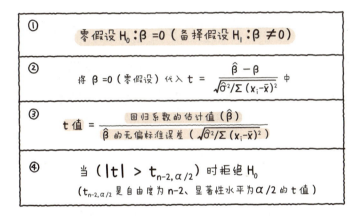

① 零假设 $H_0 : \beta = 0$（备择假设 $H_1 : \beta \neq 0$）

② 将 $\beta = 0$（零假设）代入 $t = \dfrac{\hat{\beta}-\beta}{\sqrt{\hat{\sigma}^2/\sum(x_i-\bar{x})^2}}$ 中

③ t 值 $= \dfrac{\text{回归系数的估计值}(\hat{\beta})}{\hat{\beta} \text{ 的无偏标准误差}\left(\sqrt{\hat{\sigma}^2/\sum(x_i-\bar{x})^2}\right)}$

④ 当（$|t| > t_{n-2,\,\alpha/2}$）时拒绝 H_0
（$t_{n-2,\,\alpha/2}$ 是自由度为 $n-2$、显著性水平为 $\alpha/2$ 的 t 值）

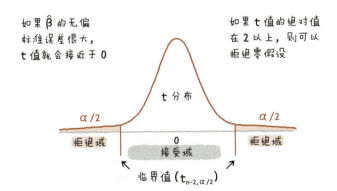

如果 $\hat{\beta}$ 的无偏标准误差很大，t 值就会接近于 0

如果 t 值的绝对值在 2 以上，则可以拒绝零假设

t 分布

$\alpha/2$ 拒绝域

0 接受域

$\alpha/2$ 拒绝域

临界值（$t_{n-2,\,\alpha/2}$）

F 检验（回归分析）（F-test）••• 在多元回归分析中，有时会想知道回归方程本身是否有统计意义。这时，我们可以基于"截距以外的所有偏回归系数都为 0"的零假设来进行 F 检验。

193

回归系数（$\hat{\beta}$）的方差

随机变量 x 的平均数称为"期望值"，记作 $E(x)$。虽然叫作平均数，但它并不是算数平均数（总和除以数据个数），更像是加权平均数（考虑各个变量权重的平均数）。也就是说，给 x 的可取值乘上各自出现的概率（即权重），再将它们相加，就可以计算出 x 的期望值。例如，掷骰子时出现的点数的期望值，其计算公式为 $E(x) = \frac{1}{6} \cdot 1 + \frac{1}{6} \cdot 2 + \frac{1}{6} \cdot 3 + \frac{1}{6} \cdot 4 + \frac{1}{6} \cdot 5 + \frac{1}{6} \cdot 6 = 3.5$。

$\hat{\beta}$ 也是随机变量，其期望值为 $E(\hat{\beta})$。为了简单计算出 $E(\hat{\beta})$ 的值，我们将 x 和 y 的平均数变换为 0。这样，$\hat{\beta}$ 的估计公式（9.2 节）可以改写为

$$\hat{\beta} = \frac{\sum x_i y_i - n\overline{x}\,\overline{y}}{\sum x_i^2 - n\overline{x}^2} = \frac{\sum x_i y_i}{\sum x_i^2} = \frac{\sum x_i(\beta x_i + u_i)}{\sum x_i^2} = \beta + \frac{\sum x_i u_i}{\sum x_i^2},$$

$E(\hat{\beta})$ 的计算公式为 $E(\hat{\beta}) = E\left(\beta + \frac{\sum x_i u_i}{\sum x_i^2}\right) = \beta + \frac{\sum x_i E(u_i)}{\sum x_i^2} = \beta$。我们可以根据误差项的平均数为 $0(E(u_i) = 0)$ 这个关系得出最后的等式。

使用期望值来表示 $\hat{\beta}$ 的方差，即 $V(\hat{\beta}) = E(\hat{\beta} - E(\hat{\beta}))^2$。

$$V(\hat{\beta}) = E(\hat{\beta} - E(\hat{\beta}))^2 = E(\hat{\beta} - \beta)^2 = E\left(\frac{\sum x_i u_i}{\sum x_i^2}\right)^2$$

$$= \frac{1}{(\sum x_i^2)^2} E(x_1 u_1 + x_2 u_2 + \cdots + x_n u_n)^2$$

$$= \frac{1}{(\sum x_i^2)^2} \{E(x_1 u_1)^2 + E(x_2 u_2)^2 + \cdots + E(x_n u_n)^2 + E(x_1 u_1 \cdot x_2 u_2) + \cdots\}$$

$$= \frac{1}{(\sum x_i^2)^2} \{x_1^2 E(u_1^2) + x_2^2 E(u_2^2) + \cdots + x_n^2 E(u_n^2) + x_1 x_2 E(u_1 u_2) + \cdots\}$$

$$= \frac{\sum x_i^2}{(\sum x_i^2)^2} \sigma^2 = \frac{\sigma^2}{\sum x_i^2}$$

最后的部分使用了 $E(u_i^2) = \sigma^2$、$E(u_i u_j) = 0 \ (i \neq j)$。

期望值为 3.5！

Wald 检验（Wald-test）••• 在用极大似然估计进行估计的情况下使用。与 t 检验一样，用来检验偏回归系数的显著性概率。该检验的零假设为偏回归系数等于 0。

5

判断分析的准确度
～残差分析～

通过绘制残差（$\hat{u}$）与预测值$\hat{y}$的散布图（残差图），我们可以发现数据的问题（包含离群值）或模型的问题（回归方程不恰当）。

▶▶▶ 残差图

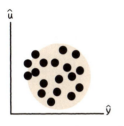

如果预测值与残差之间没有明确的关系（不相关），则表示分析准确

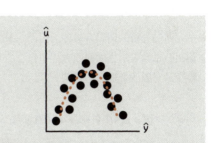

可知最好使用二次函数（$y=\alpha+\beta_1 x+\beta_2 x^2+u$），而不是线性回归方程（$y=\alpha+\beta x+u$）

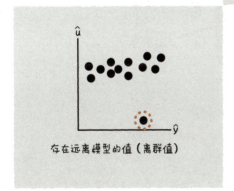

存在远离模型的值（离群值）

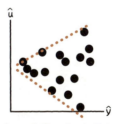

这种情况称为异方差，如果将因变量变换为对数（$\hat{y} \rightarrow \log\hat{y}$），那么该趋势会变缓

▶▶▶ 临时变量

- 当存在离群值时，要先确认数据是否存在输入错误。
- 当数据不存在输入错误时，我们可以排除离群值，或者使用临时变量（离群值为1，其他都为0）来限制离群值对回归方程的影响。

残差的正态性（normality of residuals）••• 残差应该具备的性质之一。当残差不满足正态性时，t检验等检验无法正确执行。另外，残差的方差最好是固定的（等方差）。

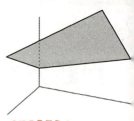

原因有多个时的回归分析

～多元回归分析～

在有多个自变量（ x ）的情况下，我们使用多元回归分析。

在对自变量个数不同的回归方程的拟合程度进行对比时，要使用自由度调整后的决定系数（ $\bar{R}^2$ ）。

▶▶▶ 偏回归系数

- 多元回归分析的回归系数称为偏回归系数。
- 偏回归系数表示去除回归方程中包含的其他变量的影响后（当其他变量一定时），该自变量对因变量造成的影响。

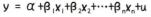

$$y = \alpha + \beta_1 x_1 + \beta_2 x_2 + \cdots + \beta_n x_n + u$$

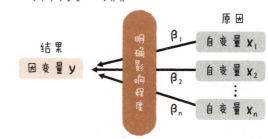

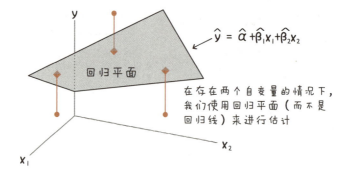

$$\hat{y} = \hat{\alpha} + \hat{\beta}_1 x_1 + \hat{\beta}_2 x_2$$

在存在两个自变量的情况下，我们使用回归平面（而不是回归线）来进行估计

多元回归分析（multiple regression analysis）••• 自变量有两个以上的回归分析。自变量为一个的情况称为一元回归分析。

偏回归系数（partial regression coefficient）••• 多元回归分析中的回归系数。有时也把它简称为回归系数。

▶▶▶ 标准偏回归系数（β*）

- 标准偏回归系数是通过将所有变量（自变量、因变量）标准化来进行多元回归分析时使用的回归系数。

$$\frac{y-\bar{y}}{S_y} = \beta_1^* \frac{x_1-\bar{x}_1}{S_{x_1}} + \beta_2^* \frac{x_2-\bar{x}_2}{S_{x_2}} + \cdots + \beta_n^* \frac{x_n-\bar{x}_n}{S_{x_n}} + u$$

← 标准化

- 它用于在单位不同的自变量之间比较回归系数的大小。
- 由于因变量的平均数为 0，所以截距 α 也为 0。

▶▶▶ 自由度调整后的决定系数

- 决定系数的缺点是，其值会随自变量个数的增加而增大。
- 即使变量个数增加，决定系数的值也不会增大的指标就是自由度调整后的决定系数。
- 它用于比较自变量个数不同的回归方程（因变量相同）的拟合程度。
- 大部分统计分析软件能输出自由度调整后的决定系数，我们也可以根据决定系数来计算它。

$$\bar{R}^2 = 1-(1-R^2)\frac{n-1}{n-k-1} \quad (n \text{ 为样本容量，} k \text{ 为自变量的个数 })$$

示例　回归方程①
$$\hat{y} = 170 + 0.36x_1 + 5.56x_2 + 0.06x_3 + 3.07x_4 - 2.54x_5$$
$$R^2 = 0.497、\bar{R}^2 = 0.388$$

回归方程②
$$\hat{y} = 297 + 0.34x_1 + 4.18x_2$$
$$R^2 = 0.434、\bar{R}^2 = 0.391$$

决定系数较大的回归方程①更好吧？

关于自由度调整后的决定系数，
①为 0.388，②为 0.391……好像不是你说的那样吧

自由度调整后的决定系数（adjusted coefficient of determination）••• 从自变量个数不同的回归方程中选取最拟合的回归方程时使用的指标。又称修正自由度的决定系数。

自变量之间的问题

~多重共线性~

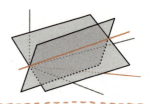

自变量之间高度关联（多重共线性）时会出现回归系数的符号不符合预期等情况，导致结果难以解释。

VIF 和容许度等指标可以用来发现多重共线性。

▶▶▶ 自变量之间的关联

- 如果自变量之间存在很强的关联性，就可以说自变量之间存在多重共线性。

- 尤其当变量 x_1 与变量 x_2 之间存在完全的相关关系（相关系数 =1）时，比如 $x_2 = 8x_1$，就可以说它们之间存在完全多重共线性。此时无法进行估计。（请将其中一个变量排除在回归方程之外。）

- 自变量之间存在 $x_2 = 8x_1 + x_3 - 2x_4$ 等关系（某个变量为其他变量的函数）时也是如此。

① 巧妙离散时

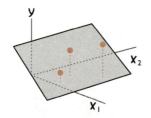

② 存在完全多重共线性的情况

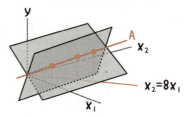

在①的情况下，回归平面可以确定为一个……
在②的情况下，数据呈直线状排列。
因为有很多回归平面通过直线（A），所以我们无法将回归平面确定为一个

- 在（不完全）多重共线性的情况下，我们可以计算估计值。不过，由于某个变量的变异会对其他变量的变异造成很大影响，所以偏回归系数的标准误差会变大，估计值的可信度会降低。

容许度（tolerance）••• 测量自变量之间多重共线性强度的指标。它是 VIF（方差膨胀因子）的倒数。在容许度很小（0.1 以下）的情况下，最好将相关变量从分析中去除。

▶▶▶VIF（方差膨胀因子）

● VIF 是用来发现多重共线性的指标，表示回归系数的方差（标准误差）增大的程度。

Variance Inflation Factor

$$VIF_i = \frac{1}{1-R_i^2}$$

容许度

R_i^2：将 x_i 回归到 x_i 之外的自变量时的决定系数

★ 许多统计软件会输出 VIF，我们要检查其是否超过了 10

★ 当 VIF 大于 10 时，我们就需要采取对策，比如去除变量或合并变量

★ 如果使用的是容许度，其值不小于 0.1 即可

专栏

查看输出结果的方法（总结）

偏回归系数，表示去除其他变量的影响后，该变量的影响程度

偏回归系数的标准差的估计值。

用于比较变量之间影响程度大小的指标。

用于测量多重共线性的指标。在该示例中，这个值小于 10，所以没有问题。

	A	B	C	D	E	F	G
2		系数	标准误差	t	P值	标准偏回归系数	VIF
3	截距	62.1	46.8	1.33	0.21		
4	广告费	2.75	0.99	2.77	0.02	0.50	1.62
5	营业人数	6.81	6.45	1.06	0.31	0.18	1.47
6	展会次数	18.8	9.22	2.04	0.07	0.36	1.54
7							

◎ Excel 的分析工具无法输出标准偏回归系数和 VIF

检验偏回归系数与 0 之间是否存在显著性差异的统计量。标准是其绝对值是否大于 2。

拒绝零假设的概率（显著性概率）。将这些值与显著性水平进行比较，我们可以发现，如果显著性水平为 5%，那么广告费的 P值低于该水平（只有广告费的偏回归系数在统计上是显著的）。

选择有效的自变量

~变量选择方法~

变量选择方法是决定将哪个自变量包含在回归方程中的方法。

许多统计软件可以自动选择变量。

关于从回归方程中删除变量的基准以及在回归方程中包含变量的基准，除了 t 检验的 p 值（等于 $0.1 \sim 0.2$），还有将 t 值平方后的 F 值（等于 2.0）。

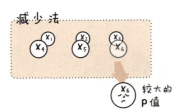

在放入了所有变量的状态下，去除不满足基准的、p 值最大的变量

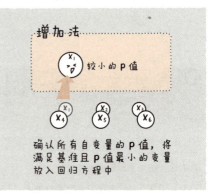

确认所有自变量的 p 值，将满足基准且 p 值最小的变量放入回归方程中

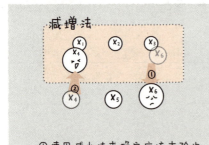

① 使用减少法来确定应该去除的变量，然后重新估计
② 对从回归方程中去除的变量应用增加法

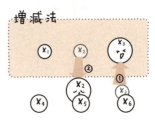

① 使用增加法来确定应该加入回归方程中的变量，然后重新估计
② 对加入回归方程中的变量应用减少法

◎ 回归方程中包含的所有变量都满足基准后，结束选择变量的流程

变量选择（variable selection）•••去除分析中解释能力较低的自变量。变量选择的优点是通过去除指定的变量来避免发生多重共线性的问题等。

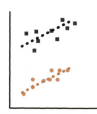

解释实质区别的变量①

~ 截距虚拟变量 ~

虚拟变量是值为 1 和 0 的变量。

虚拟变量用来表示男性 / 女性、管理人员 / 普通员工、城镇居民 / 农村居民等的组间差异。

可使用虚拟变量检验组间差异。

使用截距虚拟变量的回归方程

截距虚拟变量

$$y = \alpha + \beta_1 x + \beta_2 D + u$$

当系数（β_2）在统计上有显著性时，回归线的
截距 在各组之间是有差异的

A 公司的收入与工龄的关系

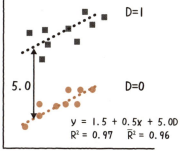

不按照性别区分数据：

收入

男性

女性

$y = 0.02 + 1.2x$
$R^2 = 0.66$ $\bar{R}^2 = 0.64$

工龄

虽然回归线的拟合度不是很差，但一部分
数据偏离了回归线

将性别差异考虑进去似乎
更好……

分别对男女设置截距的结果：
（ 男性 D=1、女性 D=0）

D=1

5.0

D=0

$y = 1.5 + 0.5x + 5.0D$
$R^2 = 0.97$ $\bar{R}^2 = 0.96$

回归线的拟合度提高了
斜率（β_1）的估计值也有了很大变化

男女差异！

截距虚拟变量（ intercept dummy ）••• 用于解释性别差异等实质差异的虚拟变量（值为 0 和 1 的变量）。它的作用是改变回归线的截距。

解释实质区别的变量②

～斜率虚拟变量～

除截距之外，各组之间的斜率有时也会存在差异。这时就可以使用斜率（系数）虚拟变量。

斜率虚拟变量是通过虚拟变量乘以自变量得出的。

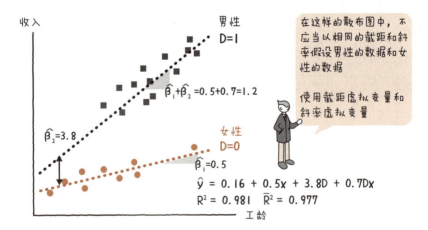

使用斜率虚拟变量的回归方程

截距虚拟变量（前一节）　　　　　　斜率虚拟变量

$$y = \alpha + \beta_1 x + \beta_2 D + \beta_3 D x + u$$

当系数（β_3）在统计上有显著性时，回归线的
斜率在各组之间是有差异的
当截距没有差异时，也可以只使用斜率虚拟变量

收入

男性
D=1

$\widehat{\beta_1} + \widehat{\beta_2} = 0.5 + 0.7 = 1.2$

$\widehat{\beta_2} = 3.8$

女性
D=0

$\widehat{\beta_1} = 0.5$

$\widehat{y} = 0.16 + 0.5x + 3.8D + 0.7Dx$
$R^2 = 0.981 \quad \overline{R}^2 = 0.977$

工龄

在这样的散布图中，不应当以相同的截距和斜率假设男性的数据和女性的数据

使用截距虚拟变量和斜率虚拟变量

题外话！

- 关于虚拟变量的创建方法，请参照随后的示例
- 当存在 4 个组（类别）时，我们需要创建 3 个虚拟变量来进行回归分析。4 个虚拟变量全部加入回归方程中会出现完全多重共线性（9.7 节）问题，从而无法进行计算
- 回归方程中未包含的组称为基准

斜率虚拟变量（slope dummy）••• 实质区别体现在回归线的斜率上时使用的虚拟变量。斜率虚拟变量可以单独使用，但在大多数情况下它会与截距虚拟变量一起使用。

示例：家庭消费支出

年	季度	消费(x)	第1(D₁)	第2(D₂)	第3(D₃)	D₁x	D₂x	D₃x
2013	第1	400	1	0	0	400	0	0
	第2	430	0	1	0	0	430	0
	第3	410	0	0	1	0	0	430
	第4	430	0	0	0	0	0	0
2014	第1	420	1	0	0	420	0	0
	第2	420	0	1	0	0	420	0
	第3	400	0	0	1	0	0	400
	第4	430	0	0	0	0	0	0

↑
"0、0、0"是第4季度的数据。

专栏

虚假关系

多元回归分析是使用多个自变量来明确因果关系的分析工具，但我们不能只依据统计基准来选择变量。特别要小心的是将"虚假关系"当成因果关系。

虚假关系是指受第3个变量的影响，其他两个变量之间看起来存在因果关系。

例如，当吸烟者有喝咖啡的习惯（相关关系）时，喝咖啡与肺癌的关系（虚假关系）就可能被看作因果关系（下图）。

不要只依赖于统计基准，要充分参考之前的研究和资料，充分利用常识来识别虚假的因果关系。

读作 xi，表示变量

不是海螺

二值变量的回归分析
～ Probit 分析 ～

Probit 分析是因变量为二值变量（虚拟变量）时使用的分析方法。

▶▶▶ 选择概率

- 下图展示了购车情况（$z=1$ 为购买，$z=0$ 为未购买）与购买者收入之间的关系。
- 即使因变量是二值变量，我们也可以使用最小二乘法得到其回归线。不过，预测值有时是 0 和 1 之外的值，误差项的方差也不是均等（固定）的，所以最好不要用最小二乘法进行分析。

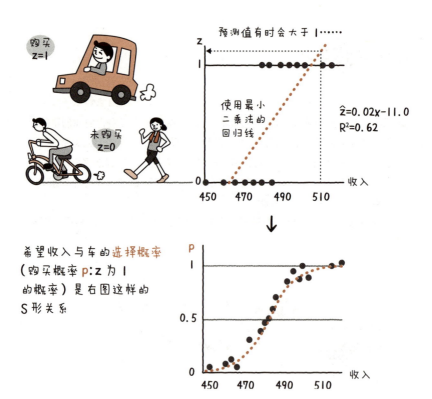

购买
$z=1$

未购买
$z=0$

预测值有时会大于 1……

使用最小二乘法的回归线

$\hat{z}=0.02x-11.0$
$R^2=0.62$

希望收入与车的**选择概率**（购买概率 p：z 为 1 的概率）是右图这样的 S 形关系

Probit 分析（probit analysis）••• 将二值变量（虚拟变量）作为因变量的回归分析。设想观测数据背后潜藏的变量是该方法的特征。类似的方法还有 Logit 回归分析。

▶▶▶ Probit 模型

- 为了得出 S 形的曲线，我们需要计算各个收入水平下的购买概率。但这样的数据很难直接获得，因此我们需要使用下面的方法。
- 首先，假设购买概率（p）遵循累积正态分布。累积分布指概率变量小于等于某个值的概率。
- 我们将该累积分布定义为潜在变量 Y 的函数（分布函数 F）。潜在变量就是模型中设想的变量，无法实际进行观测。在购车的示例中，潜在变量是表示购买欲和购买能力（经济实力）强弱的变量。

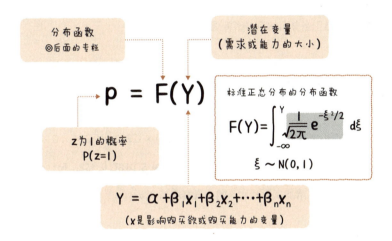

分布函数
◎后面的专栏

潜在变量
（需求或能力的大小）

$$p = F(Y)$$

标准正态分布的分布函数

$$F(Y) = \int_{-\infty}^{Y} \frac{1}{\sqrt{2\pi}} e^{-\xi^2/2} \, d\xi$$

$$\xi \sim N(0, 1)$$

z为1的概率
$P(z=1)$

$$Y = \alpha + \beta_1 x_1 + \beta_2 x_2 + \cdots + \beta_n x_n$$

（x是影响购买欲或购买能力的变量）

- 使用极大似然估计（9.2 节）来估计回归系数（β_i）和截距（α）。

似然函数　$L = p_1 \cdot p_2 \cdots p_m \cdot (1-p_{m+1}) \cdot (1-p_{m+2}) \cdots (1-p_n)$

z = 1 的数据　　　　　　　　　z = 0 的数据

→这里，p_i 表示第 i 个数据为 z = 1 的概率，$1-p_i$ 表示第 i 个数据为 z = 0 的概率。这些计算看起来很难，但用统计分析软件可以轻松算出，大家不用担心。

分布函数（distribution function）•••表示随机变量与该随机变量在某值以下的概率之间的关系。又称累积分布函数。

▶▶▶边际效应

- 回归系数 β（9.11 节）表示对变量 x 的潜在变量 Y 的影响程度。它并不是对选择概率 p 的影响。

- 变量 x 对选择概率 p 的影响称为变量 x 的边际效应。回归系数与边际效应的符号相同。

- 边际效应 ME 的计算公式如下所示。

$$ME_{x_i} = \frac{dF}{dx_i} = f(Y) \cdot \beta_i$$

这里的 $f(Y)$ 是正态分布的概率密度函数（2.4 节）。

- 以购买轿车为例，假设估计出 $Y = -109 + 0.226x$。这里的 x 表示收入（万日元）。如果不指定 x 的值就无法计算 $f(Y)$ 的值，因此通常会根据平均数（$\bar{x} = 483$）来计算 Y 值。

$ME_x = f(-109 + 0.226 \times 483) \times 0.226 = f(0.158) \times 0.226 = 0.394 \times 0.226 = 0.089$

◎f(0.158) 的值是使用 Excel 函数 NORM.S.DIST(0.158, false) 来计算的

该数字表示收入每增加 1 万日元，购买概率增加 9%。

▶▶▶虚拟变量的边际效应

- 虚拟变量的值只有 0 和 1。边际效应的公式用于查看变量 x 发生微小变化时概率 p 的变化，因此它并不适用于虚拟变量。

- 虚拟变量的边际效应的计算公式如下所示。

$$ME_{x_d} = P(z=1 : x_d=1) - P(z=1 : x_d=0)$$

这里，x_d 是表示性别的虚拟变量（男性 = 1），$P(z = 1 : x_d = 1)$ 表示 $x_d = 1$ 时的购买概率。

　　边际效应（Probit 分析）（marginal effect） ••• 表示自变量发生变化时的概率（某事件发生的概率、选择概率等）的变化程度。

▶▶▶ 拟合优度

- Probit 分析中无法计算一般的决定系数 R^2，因此我们使用对数似然（$\ln L$）来计算伪决定系数。
- 比较有代表性的伪决定系数是 McFadden R^2。

↓包含自变量 x 的对数似然的改善

$$\text{McFadden } R^2 = \frac{\ln L_0 - \ln L_\beta}{\ln L_0} = 1 - \frac{\ln L_\beta}{\ln L_0}$$

这里，L_β 是估计模型的似然度，L_0 是只有截距的模型的似然度。拟合得越好，拟合优度就越接近于 1。

- 另一个拟合优度指标是命中率。命中率越接近 100%，预测就越精准。

↓与预测值 z 一致的观测值 z 的个数

$$\text{命中率 (\%)} = \frac{\text{正确预测的个数}}{\text{观测值的总数（样本容量）}} \times 100 \quad \circledcirc \hat{z} = \begin{cases} 1 & (Y \geq 0.5) \\ 0 & (Y < 0.5) \end{cases}$$

专栏

Logit 回归分析

Probit 分析中的分布函数使用的是正态分布。和最小二乘法一样，Probit 分析通常会假定误差项为正态分布。但由于计算复杂，所以很多人使用计算更加简单的 Logit 回归分析。

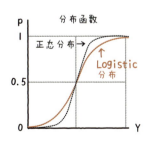

分布函数

Logit 回归分析中的分布函数使用的是 Logistic 分布（$1/\{1+\exp(-Y)\}$，$Y = \alpha + \beta_1 x_1 + \cdots + \beta_n x_n$）。正态分布和 Logistic 分布的分布函数在概率为 0 和 1 附近时是不一样的。我们只有在实际估计之后才能知道哪种模型的拟合度更高，但它们的分析结果（哪一个变量是显著的）非常相似。另外，根据 Logit 回归分析得到的估计值（$\hat{\beta}$）无法直接与 Probit 分析中的估计值进行比较。

回归分析　二值变量的回归分析

分析事件发生之前的时间①
~存活曲线~

存活曲线表示事件发生之前的时间与存活率之间的关系。
事件发生之前的时间是指到死亡为止的时间、到再次发病为止的时间、到机器发生
故障为止的时间等。

▶▶▶删失数据

- 删失数据是在解析时未发生事件（死亡、故障等）的数据。
- 中途无法再取得有效数据的情况（无法追踪）也视为删失数据。

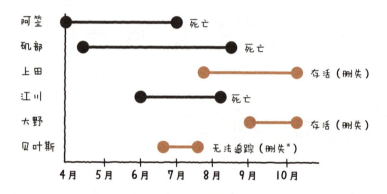

※ 如果删失的原因会影响事件的发生，请将此类情况（为了更好地治疗而转院等）排除在
分析之外

▶▶▶存活曲线

- 存活曲线是将时间点（ t ）与存活率（ $S(t) = P(T \geq t)$ ）之间的关系图形化的产物。
  T 表示 t 的指定值（时间点）。
- 存活率是指在时间点 t 仍然存活的概率。
- 估计存活曲线的方法有很多种，其中比较有名的是 Kaplan-Meier 法。

存活曲线（survival curve）••• 表示超过某个时间后仍存活（可发挥功能）的概率与时间之间的关系。又称生存
函数。

▶▶▶▶ Kaplan-Meier 法

● Kaplan-Meier 法通过下述公式来估计存活率 $\widehat{S(t_j)}$。

时间点 t_i 前的存活数 (n_i)　　　　　时间点 t_i 的事件发生数 (d_i)

$$\widehat{S(t_j)} = \prod_{i\,|\,t_i \leqslant t_j} \left(\frac{n_i - d_i}{n_i} \right)$$

∏ 是连乘符号，针对时间点 (t_i) 小于 (t_j) 的数据，计算括号内变量的积

原始数据

患者 ID	时间点 t_i（经过天数）	事件（1：发生）
A	130	1
B	128	1
C	75	0
D	79	1
E	45	0
F	20	0
G	16	0
H	29	1
I	29	1
J	40	1
⋮	⋮	⋮

用于分析的数据

经过天数 t_i	事件 d_i	删失 w_i	存活数 n_i	$\dfrac{n_i - d_i}{n_i}$	存活率 $\widehat{S(t_j)}$
16	1	1	26	0.962	0.962
20	0	1	24	1.000	0.962
22	0	1	23	1.000	0.962
29	3	0	22	0.864	0.830
30	0	1	18	1.000	0.830
31	1	0	18	0.944	0.784
33	0	1	17	1.000	0.784
36	0	1	16	1.000	0.784
37	1	0	15	0.933	0.732
40	1	1	15	0.929	0.680

① 按经过天数进行统计
② 按天数长短重新排列数据

◎ $n_i = n_{i-1} - d_{i-1} - w_{i-1}$

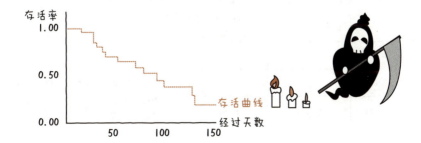

存活率
1.00

0.50

0.00

　　　　50　　100　　150　　经过天数

存活曲线

Kaplan-Meier 法（Kaplan-Meier method）••• 考虑了删失数据（事件未发生的数据）的存活率的计算方法，由卡普兰和迈耶在 1958 年提出。

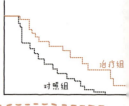

分析事件发生之前的时间②

~比较存活曲线~

我们使用 Log-rank 检验或广义的威尔科克森符号秩检验来比较多组存活曲线。

▶▶▶ 比较两组存活曲线

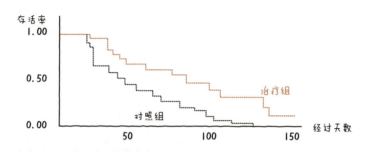

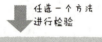

零假设 $H_0 : S^1(t) = S^2(t)$

$S^1(t)$：第1组（治疗组）的生存函数

$S^2(t)$：第2组（治疗组）的生存函数

任选一个方法进行检验

Log-rank 检验

不给各个时间点的事件数加上权重（同等处理）

广义的威尔科克森符号秩检验

按时间点来修改权重
用于初期结果的可靠性较高的情况

◎它们的检验统计量都遵循自由度为1的卡方分布

示例：对治疗组与对照组的存活曲线是否相等进行检验的结果

	Log-rank 检验	广义的威尔科克森符号秩检验
卡方值	8.42	6.73
自由度	1	1
P 值	0.004	0.010

两种检验的p值都不大于1%，所以拒绝零假设
→治疗有效

比较存活曲线（comparison of survival curves）••• 使用 Kaplan-Meier 法绘制存活曲线，就可以看到存活曲线之间的差异。在进行统计检验时，可以使用 Log-rank 检验或广义的威尔科克森符号秩检验。

分析事件发生之前的时间③

～Cox 回归模型～

我们使用 Cox 回归模型来分析对存活时间有影响的因素。

▶▶▶Cox 回归模型

- 风险是指到时间点 t 时还存活着，但随后（下一瞬间）就死亡的概率（瞬间死亡率）。
- Cox 回归模型是分析变量 $x = (x_1, x_2, \cdots, x_n)$ 对风险函数的影响的方法。
- 风险函数是时间点 t 与变量 x 的函数，其定义如下所示。

$$h(t, x) = h_0(t)\exp(\beta_1 x_1 + \beta_2 x_2 + \cdots + \beta_n x_n)$$

基准风险（所有的 x 值都为 0 时的风险）

▶▶▶风险比

- 风险比是指某个 x_i 为 1（其他都为 0）时的风险与基准风险（$h_0(t)$）的比。

$$\frac{h(t, x_i)}{h_0(t)} = \frac{h_0(t)\exp(\beta_1 \cdot 0 + \beta_2 \cdot 0 + \cdots + \beta_i \cdot 1 + \cdots + \beta_n \cdot 0)}{h_0(t)} = \exp(\beta_i)$$

- 在风险比大于 1 的情况下，x_i 的增大会提高事件发生的概率（小于 1 则相反）。

▶▶▶比例风险性

- 比例风险性是风险比不随时间的变化而变化的性质。
- Cox 回归模型必须满足该性质。

Cox 回归模型（Cox proportional hazards model）••• 针对存活时间数据使用的多元回归分析。它用于找出可能会对风险（瞬间死亡率）造成影响的变量（自变量），并评估影响的大小。

● 我们通过统计软件 R 来使用 Cox 回归模型。关于 R，请参考本书后面的附录 A。
● 根据最开始住院治疗时的年龄（age）和是否有糖尿病病史（diabetes），对某患者从因心肌梗死住院治疗到再次发生心肌梗死为止的时间（time）进行回归分析。另外，大家可以在图灵社区本书主页上下载练习 R 时使用的数据。

▌R 命令　Cox 回归模型 ▌

读取包含 Cox 回归模型工具的包。
如果是第一次使用，请先安装名为 survival 的包。

```
> library(survival)
> (out.cox<-coxph(Surv(time, event)~ age + diabetes, data = sdata, method = "breslow"))
```

以无删失的情况为 1、以有删失的情况为 0 的变量。

◎本书中将删失记作 1, 1 表示的内容因软件而异

▌R 输出 ▌

	coef	exp(coef)	se(coef)	z	p
age	0.0723	1.08	0.0256	2.82	0.0047
diabetes	1.0345	2.81	0.4581	2.26	0.0240

两个变量的风险比都大于 1，由此可知，年龄大且有糖尿病病史的人，再次发病的概率较高。

p 值小于 5%，由此可知，两个变量的回归系数在统计上是显著（不同于 0）的。

▌R 命令　比例风险性的检验 ▌

```
(cox.zph(out.cox))
```

▌R 输出 ▌

	rho	chisq	p
age	-0.1864	2.049	0.152
diabetes	0.0978	0.352	0.553
GLOBAL	NA	2.174	0.337

p 值大于 5%，因此零假设（满足比例风险性）不会被拒绝。

◎ GLOBAL 是关于整个模型的检验

比例风险性（property of proportional hazards）••• 两样本间的风险比不随时间变化的性质。在使用 Cox 回归模型时，我们需要确认 Cox 回归模型是否满足比例风险性。

各种统计分析软件

本书中使用的是软件 R。除 R 之外，还有很多好用的软件，这里笔者来简单介绍一下。

软件名	开发者、销售者	特征
Excel 分析工具	Microsoft（插件）	可以进行基本的统计分析（平均数差异的检验、方差分析、多元回归等）。无法进行多变量分析（免费）
Excel 统计	SSRI	易于使用且性价比高。收录了许多分析方法。在除日本以外的地方知名度较低（每年至少 2 万日元）
SPSS	IBM	在社会科学领域普及度较高。仅用鼠标就可以操作（每月至少 1.4 万日元，高级分析需另行收费）
SPSS AMOS	IBM	仅用鼠标就可以进行协方差结构分析（SEM）的模型构建和评价（21 万日元左右）
JMP	SAS Institute Inc.	可与 SAS 连动。拥有丰富的实验设计工具。菜单操作比较独特，需要花时间来适应（第一年 8 万日元）
STATA	StataCorp LLC	该软件在计量经济学领域十分有名，可以进行高级分析。需要输入命令进行操作，所以要花时间来适应（16 万日元）
R	R Foundation	很多人使用。只要导入包就可以进行各种分析。需要输入命令进行操作（免费）
R Commander	John Fox（R 的包）	R 的图形接口。仅用鼠标就可以操作。自带的分析方法很少（免费）
EZR	神田善伸（R 的包）	R 的图形接口。收录的分析方法比 R Commander 多（特别是医疗统计相关的方法）（免费）

统计分析软件有很多种，普及度最高的是哪一个呢？罗伯特·明兴（Robert Muenchen）调查了 2016 年全球发表的学术论文，发现最常用的是 SPSS。使用 SPSS 的论文超过 8 万篇，第 2 名的 R 比它少 4 万篇。明兴认为 SPSS 的压倒性优势在于它在解析能力和便捷性上取得了很好的平衡。另外，第 3 名是 SAS，第 4 名是 STATA，各有 3 万篇左右的论文使用。上表中的 JMP 约有 1 万篇论文使用，排第 13 名（论文数是栗原根据明兴制作的图表得出的值）。

9 回归分析 分析事件发生之前的时间 ③

Belonging.

第 10 章 多变量分析

收集信息

~主成分分析~

想用较少的变量表示诸多变量中包含的信息（想创建综合指标）时，就可以使用主成分分析。

▶▶▶ 主成分

主成分（z）是根据数据的方差大小创建的变量。主成分的方差（特征值）大小表示信息量的多少。

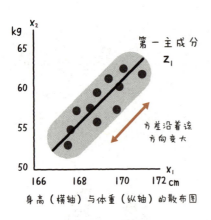

身高（横轴）与体重（纵轴）的散布图

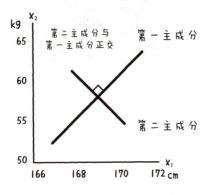

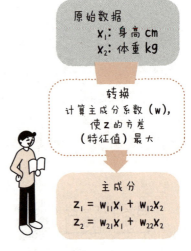

★ 原始数据有多少变量，就可以求出多少主成分

★ 按从大到小的顺序排列主成分的方差，依次为第一主成分、第二主成分、第三主成分……

★ 主成分系数（w_1, w_2）是以 $w_1^2 + w_2^2 = 1$ 为限制条件的最优化问题（方差最大化）的解

主成分分析（principal component analysis）••• 将 k 个变量的变异用少于 k 个且相互正交的变量来表示的方法。

特征值（主成分分析）（eigenvalue）••• 表示主成分得分的方差。该值越大，越能充分表示原始变量的特征。

● 我们根据 10 名学生（1 ~ 10）的日语（Japanese）、数学（Math）、英语（English）、科学（Science）、社会（Social studies）的成绩数据，使用统计分析软件 R 进行主成分分析。

▊R 命令 ▊

```
> pc_res <- princomp( sdata, cor= TRUE )
```

　　当变量之间的数据单位不统一时，如果方差的差异很大，则指定 TRUE（根据相关矩阵进行计算），其他情况则指定 FALSE（根据 方差 – 协方差矩阵进行计算）。
　　标准化后的方差 - 协方差矩阵就是相关矩阵。

```
> summary( pc_res )
```

▊R 输出 ▊

Importance of components:

	Comp.1	Comp.2	Comp.3	Comp.4	Comp.5
① Standard deviation	1.8571903	1.1538612	0.4313438	0.158206713	0.091441658
② Proportion of Variance	0.6898312	0.2662791	0.0372115	0.005005873	0.001672315
③ Cumulative Proportion	0.6898312	0.9561103	0.9933218	0.998327685	1.000000000

① 标准差数据（变量）的方差 – 协方差矩阵的特征值是各个主成分的方差。其平方根为标准差。

② 贡献率

贡献率表示可以根据各个主成分来解释的原始数据信息的百分比。

贡献率＝各个特征值 / 特征值的总和

③ 累计贡献率

①和②都是从第一主成分开始依次累计的贡献率。

● 以累计贡献率等于 80% 为目标，选择主成分。

● 在该示例中我们可以发现，到第二主成分为止的累计贡献率是 96%，第三主成分以及之后的主成分基本上没有什么贡献。

● 如果是根据相关系数计算得出的值，我们还可以使用"采用特征值为 1 以上的主成分"这个标准。

贡献率（主成分分析）（contribution ratio）••• 通过主成分收集的各个信息（方差）的比例。其值是各个主成分的特征值除以特征值的总和。将贡献率按从大到小的顺序加在一起就是累计贡献率。

▶▶▶ 因素负荷量和特征向量

因素负荷量是根据**特征向量**计算的，它表示原始变量与主成分之间的关联程度（相关系数），也称为**主成分负荷量**。

▶▶▶ 主成分的解释

我们根据因素负荷量的大小与符号来判断各个主成分强烈反映了什么样的信息，并明确各个主成分的意义（命名）。

▌▌ R输出 ▌▌

Loadings:

	第1主成分 Comp.1	第2主成分 Comp.2	Comp.3	Comp.4	Comp.5
Japanese	-0.905	-0.374	-0.190		
Math	-0.689	0.692	0.199		
English	-0.866	-0.412	0.272		
Science	-0.703	0.684	-0.174		
Social studies	-0.954	-0.274			

◎不显示小于0.1的数值（绝对值）

所有学科（变量）的因素负荷量为负且取值相近

⬇

如果综合得分高，那么第一主成分会取绝对值较大的负值

⬇

因此，第一主成分可以解释为"测量综合能力的主成分（轴）"

日语、英语、社会是负值，数学、科学是正值

⬇

如果文科科目的得分高于理科科目的得分，那么第二主成分会取绝对值较大的负值

⬇

因此可以解释为"用来衡量偏理科（正）还是偏文科（负）的主成分（轴）"

因素负荷量（主成分分析）（factor loading）••• 表示主成分与原始变量之间的关联（相关）程度。又称主成分负荷量。

▶▶▶ 主成分得分和主成分得分图

主成分得分是针对每个个体（事例、观察值、受试者）算出来的各个主成分的值。

∎ R 命令 ∎

```
> pc_res$scores   ◀—— 该命令用来输出主成分得分。
```

∎ R 输出 ∎

	Comp.1	Comp.2	Comp.3	Comp.4	Comp.5
1	-2.58995190	-0.780563285	0.3489215	-0.20018725	-0.082756784
2	-2.70802625	0.949712815	0.5565135	-0.02900749	-0.005893198
	⋮	⋮	⋮	⋮	⋮

∎ R 命令 ∎

```
> plot(pc_res$scores[,1], pc_res$scores[,2], type="n")   ◀—— 该命令用来绘制第一主成分
> text(pc_res$scores[,1], pc_res$scores[,2])                    和第二主成分的主成分得分。
```

∎ R 输出 ∎

主成分得分图

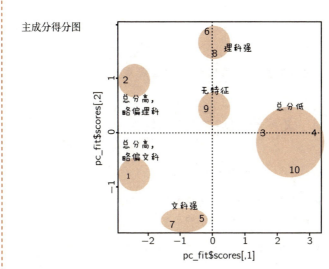

横轴：
第一主成分得分
纵轴：
第二主成分得分

主成分得分（principal component score）••• 针对每个数据（个体）计算的各个主成分的值。

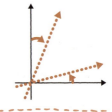

10 | 2

发现潜在因素
～因素分析～

对社会科学领域中的现象进行评判的变量之间有着复杂的关联性，我们很难理解它们的相互关系。如果使用因素分析，就可以通过抽取这些变量背后共同的概念（共同因素）来理解变量之间的关联性。

▶▶▶ 共同因素

- 共同因素是观测到的变量中共同包含的因素。
- 因素分析在很多地方与主成分分析非常相似，但它们的基本思路（箭头方向）恰好相反（见下图），请多加注意。

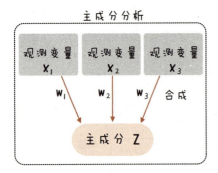

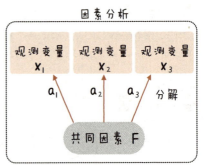

$$x_i = a_i F + u_i$$

观测变量　共同因素　独立因素

因素负荷量

★ 因素分析的目的是计算**因素负荷量**（a_i）
　 常用的是极大似然估计和主因素法

★ 因素负荷量的平方和（$\sum a_i^2$）称为**共同度**

因素分析（factor analysis）••• 用于抽取多个变量背后存在的概念（因素）。常用于消费者观念、品牌形象、价值观分析等方面。

练习 使用 20 名受试者对自身性格的 5 级（1：不符合～5：符合）评价数据来进行因素分析。变量有以下 9 个。

> $x1$：想对自己的人生负责
>
> $x2$：经常思考如何让自己的人生变得更好
>
> $x3$：人生是否充实取决于自己的行动
>
> $x4$：能很快适应环境
>
> $x5$：能快速调整好心情
>
> $x6$：感到迷茫时会先试着行动
>
> $x7$：要想有充实的人生，经济稳定是最重要的
>
> $x8$：想在稳定的公司逐步取得成就
>
> $x9$：想过适合自己的生活

分析的步骤

① 确定因素个数（计算特征值）	② 进行分析（计算）	③ 旋转轴	④ 解释轴因素得分

在因素分析中，首先要确定抽取的因素个数。除去事先可以假定共同因素个数的情况，我们可以按照以下方式计算特征值，使用大于 1 的特征值的个数。

▌R 命令 ▌

```
> evres <- eigen(cor(sdata))
> evres$value
```

该命令用来计算特征值。

用来显示计算的特征值。

▌R 输出 ▌

```
[1]5.24008550 1.82695018 0.67948411 0.41521519 0.35485288 0.20184232
[7]0.12992206 0.09525016 0.05639759
```

由于存在 9 个变量（$x1$～$x9$），所以计算出来的特征值也是 9 个。

由于有 2 个特征值大于 1，所以因素个数为 2。

共同因素（common factor）••• 对 2 个以上的变量有影响的因素。有时会将影响所有变量的因素作为"一般因素"加以区分。

221

多变量分析 发现潜在因素

▌R命令 ▌

```
> library(psych) ◄── 我们也可以使用自带的factanal函数进行分析，但该函数功能
                       有限。这里使用的是psych包。

> library(GPArotation)
                            指定因素个数
> fac_res <- fa(sdata, nfactors=2, fm="ml", rotate="oblimin")
                                                指定轴的旋转方法（随后介绍）
               指定因素的抽取方法：除极大似然估计（ml）之外，常用的还有主因素法（pa）
> print(fac_res,digit=3) ◄── 输出结果。
```

▌R输出 ▌

```
Factor Analysis using method = ml
Call: fa(r = sdata, nfactors = 2, rotate = "oblimin", fm = "ml")
Standardized loadings (pattern matrix) based upon correlation matrix


       ML1    ML2    h2     u2     com
x1    0.971  0.053  0.990  0.0105 1.01
x2    0.748  0.211  0.737  0.2627 1.16
x3    0.829  0.086  0.754  0.2455 1.02
x4   -0.905  0.101  0.753  0.2472 1.02
x5   -0.760  0.090  0.528  0.4719 1.03
x6   -0.817  0.091  0.612  0.3875 1.02
x7    0.012  0.825  0.690  0.3104 1.00
x8   -0.018  0.935  0.861  0.1389 1.00
x9    0.060  0.748  0.601  0.3985 1.01
```

共同度（commonality）
表示各个变量持有的信息是否反映到因素模型中。
最好从模型中删除共同度小的变量，然后重新进行估计。

输出因素负荷量。第1个因素（ML1）强烈反映了x1～x6的信息，第2个因素强烈反映了x7～x9的信息。

```
                       ML1    ML2
SS loadings            4.294  2.233  ◄── 因素负荷量的平方和（列方向）
Proportion Var         0.477  0.248  ◄── 贡献率
Cumulative Var         0.477  0.725  ◄── 累计贡献率
Proportion Explained   0.658  0.342  ◄── 解释率（贡献率/贡献率的总数）
Cumulative Proportion  0.658  1.000  ◄── 累计解释率
```

▶▶▶ 轴的命名与旋转

- 用因素负荷量来给轴命名的方法与主成分分析的一样。
- 如果因素负荷量的值不显著，难以命名，就对轴进行旋转。旋转分为"正交旋转"和"斜交旋转"。
- 无法假设共同因素之间相关时进行正交旋转，可以假设相关时进行斜交旋转。
- 前面的示例中使用了斜交旋转的"oblimin"（R中的默认项）。

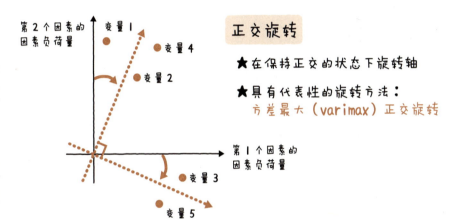

正交旋转

★ 在保持正交的状态下旋转轴

★ 具有代表性的旋转方法：
方差最大（varimax）正交旋转

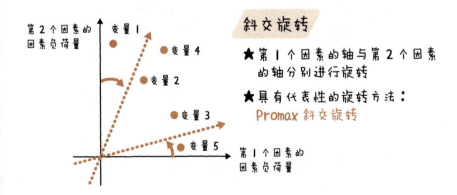

斜交旋转

★ 第1个因素的轴与第2个因素的轴分别进行旋转

★ 具有代表性的旋转方法：
Promax 斜交旋转

旋转（因素分析）（rotation）••• 为了更容易解释分析结果（容易给轴命名），对因子轴进行旋转。旋转分为未假设因素之间相关的正交旋转和假设因素之间相关的斜交旋转。

双标图

双标图是将各变量对 2 个或 3 个因素产生影响的向量图（因素负荷图）和因素得分图（与 10.1 节中的主成分得分图属于同一类）合并为一个后得到的图。

R 命令

```
> biplot(fac_res$scores, fac_res$loadings)
```

该命令用来绘制双标图

R 输出

根据因素负荷图与各项问题的内容来给轴命名。

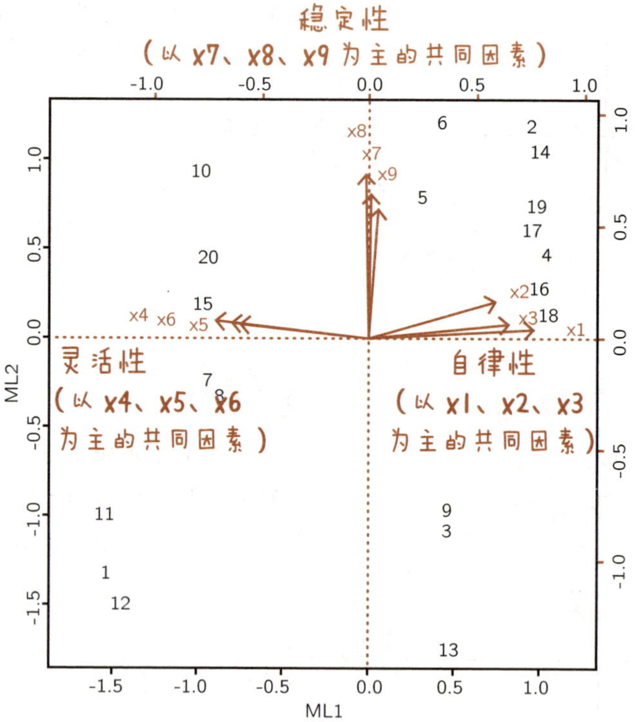

稳定性
（以 x7、x8、x9 为主的共同因素）
灵活性
（以 x4、x5、x6 为主的共同因素）
自律性
（以 x1、x2、x3 为主的共同因素）
ML1
ML2
x1
x2
x3
x4
x5
x6
x7
x8
x9

双标图（biplot）··· 用向量（箭头）等在关于每个数据（个体）的散布图中写入变量相关的信息。在因素分析中是根据因素得分和因素负荷量来绘制的。

fa 命令中可指定的选项

① 因素抽取方法（fm=" 方法名 "）

最小残差法	("minres") 计算残差最小的解（因素负荷量）。与主因素法相比，因素负荷量的模式更接近于极大似然估计。<默认>※
加权最小二乘法	("wls") 用独立因素对残差矩阵赋上权重，然后求解
广义最小二乘法	("gls") 与加权最小二乘法基本相同，但权重的计算方法不同
主因素法	("pa") 计算因素贡献率最大的解
极大似然估计	("ml") 根据使用了多变量正态分布的极大似然估计进行求解。最好优先使用该方法

※ 未指定 <默认 > 选项时使用的方法

② 旋转方法（rotation=" 方法名 "）

无旋转	"none"
正交旋转	"varimax""quartimax""bentlerT""equamax""varimin""geo minT""bifactor"
斜交旋转	"promax""oblimin<默认 >""simplimax""bentlerQ""geominQ""biquartimin""cluster"，最好优先使用 "promax"

③ 重复计算的最大次数

按照 max.iter=100 进行指定（默认为 50 次）。当计算无法收敛（计算无法结束）时，试着将值设置得大一些。

④ 因素得分的计算方法

默认为 scores="regression"。除此之外，还可以指定为 Thurstone、tenBerge、Anderson、Bartlett。使用默认选项即可。

⑤ 共同度的初始值

在使用多重相关系数的平方时，我们设共同度的初始值为 SMC=TURE< 默认 >（通常都是如此）。如果设为 SMC=FALSE，初始值就为 1。

因素分析的软件 ••• 注意，SPSS 等来自社会科学领域的软件，因素分析中包含主成分分析，而 JMP 等起源于工程学、实验设计学的软件，主成分分析中包含因素分析。

记述因果结构

结构方程模型

结构方程模型（SEM）是假设原因与结果之间的关系并通过数据来检验该假设的方法。

该方法结合了因素分析和多元回归分析，可以在因果结构中嵌入潜在变量。

SEM 是 Structural Equation Modeling 的缩写。它也称为协方差结构分析（Covariance Structure Analysis，CSA）。

▶▶▶ 路径图

⑩ 路径图是使用箭头（路径）来表示变量之间关系（因果结构）的图。下图是潜在因素之间存在因果关系（多指标模型）的路径图。

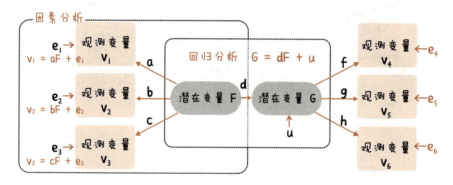

观测变量（$v_1 \sim v_6$）：比如身高、体重、问卷调查的回答等可收集为数据的变量。路径图中通常会将该变量用方框括起来。

潜在变量（F、G）：表示由观测变量组成的"概念"的变量，相当于因素分析中的共同因素。在路径图中，潜在变量通常放在椭圆框中。

误差变量（$e_1 \sim e_6$、u）：将无法包含在模型中的变量汇总在一起的变量。它也称为"误差"或"残差"。

路径系数（$a \sim h$）：类似于回归分析中的回归系数或因素分析中的因素负荷量，用来表示变量之间的影响程度。

结构方程模型（协方差结构分析）••• 使用引入了潜在变量的路径图来表示复杂的因果结构的方法。

路径图（path-diagram）••• 用箭头连接观测变量与潜在变量的因果结构所绘制出来的图。

▶▶▶总效应

- ◉ 总效应指原因变量对结果变量的效应总和，用直接效应和间接效应的和来表示。
- ◉ 原因变量、中介变量、结果变量既可以是潜在变量，也可以是观测变量。

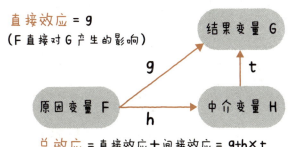

直接效应 = g
（F直接对G产生的影响）

间接效应 = h×t
（通过H对G产生的影响）

总效应 = 直接效应 ＋ 间接效应 = g＋h×t

▶▶▶拟合优度指标

- ◉ 该指标用来评价估计的模型对观测数据的解释程度（拟合程度）。

卡方统计量: 零假设是"模型正确"，所以对该指标来说，零假设最好不被拒绝。样本容量越大，零假设就越容易被拒绝，如果使用太大的样本，检验就会失去意义。

RMSEA（Root Mean Square Error of Approximation）: 它是以卡方值为基础的统计量,但会根据样本容量（自由度）进行修正（因此大样本和小样本都可以使用）。0.05以下是正常的,最好不要超过0.1。

GFI（Goodness of Fit Index）: 该指标相当于多元回归模型中的决定系数。观测变量的个数一旦增加，该指标就会增大，因此解决了该问题的AGFI（Adjusted GFI）更为常用。最好是0.9以上的模型。

CFI（Comparative Fit Index）: 表示估计的模型介于饱和模型（模型中所有的变量都是相关的，无法判断路径系数的显著性）与独立模型（完全没有路径的模型）之间某处的指标。最好是0.9以上的模型。

AIC（Akaike Information Criteria）: 用于从多个估计的模型中选择一个模型（在想进行相对评价时）。该值越小，拟合优度就越高。

总效应（total effect）••• 总效应等于直接效应（某个变量对其他变量的直接影响）加上间接效应（经由第3个变量带来的影响）。
拟合优度（结构方程模型）（goodness of fit）••• 表示估计的模型对观测数据的解释程度。它包含各种指标。

▶▶▶ 各种模型

除了基本的多指标模型，常用的还有以下几种模型。

① 双因素模型：two-factor model

在该模型中，观测变量（v_1-v_3）的共同因素（潜在变量F）与观测变量（v_4-v_6）的共同因素（G）是相关的。

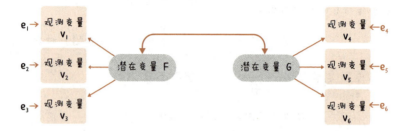

② MIMIC：Multiple Indicator MultIple Cause

在该模型中，观测变量（v_4-v_6）的共同因素G可以被其他观测变量（v_1-v_3）解释。

③ PLS模型：Partial Least Square

观测变量（v_1-v_3）创建一个指标F来解释共同因素G。

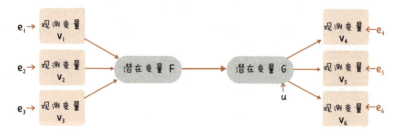

多指标模型（multiple indicator model） ··· 共同因素之间（潜在变量之间）存在因果关系的模型。
双因素模型（two-factor model） ··· 共同因素（潜在变量）之间存在相关关系的模型。

练习 R中可以使用"lavaan""sem""OpenMx"3种包来进行结构方程模型分析。这些包的计算方法和可输出的指标等存在不同。这里我们使用"lavaan",根据下面的路径图进行结构方程模型分析。

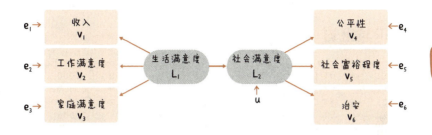

R命令

```
> library(lavaan)    ← 读入包

> model <- "    ← 开始描述因果模型
+ L1 =~ v1 + v2 + v3    ← 潜在变量用 =~ 表示
+ L2 =~ v4 + v5 + v6
+ L2 ~ L1    ← 因果关系(→)用 ~ 表示
+ v1 ~~ v1    ← 各变量的方差用 ~~ 表示
+ v2 ~~ v2        想在 v1 与 v2 之间设置相关关系(↔)时也
+ v3 ~~ v3        可以使用 ~~,像 v1~~v2 这样来表示。
+ v4 ~~ v4
+ v5 ~~ v5
+ v6 ~~ v6
+ L1 ~~ L1
+ L2 ~~ L2
+ "    ← 模型描述到此结束
```

MIMIC(Multiple Indicator Multiple Cause)••• 在该模型中,某个观测变量的共同因素(潜在变量)也是其他观测变量的结果。

PLS(Partial Least Square)••• 共同因素与综合变量(都是潜在变量)之间存在因果关系的模型。

```
> res <- sem(model, data=sdata)     ← 推算模型
> parameterEstimates(res)  ← 输出推算结果
```

	lhs	op	rhs	est	se	z	pvalue	ci.lower	ci.upper
1	L1	=~	v1	1.000	0.000	NA	NA	1.000	1.000
2	L1	=~	v2	0.713	0.114	6.243	0.000	0.489	0.937
3	L1	=~	v3	0.968	0.125	7.714	0.000	0.722	1.214
4	L2	=~	v4	1.000	0.000	NA	NA	1.000	1.000
5	L2	=~	v5	0.723	0.092	7.823	0.000	0.542	0.905
6	L2	=~	v6	0.642	0.093	6.922	0.000	0.461	0.824
7	L2	~	L1	0.958	0.114	8.383	0.000	0.734	1.183
8	v1	~~	v1	0.446	0.215	2.074	0.038	0.024	0.867
9	v2	~~	v2	1.453	0.320	4.543	0.000	0.826	2.080
10	v3	~~	v3	1.487	0.360	4.127	0.000	0.781	2.193
11	v4	~~	v4	0.246	0.216	1.138	0.255	-0.178	0.669
12	v5	~~	v5	1.130	0.257	4.395	0.000	0.626	1.634
13	v6	~~	v6	1.221	0.266	4.594	0.000	0.700	1.742
14	L1	~~	L1	3.017	0.714	4.225	0.000	1.617	4.416
15	L2	~~	L2	0.845	0.327	2.585	0.010	0.204	1.486

标准误差

参数的估计值 p 值

在从多个观测变量中抽取共同因素时，其中一个路径系数要固定为 1。如果不固定，则无法得到估计值。在 lavaan 中，左边第 1 个变量（在 L1 = ~v1 + v2 + v3 的情况下为 v1）的系数会固定为 1。

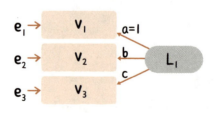

lhs（left-hand side）··· 方程的左边。
rhs（right-hand side）··· 方程的右边。

┃R 命令┃

```
> standardizedSolution(res)
```

┗ 该命令用于输出标准化系数（将所有变量的方差固定为 1 时算出的值）。在比较路径
系数时，如果观测变量的方差相差很大，或者观测变量的单位不统一，可使用该命令。

┃R 输出┃

```
      lhs   op   rhs   est.std      se        z     pvalue
  1   L1    =~   v1    0.933        NA       NA         NA
  2   L1    =~   v2    0.717     0.115    6.243      0.000
  3   L1    =~   v3    0.809     0.105    7.714      0.000
  .    .    .     .      .          .        .          .
  .    .    .     .      .          .        .          .
  .    .    .     .      .          .        .          .
```

┃R 输出┃

```
> fitMeasures(res, "chisq")
  chisq  ◀— 卡方统计量
   8.44
> fitMeasures(res, "pvalue")
  pvalue ◀— 卡方统计量的 p 值
   0.392
> fitMeasures(res, "rmsea")
  rmsea
  0.033
> fitMeasures(res, "gfi")
    gfi
  0.954
> fitMeasures(res, "agfi")
   agfi
  0.879
> fitMeasures(res, "cfi")
    cfi
  0.998
> fitMeasures(res, "aic")
      aic
  1032.648
```

● **fitMeasures** 是输出拟合优度指标的命令。

● 如果输入 **fitMeasures(res)**，我们就可以查看
使用 lavaan 包能够输出的所有指标。

标准化系数（结构方程模型）（standardized coefficient）••• 将所有变量的方差都固定为 1 时计算出来的路径系
数。它用于比较影响的大小。

包含顺序变量的结构方程模型分析

问卷调查中常提供"满意""基本满意""稍微不满""不满"这样的选项让受访者回答。这些变量是顺序变量（以定序尺度测量的变量，参照 7.1 节），我们在使用结构方程模型进行分析时需要多加注意。

选项个数大于等于 7 个（7 级）的变量可以作为连续变量来处理，但如果变量小于 7 个，就要特殊计算了。

在使用 lavaan 分析包含顺序变量的数据时，需要指定将数据集的哪一列（变量）作为顺序变量。

```
xdata[,c(1:6)] <- lapply(sdata[,c(1:6)], ordered)
```
⬅ 第 1 列到第 6 列为定序数据

如果想计算相关矩阵，请使用 polycor 包中包含的命令。顺序变量的相关系数可以使用 polychor 命令（多分格相关系数）来计算，定序尺度和连续尺度的相关系数可以使用 polyserial 命令（多系列相关系数）来计算。

使用市面上的软件进行结构方程模型分析

R 足够用来进行分析，但它必须以公式的形式描述模型，想必许多人对此感到困扰。相比之下，AMOS 和 STATA 等软件虽然价格有些昂贵，但可以自由绘制路径图，用户无须书写公式就能进行分析。这些软件还可以轻松对估计方法进行修改。

AMOS 的界面

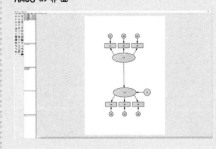

STATA 的界面

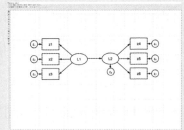

多分格相关系数（polychoric correlation）••• 对于以 3 级或 5 级的定序尺度进行测量的变量，计算一般的相关系数没有什么用。需要使用多分格相关系数或多系列相关系数。

应该使用哪一种分析方法？

本书中介绍了许多统计分析方法，这些统计分析方法到底该如何区分使用呢？大家可以参考下表来选择合适的方法。

方法	目的	说明
方差分析（第6章）	阐明因果关系	● 该方法大多用于分析那些基于实验设计收集的数据
回归分析（第9章）	阐明因果关系	● 如果想在自变量中使用定性变量，就要将定性变量转换为虚拟变量（201页） ● 如果想在从属变量中使用定性变量（二分类），就要使用 Probit 分析（204页） ● 如果使用有序 Probit 分析或多项 Probit 分析等方法，则可以分析三分类以上的从属变量（本书中并未介绍）
主成分分析（第10章）	信息收集	● 原则上使用定量变量 ● 相当于创建综合变量（指数）
因素分析（第10章）	掌握公共因素	● 原则上使用定量变量 ● 公共因素是指观测变量背后的因素
结构方程模型（SEM）	阐明因果关系（假设潜在变量）	● 原则上使用定量变量 ● 通过绘制路径图（因果结构）来检验因果关系。其特征是路径图中包含（公共因素等）潜在变量
聚类分析（第10章）	个体和变量的分类	● 原则上使用定量变量 ● 可以对样本的个体或变量进行分类，将性质相近的成分一组
对应分析（第10章）	讨论定位	● 可以将使用交叉表表示的变量之间的关系可视化 ● 也可以处理三分类以上的定性变量（多元对应分析）（本书中并未介绍）

本书以图表为主，重视内容的易读性，所以笔者并未详细讲解相关理论。感兴趣的读者可以阅读下述图书。

　　作为回归分析的入门书，高桥信的《漫画统计学之回归分析》值得一读。该书是高桥信大受欢迎的漫画系列图书之一。关于多变量分析，推荐大村平的《修订版 多变量解析——从复杂度探寻本质》（『改訂版 多変量解析のはなし一複雑さから本質を探る一』）和永田靖、栋近雅彦合著的《多变量解析方法入门》（『多変量解析法入門』）。这两本书中都有算式，难度中等，也包含了基本的方法。另外，欧姆社出版的《使用 R 的简单统计学》（『R によるやさしい統計学』）中介绍了结构方程模型、因素分析等内容，实践性较强。如果以实践为主，推荐照井伸彦、佐藤忠彦的《现代市场营销调查——解读市场的数据分析》（『現代マーケティング・リサーチ一市場を読み解くデータ分析一』）。这本书可以帮助我们掌握市场调查实践性课题的解析方法。

10
多变量分析　记述因果结构

对个体进行分类
~聚类分析~

聚类分析是对大量个体中相似的个体进行分组，创建聚类（集合）的方法。
在商业领域，对商品或顾客进行分类，可以获得对市场营销有用的信息。

▶▶▶ 层次聚类和非层次聚类

这么多相机，该怎样分类展示呢？

分类方法有两种。

- 一种是层次聚类分析。可绘制右面这样的树状图。
  该分类方法适用于数据（要分类的个体数量）较少的情形。

- 另一种是非层次聚类分析。比较有代表性的方法是 *K*-means（*K*-均值）法。先决定聚类个数，然后对个体进行分类。在个体数量很多的情况下，层次型会变得非常复杂，这时适合使用该方法。

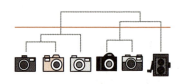

面向爱好者

面向入门者　　面向高级业余爱好者

层次聚类分析（hierarchical cluster analysis）••• 利用层次结构对个体进行分类的方法。
非层次聚类分析（non-hierarchical cluster analysis）••• 不创建层次结构，仅对个体进行分类的方法。

▶▶▶ 树状图（层次聚类分析）

- 树状图是表示个体或聚类合并过程的图形。层次聚类分析的目的是绘制该图。
- 我们通过横切树状图（右图）来创建聚类。例如，在①的位置进行横切，聚类就变成 2 个（A、B、C、D 和 E、F、G、H）。
- 尽可能在垂直方向的线段（树枝的纵向部分）长度（距离）较长的位置横切树状图。
- 图中★处的长度非常短（A、B、C 与 D 的聚类相似），因此不适合在②的位置切断。

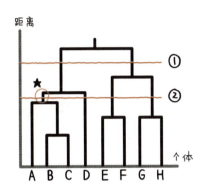

▶▶▶ 链锁

- 如下所示，链锁指个体在既有的聚类中一个接一个连接的状态。该状态表示分析结果没有顺利分类。

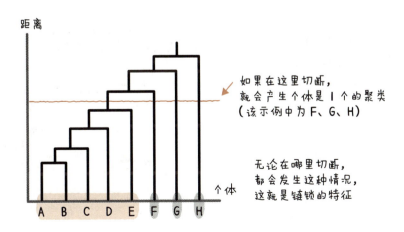

如果在这里切断，就会产生个体是 1 个的聚类（该示例中为 F、G、H）

无论在哪里切断，都会发生这种情况，这就是链锁的特征

树状图（dendrogram）••• 在层次聚类分析中表示聚类或个体的合并过程的树状（分支）图形。通常横轴表示个体，纵轴表示合并时的距离（非相似性）。

▶▶▶创建聚类① （距离的测量方法）

- 个体之间的相似性是根据距离来测量的。也就是说，距离越短，相似性就越高，距离越长，相似性就越低。

- 比较有代表性的距离计算方法是欧几里得距离。例如，点（个体）$A = (x_a, y_a)$ 与点 $B = (x_b, y_b)$ 的距离 d 的计算公式如下所示。

$$d = \sqrt{(x_a - x_b)^2 + (y_a - y_b)^2}$$

- 在测量组与个体或组与组之间的距离时，要使用组的中心（重心等）坐标。

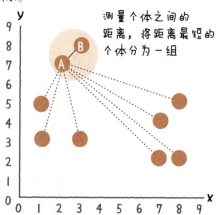

测量个体之间的距离，将距离最短的个体分为一组

▶▶▶创建聚类② （合并方法）

- 将个体合并到聚类中的方法有许多种，其中具有代表性的是重心法和 Ward 法。

- 重心法是求各个聚类的重心，算出个体与重心之间的距离，然后将距离短的个体合并到一起的方法。

- A、B、C 这 3 点的重心（x_g, y_g）的计算公式如下所示。

$$\begin{cases} x_g = (x_a + x_b + x_c)/3 \\ y_g = (y_a + y_b + y_c)/3 \end{cases}$$

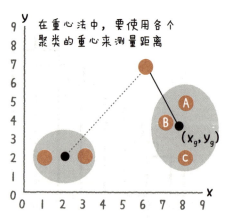

在重心法中，要使用各个聚类的重心来测量距离

欧几里得距离（Euclidean distance）••• 最常见的距离度量。它是两点坐标差的平方和的平方根。
重心法（centroid method）••• 以聚类的代表点为重心，将重心之间的距离作为聚类之间的距离。

●Ward 法是合并聚类，使聚类内部的变异（偏差平方和）增加幅度最小的方法。从以往的经验来看，该方法可以避免链锁情况发生，可以说是最常用的方法。

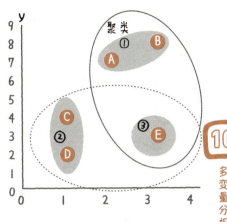

Ward 法的示例

数据

变量	个体A	个体B	个体C	个体D	个体E
x	2	3	1	1	3
y	7	8	4	2	3

个体A·B·E的平均数

x	y
2.667	6

个体C·D·E的平均数

x	y
1.667	3

合并聚类①和聚类③时的聚类内变异如下所示。

$$(2-2.667)^2+(3-2.667)^2+(3-2.667)^2+(7-6)^2+(8-6)^2+(3-6)^2 \approx 14.667$$

合并聚类②和聚类③时的聚类内变异如下所示。

$$(1-1.667)^2+(1-1.667)^2+(3-1.667)^2+(4-3)^2+(2-3)^2+(3-3)^2 \approx 4.667$$

另外，聚类①的偏差平方和为1，聚类②的偏差平方和为2，因此，为了让变异的增加幅度最小，我们应该合并聚类②与聚类③。

Ward 法（Ward's method）•••能够恰当分类（能够绘制出好的树状图）的聚类合并基准（距离的测量方法）。又称最小方差法。

▶▶▶ *K-means* 算法（非层次聚类分析）

笔者来简单介绍一下非层次聚类分析方法中最常用的 *K-means* 算法的思路。

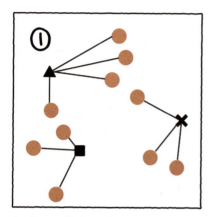

先随机设置基点（▲·■·✕），然后计算基点到各个个体的距离，将距离基点最近的个体聚类化

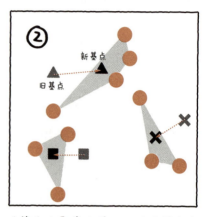

计算各个聚类的重心，并将其作为新的基点
（▲·■·✕）

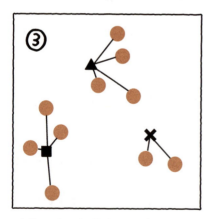

计算个体到新基点的距离，与①一样进行聚类化

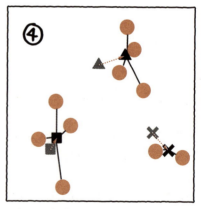

重新计算聚类的重心。如果分类结果没有改变，计算结束。如果有改变，则重复执行步骤②~④

K-means 算法（*K-means clustering*）••• 非层次聚类分析中比较有代表性的一种方法。随机设置基点，反复分配基点和个体，直至分类恰当。

我们根据使用者对 10 种相机的 5 级评价数据来进行聚类分析。评价项目包含价格（Price）、设计（Design）、画质（Quality）、便携性（Portability）、功能性（Functionality）。

▌R 命令　层次聚类分析 ▌

```
> d<-dist(sdata, method = "euclidean")
```
↑ 该命令用来计算个体之间的距离

◎ **method** 中除了可以指定欧几里得距离（默认为 **euclidean**），还可以指定最大距离（**maximum**）、曼哈顿距离（**manhattan**）、堪培拉距离（**canberra**）、二进制距离（**binary**）、闵可夫斯基距离（**minkowski**）等。通常情况下指定欧几里得距离即可

┌─ 使用 Ward 法、中值法、重心法时为 d^2，使用其他方法时为 d

```
> res<-hclust(d^2,method="ward")
```
↑ 该命令用来执行层次聚类分析

◎ 默认方法是最长距离法（**complete**），但常用的是 **Ward** 法（**ward**）

◎ 除此之外，还可以指定最短距离法（**single**）、组平均法（**average**）、McQuitty 法（**mcquitty**）、中值法（**median**）、重心法（**centroid**）等

◎ 请注意，最长距离法中容易出现空间扩散（分割过剩）的问题，最短距离法中容易出现链锁问题，中值法和重心法中容易出现聚类之间距离颠倒（树状图的树枝逆向伸展，难以解释）的问题

```
> plot(res,hang= - 1)
```
↑── 该命令用来显示树状图

聚类分析的缺点 ••• 没有用于评价分类结果合理性的指标；存在多种测量距离的方法，需要进行各种尝试才能得到期望的结果（随意性太强）。

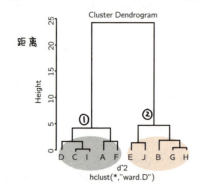

我们可以发现图中大致有 2 个聚类
（①和②）

通过查看合并方式可以发现，C 与
I 相似，G 与 H 相似，聚类还可以
分为"D、C、I""A、F""E、J"
"B、G、H"

┃╏┃ R 命令　非层次聚类分析 ┃╏┃

该命令用来执行 K-means 算法。

```
> res2<-kmeans ( sdata, 2, iter.max=10, nstart=5 )
```

　　　　　　指定聚类　　　指定最大重复　　指定初始值的
　　　　　　个数　　　　　次数（默认为10）　个数（默认为1）

◎初始值的个数越多，结果越稳定。不过，当样本很大时，计算可能会比较耗时

```
> ( sdata<-data.frame ( sdata, res2$cluster ))
```
　　该命令用于将聚类分析的结果输出到数据集中。

┃╏┃ R 输出　非层次聚类分析 ┃╏┃

	Price	Design	Quality	Portability	Functionality	res2.cluster
A	2	4.75	4.94	3.26	3.73	1
B	5	4.84	4.94	4.33	4.75	2
C	2	4.70	4.68	4.62	4.69	1
.	.	.	.	.	.	.
.	.	.	.	.	.	.
.	.	.	.	.	.	.

数字相同的产品被分到相同的聚类中。有时 1 和 2 会反过来表示。

K-means 算法的注意事项 ••• 最开始随机设置的基点不同，结果也会不同。而且，最开始设置的聚类个数不一定是最合理的，因此有许多改善版本。

变量的分类

本章介绍了个体的分类方法——聚类分析。聚类分析的思路还可以用在变量分类（分组）上。

测量变量之间的距离时使用的是相关系数，而不是欧几里得距离，这一点与个体分类不同。

R 中提供了专门用来进行变量聚类分析的包 CulstOfVar，其中的 hclustvar 命令可以用来创建层次聚类（树状图），kmeansvar 命令可以基于 *K*-means 算法对变量进行分类。

在此根据家庭收支情况的调查数据（日本总务省对约 9000 个家庭的收入、支出、储蓄、债务等进行的调查结果），使用 hcustvar 对大米（rice）、面包（bread）、面条（noodle）、鱼类（fish）、鲜肉（meet）、牛奶（milk）、蔬菜（vege）、水果（fruit）等 8 个变量（支出额）的关联性进行分析。

R 命令
```
library(ClustOfVar)
res <- hclustvar(sdata)
plot(res)
```
↑ 数据框名

R 输出

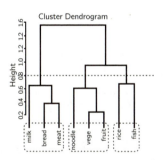

从分析结果可以看出，面包、鲜肉、牛奶之间紧密相关，即消费倾向相似（最左边的聚类）。另外，大米和鱼类的消费倾向也相似（最右边的聚类）。正中间的聚类（面条、蔬菜、水果）与大米、鱼类的聚类相近，可见消费偏向于日式饮食。

变量的关联性也可以通过因素分析获得，但（层次）聚类分析可以让我们更形象地理解关联性，非常方便。

分析品质数据的关联性

～对应分析～

对应分析是基于交叉表将左表头项目与上表头项目的关联性可视化的方法。
它用来帮助我们了解品牌或商品的定位，以及消费者的行为特征。

▶▶▶ 上表头与左表头的对应关系

- 品质数据（特别是名义尺度的数据）不适合作为数值型数据在主成分分析中使用。
- 对于品质数据，我们最好制作交叉表来进行对应分析。

女性喜爱的品牌（按职业区分，单位：人）

	品牌 A	品牌 B	品牌 C
女大学生	10	25	30
女职员	35	25	15
主妇	10	35	10

- 对应分析是考虑行或列的比例模式的分析方法。比例模式称为轮廓。

行轮廓	品牌 A	品牌 B	品牌 C	行数据的和
女大学生	0.15	0.38	0.46	1.00
女职员	0.47	0.33	0.20	1.00
主妇	0.18	0.64	0.18	1.00

列轮廓	品牌 A	品牌 B	品牌 C
女大学生	0.18	0.29	0.55
女职员	0.64	0.29	0.27
主妇	0.18	0.41	0.18
列数据的和	1.00	1.00	1.00

- 我们将轮廓信息转换为可以计算卡方距离（带权重的欧几里得距离）的形式，然后使用与主成分分析相同的方法进行收集。

对应分析（correspondence analysis） ••• 对应分析是主成分分析的品质数据版本。它用来将根据问卷调查的结果制成的交叉表可视化。

▶▶▶ 成分得分和对应映射

● 通过将成分得分用散布图（对应图）表示，我们可以轻松把握项目之间的关联性。

成分得分表

	第一成分	第二成分
女大学生	−0.621	0.454
女职员	0.699	0.172
主妇	−0.220	−0.771
品牌A	0.885	0.209
品牌B	−0.204	−0.538
品牌C	−0.569	0.623

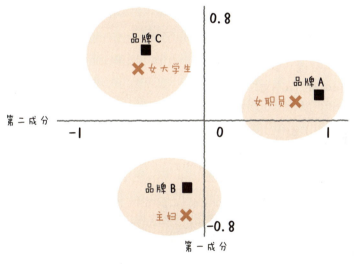

品牌的对应映射

→我们可以发现，女职员喜爱品牌A，主妇喜爱品牌B，女大学生喜爱品牌C。

对应图（correspondence map）••• 对应图是配置了交叉表的左表头种类（如消费者属性）和上表头种类（如品牌等）的图，图中的距离表示关联程度。

我们将消费者分成男学生（M_Student）、女学生（F_Student）、男职员（M_Worker）、女职员（F_Worker）、主妇（Housewife）这5类，使用表示该消费者分类与消费者喜爱商品（品牌A～品牌E）的关系的交叉表来进行对应分析。

▌▌数　据▌▌

```
              Brand A      Brand B      Brand C      Brand D      Brand E
M_Student        36           15           13           39           16
F_Student        56           23           22           56           26
M_Woker          20            8           10           21           10
F_Worker         13            6            5           13            6
Housewife        26           11           10           26           12
```

◎这次将交叉表本身作为数据进行读取

▌▌R命令▌▌

```
> library(ca)      ◀── 使用 ca 包。
> ca(sdata)        ◀── 进行对应分析。
```

▌▌R输出▌▌

```
Principal inertias(eigenvalues):

              1            2            3          4
Value      0.001302     0.000328     6.5e-05    0
Percentage 76.81%       19.35%       3.83%      0%
```
◀── 成分（特征值）个数为交叉表的行数和列数中较小一方的值减去1。

到第二成分为止的解释比例为96%。

```
Rows:
              A            B            C            D            E
Mass       0.238477     0.366733     0.138277     0.086172     0.170341
ChiDist    0.046803     0.011503     0.082027     0.041877     0.015764
Inertia    0.000522     0.000049     0.000930     0.000151     0.000042
Dim. 1     1.100280    -0.076491    -2.224477     0.461087     0.196785
Dim. 2     1.359811    -0.434832     0.882456    -1.805330    -0.770629
```

└── 关于行的项目（消费者分类），输出第一成分的得分（Dim.1）和第二成分的得分（Dim.2）。

对偶尺度法（dual scaling）••• 多变量分析中还包括西里静彦提出的对偶尺度法。该方法根据最佳权重向量来绘图，绘制出的散布图在位置关系上与对应图相同。

```
Columns:
              Relaxation   Shopping      Food      Nature   Experience
Mass           0.302605    0.126253   0.120240   0.310621     0.140281
ChiDist        0.017664    0.044617   0.089422   0.031014     0.025153
Inertia        0.000094    0.000251   0.000961   0.000299     0.000089
Dim. 1         0.357481    0.827196  -2.471664   0.540724    -0.594361
Dim. 2        -0.458706   -1.624888   0.186751   1.321408    -0.634153
```

关于列的项目（品牌），输出第一成分的得分（Dim.1）和第二成分的得分（Dim.2）。

■ R 命令 ■

```
> plot(ca(sdata))
```
← 该命令用来输出成分得分的散布图（对应映射）。

■ R 输出 ■

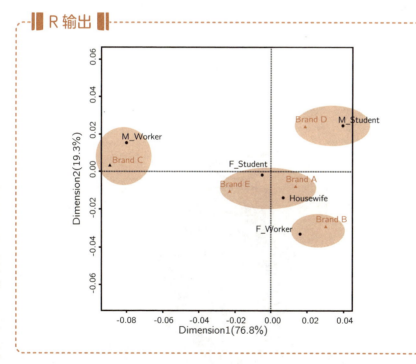

※严格来说，行和列中距离的定义有所不同，所以消费者属性（行）和品牌（列）的关系表示的是某种倾向。

数量化理论 III 类（Hayashi's quantification method III） ••• 与对应分析的使用目的相同的多变量分析中还包括林知己夫提出的数量化理论 III 类。该方法虽然需要用到收集前的原始数据，比较麻烦，但是可以计算出样本得分。

More
than
Human

第 11 章　贝叶斯统计学和大数据

活用知识和经验的统计学

~贝叶斯统计学~

贝叶斯统计学的目标是通过灵活吸收知识、经验和新数据来更准确地进行分析。贝叶斯统计学也可以完成经典统计学的工作。它与计算机的兼容性较好，所以有望活用在大数据分析中。

▶▶▶经典统计学（检验的情形）

- 在零假设正确的情况下，计算身边的数据被观测到的概率。
- 如果该概率很小，则判定零假设是错误的。

只有1%的概率可以观测到枯萎的花！

结果的概率

使用液肥的栽培实验

花变精神并不是因为液肥

零假设

拒绝零假设（花变精神是因为液肥！）

▶▶▶贝叶斯统计学

- 在观测数据之前，利用知识、经验和相关信息来预测假设正确的概率（先验概率）。
- 然后，使用观测到的数据更新事前预测的概率（后验概率）。

预测花变精神是因为液肥的概率为70%！

经验或之前的研究

假设的先验概率

使用液肥的栽培实验

花变精神是因为液肥的概率更新为95%！

假设的后验概率

频率论（frequentist）▶▶▶ 频率论是前面介绍的经典统计学的思路。手边的数据是多次实验的其中一个结果，在事前建立的假设正确的情况下，思考该数据被观测到的概率是多少。

> **贝叶斯统计学的优点**

- 分析说明通俗易懂。
- 灵活性强（也适用于复杂的问题）。
- 逐步利用新数据可以提高精确度。

> **有望发挥作用的领域**

- 追求速度和效率的领域。
- （任意的也无妨）分析结果至上的领域。
- 难以重复进行实验或观测的领域。

具体来说是市场营销、天文学、物理学、遗传学、机器人工学、社会调查、心理统计学、游戏理论、人工智能、机器翻译、图像解析等领域。

◎ 由于贝叶斯统计学存在"分析者个人的判断占比较大，重现性很低"的缺点，所以在检验药效等"不允许犯错"的领域或重视"客观性"和"公平性"的科学论文中，使用传统的频率论更加合适

用于贝叶斯统计学的软件 ••• 用于贝叶斯统计学的最常用的软件是运行在 R 上的 Stan（免费）。另外，SPSS 和用于计量经济学的软件 STATA 也可以用于贝叶斯统计学。

万能公式
～贝叶斯定理～

$$P(A|B) = \frac{P(B|A) \cdot P(A)}{P(B)}$$

Bayesian

贝叶斯定理是贝叶斯统计学的基础，它是将两个乘法定理整合为一个条件概率的公式。该定理非常重要，我们可以使用一个简单的概率问题来推导该定理。

▶▶▶ 联合概率

给 5 个红球和 1 个白球（总共 6 个）编号，并将它们放入袋子中。思考取出右图所示的球的概率。

取出红球（①②③⑤⑥）的概率 $P(\text{红球}) = \dfrac{5}{6}$ ← 红球的个数
← 球的总数

表示概率（probability）的符号

同样，取出偶数号（②④⑥）的概率是 $P(\text{偶数}) = \dfrac{3}{6}$

将这两种情况同时发生的情形考虑在内，取出偶数号红球的概率是

联合概率 $P(\text{红球} \cap \text{偶数}) = \dfrac{2}{6}$

表示联合概率的符号

联合概率（joint probability） ••• 现象 A 和现象 B 同时发生的概率。
条件概率（conditional probability） ••• 在现象 A 已经发生的情况下，现象 B 发生的概率。

▶▶▶ 条件概率

● 如果可以提前看到球的颜色（条件是红球），那么拿到编号为偶数的球的概率就是抽到红球（①②③⑤⑥）时该球的编号为偶数（②⑥）的概率。

$$P(\text{偶数}\mid\text{红球})=\frac{P(\text{红球}\cap\text{偶数})}{P(\text{红球})}=\frac{2/6}{5/6}=\frac{2}{5}$$

表示条件概率的符号

▶▶▶ 乘法定理

● 我们将条件概率的公式变形为联合概率的公式（将公式右边的分子移到左边），如下所示。

$$P(\text{红球}\cap\text{偶数})=P(\text{偶数}\mid\text{红球})P(\text{红球})=\frac{2}{5}\times\frac{5}{6}=\frac{2}{6}$$

原本的乘法定理是左右相反的 $P(\text{红球})P(\text{偶数}\mid\text{红球})$

● 当然，在该乘法定理中，将偶数和红球互换一下也是成立的。

$$P(\text{偶数}\cap\text{红球})=P(\text{红球}\mid\text{偶数})P(\text{偶数})=\frac{2}{3}\times\frac{3}{6}=\frac{2}{6}$$

● 上面两个乘法定理的联合概率（抽到②⑥的概率）相同，将它们整合到一起就是下面这样。

$$P(\text{偶数}\mid\text{红球})=\frac{P(\text{红球}\mid\text{偶数})P(\text{偶数})}{P(\text{红球})}=\frac{2/3\times3/6}{5/6}=\frac{2}{5}$$

→使用 A 和 B，将其改写为通用公式。

▶▶▶ 贝叶斯定理

$$P(A\mid B)=\frac{P(B\mid A)\cdot P(A)}{P(B)}$$

这个由托马斯·贝叶斯发现的普通公式正是 **万能公式**

乘法定理（multiplication theorem）••• 将条件概率的公式两边乘以现象 A 的概率，就可以得到联合概率。
贝叶斯定理（Bayes' theorem）••• 根据条件概率和乘法定理，可以得到 $P(A|B)=\{P(B|A)P(A)\}/P(B)$。

11 | 3

根据结果找原因

～后验概率～

贝叶斯统计学的一个特征是根据观测到的数据来估计形成该结果的原因。

▶▶▶ 后验概率

- 贝叶斯统计学中会使用贝叶斯定理，根据结果（数据）来计算原因（假设）的概率。公式中的各个概率都有固定的名称，笔者会一一介绍。另外，这里将贝叶斯定理中的 A 视为原因，B 视为结果。

$$P(原因\ A|\ 结果\ B)=\frac{\overset{似然}{\underset{\downarrow}{P(结果\ B|\ 原因\ A)}}\cdot\overset{先验概率}{\underset{\downarrow}{P(原因\ A)}}}{\underset{\underset{全概率}{\uparrow}}{P(结果\ B)}}$$

$$\underset{\underset{后验概率}{\uparrow}}{}$$

- 贝叶斯定理左边的 P（原因 A|结果 B）是"观测到结果 B 时，原因为 A 的概率"，称为后验概率（由于与时间顺序相反，所以也称为逆概率）。
- 贝叶斯统计学的目的就是估计后验概率。

$$P(\ 原因\ A|\ 结果\ B)$$

$$\longleftarrow$$ 与时间顺序相反！

▶▶▶ 先验概率

- P（原因 A）称为先验概率，表示"在还未观测到结果 B 的阶段，确信原因是 A 的程度"（主观概率）。
- 先验概率可以放入知识、经验等各种相关信息。

$$P(原因\ A)$$

后验概率（posterior probability）••• 当观测到结果 B 时，原因是 A 的概率。它是贝叶斯定理公式左边的部分。
先验概率（prior probability）••• 在还未观测到结果 B 的阶段，确信原因是 A 的程度。

▶▶▶ 似然

- 主观概率 P(结果 B | 原因 A) 表示"当原因为 A 时会观测到结果 B"的可信度。
- 不过，我们已经得到了结果，所以似然并不是概率，它表示结果 B 的原因最有可能是 A。

P（结果 B | 原因 A）

▶▶▶ 全概率

- P(结果 B) 称为**全概率**，是"观测到的结果为 B 的概率"。
- 必须注意的是，在有多个原因的情况下，全概率就是各个概率的总和。

例：原因是 A_1 和 A_2 这两种情况

> 在生病的情况下
> A_1：生病
> A_2：未生病　等

$$P(B) = P(B|A_1) \cdot P(A_1) + P(B|A_2) \cdot P(A_2)$$

在 A_1 和 A_2 两种原因的影响下观测到 B 的概率

▶▶▶ 有关分布的贝叶斯定理（应用篇）

- 在数据是连续数值的情况下，贝叶斯定理也可以使用概率分布来表示。
- 在参数（总体参数）为 θ、观测数据为 x 的情况下，公式如下所示。
- 请注意，与传统的统计学不同，这里的参数是有分布的。

$$f(\theta|x) = \frac{\overset{\text{似然}}{f(x|\theta)} \cdot \overset{\text{先验分布}}{f(\theta)}}{\underset{\text{正规化常数}}{f(x)}} \propto \text{似然} \cdot \text{先验分布}$$

后验分布

由于分母为 1，所以我们可以简化公式
（∝ 是成比例的意思）

某位年过 40 的美国女性在接受定期的乳房摄影检查一周之后，收到了需要复查的通知。该女性患乳腺癌的概率约为多少？

解题方法

这是贝叶斯统计学中的一个非常有名的分析示例。

下面笔者根据莎朗·贝尔奇·麦格雷恩（Sharon Bertsch McGrayne）所著的《不朽的理论》（*The Theory That Would Not Die*，暂无中文版）一书来介绍在估计后验概率时需要用到的数据。将这些数据代入公式就可以估计出后验概率（得出阳性结果的原因是乳腺癌的概率）了。

贝叶斯定理的公式

$$后验概率 = \frac{似然 \cdot 先验分布}{全概率}$$

↗ 检查结果为阳性的女性患乳腺癌的概率（未知）

如果不了解贝叶斯定理，就会被它巨大的值给吓到 ↙

似然（乳腺癌患者的检查结果为阳性的概率）：80%

先验概率（在所有接受检查的人当中乳腺癌患者的概率）：0.4%

阳性的全概率（乳腺癌患者的检查结果为阳性的概率 0.32%

　　　　　＋ 不是乳腺癌但检查结果为阳性的概率注 9.96%）

通过以前的调查掌握的信息

注："非乳腺癌"（伪阳性）也是原因之一

答案：$\frac{0.8 \times 0.004}{0.0032 + 0.0996} \approx 0.031$

也就是说，即使定期检查时检查出阳性，患乳腺癌的概率（后验概率）也只有 **3.1%**

但这并不代表可以不用复查

伪阳性（false positive）•••本来是阴性，但错误地判断为阳性，伪阳性的概率也包含在贝叶斯估计的全概率中。

关于乳腺癌检查的争论

2009 年 11 月，美国预防医学工作组（US Preventive Services Task Force，USPSTF）提出不建议（C 级）年过 40 的女性定期接受乳房摄影检查。这在业界引起很大轰动。之所以提出这样的建议，是因为伪阳性率（9.96%）过高，由此产生的不必要的检查和治疗所需费用较大，与降低乳腺癌死亡率的效果不成正比。一直推动定期检查的美国癌症协会等机构对此进行了强烈反击，他们认为听从该劝告会导致乳腺癌的死亡人数上升。现在争论仍在继续。（在 2015 年，美国预防医学工作组修改了建议的内容，采用了更加委婉的表达，但判定结果仍为"C 级"。）

另外，与欧美人相比，日本人在闭经前患乳腺癌的风险更高，日本现在仍建议40 岁以上的女性每两年做一次检查。不过，日本乳腺癌协会认为美国预防医学工作组的建议是有科学依据的，今后根据调查研究的结果，可能调整乳房摄影检查在日本的推荐程度。

同样，全身体检项目（一般是自费项目）中的各种肿瘤指标也存在争议。在接到需要复查的通知后，大家都会考虑最差的情况，精神打击非常大。不过，这些检查确实有利于尽早发现疾病，因此大家在了解本章介绍的"即使需要复查，实际患病的可能性也很低"的基础上，最好还是接受检查。

使用新数据提高准确性

~贝叶斯更新~

贝叶斯统计学的另一个特征是贝叶斯更新，即每当观测到新数据时，都会引入该数据，重新进行估计，计算更加准确的后验概率。

▶▶▶ 贝叶斯更新的结构

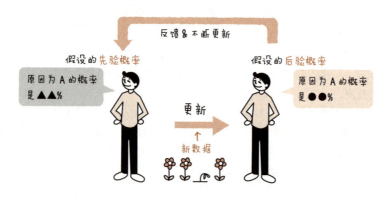

⊙ 所谓贝叶斯更新，就是在得到新数据（结果）后，将之前估计的后验概率作为新的先验概率重新进行估计。当然，如果没有新数据，估计就到此结束。

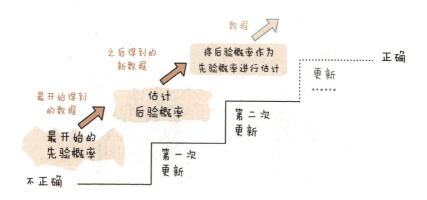

贝叶斯更新（Bayesian update）●●●每当得到新数据，都会引入该数据重新进行估计，提高后验概率的精确度。垃圾邮件的判定（贝叶斯过滤）就是一个比较有名的应用示例。

示例：垃圾邮件的判定　贝叶斯过滤

　　判断邮件是否为垃圾邮件时需要用到贝叶斯更新。虽然在一开始有用的邮件也会被错误地分到垃圾邮件的文件夹中，但在不断使用的过程中，这样的错误会越来越少。这是因为系统通过不断进行贝叶斯更新，提高了判断的准确性。

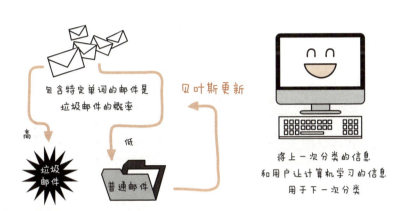

专栏

伟人传⑧

HELLO I AM...

托马斯·贝叶斯
Thomas Bayes（1702—1761）

　　叶斯定理之父托马斯·贝叶斯是英国长老派的牧师，对数学很感兴趣。当时，有位哲学家提出了"创造我们的信念和习惯（结果）的是经验（原因），而不是上帝"这一观点，完全否定了基督教的思想，这让贝叶斯深受打击。因此，他开始认真考虑是否可以使用数学方法由结果逆推出原因的概率。最终，在18世纪40年代后半期，贝叶斯提出了贝叶斯定理的原型，即先将经验值作为原因的概率，获得客观信息后再修正该值。

大数据分析①

~大数据~

大数据就是从各种信息源收集的海量数据。以机械的方式收集，随时进行更新。

大数据的形式多种多样（文本、动画、图像等）。

大数据的特征是三个"V"（Volume：大容量；Velocity：即时性；Variety：多样性）。

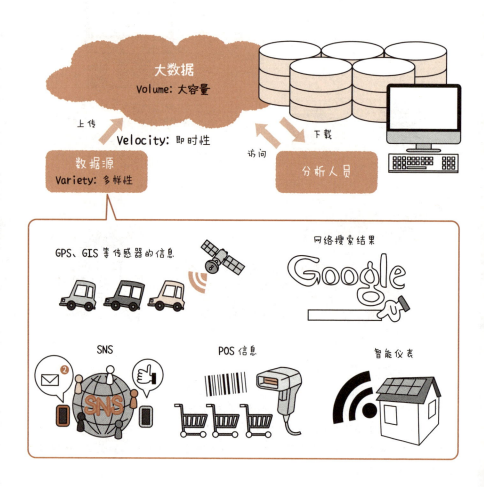

大数据
Volume：大容量

上传

Velocity：即时性

数据源
Variety：多样性

访问

下载

分析人员

GPS、GIS 等传感器的信息

网络搜索结果

Google

SNS

POS 信息

智能仪表

大数据（big data）▶ 随着互联网和 IT 技术的发展产生的巨大的数据或结构。除容量大之外，其特征还有数据的更新速度快、种类多等。

▶▶▶ 样本数据和大数据

- 官方统计或问卷调查中的数据都是样本数据。
- 分析结果的准确性是通过回归分析或假设检验来判断的。

- 大数据一般包含关于分析对象的所有信息（全数调查）。例如，某个店铺的 POS 数据包含该店铺所有商品的销售记录。
- 全数调查的数据不需要进行假设检验。

- 大数据中的数据量非常丰富，可以分开使用。例如，我们可以分别创建用于构建模型的样本和用于检验的样本，使用实际数据检验预测的精确度。

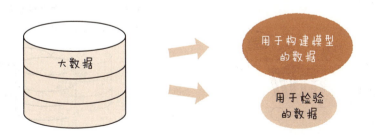

数据的多样性（variety of data）▸▸▸ 除了传统的结构化数据（数值或文字等），大数据中还包含声音和动画等非结构化数据和 XML 等半结构化数据。

大数据分析②

~关联分析~

抽取某个事件发生后紧接着发生另一个事件的规则，找出应该注意的内容，这就是关联分析。它适用于分析大规模数据集。

如果使用 POS 系统（Point Of Sale System）的数据（交易数据），我们就可以了解到易于被同时购买的商品组合有哪些。

该方法只用来明确关联性（相关关系），并不涉及因果关系。

明天就是周末了。为了提高营业额，该怎样陈列商品呢？

收集购买记录的数据（POS）

关联分析（association analysis）●●● 关联分析是针对市场营销的数据挖掘方法。找出容易被一起购买的商品，然后将相关商品陈列在旁边的位置，以此来提高营业额。又称购物篮分析。

▶▶▶ 交易数据的关联性

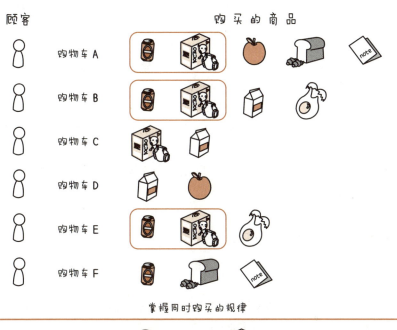

顾客　　　　　　　　　　　　购买的商品

购物车 A

购物车 B

购物车 C

购物车 D

购物车 E

购物车 F

掌握同时购买的规律

6人　　　　4人　　　　　　　3人　　　　　4人

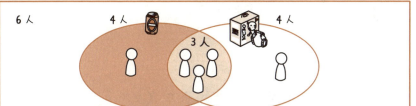

周末，啤酒和尿布组合在一起卖得很好。虽然原因不明，但周末大多是父亲去购物，大概是受到了这方面的影响。

相关关系

卖得好　　　　　原因？　　　　卖得好

交易数据（transaction data）••• 何时卖给谁多少个什么样的商品，以及收款多少等与顾客的交易（transaction）记录。交易数据中比较有名的是 POS 数据。

261

大数据分析③
~趋势预测和 SNS 分析~

对市场营销来说，Yahoo！和 Google 等搜索引擎的搜索记录以及 Facebook 和 Twitter 等社交网络软件的数据是非常重要的信息。

搜索的词语数量称为搜索量（search volume）。

通过比较一段时间内的搜索量，或者根据国家或地区来统计搜索量，我们可以了解最新的趋势。

利用搜索量传达的信息，可以提高对营业额、游客数、住宅销售数、住宅价格等的预测精确度。

▶▶▶将现在的趋势反映到预测中

- 传统的预测模型只根据之前的数据来预测未来。因此，这类模型不能应对急剧变化的情况。
- 但由于网络搜索量和 SNS 数据等大数据会灵敏反映现在的趋势，所以将它们放入预测模型中后，预测的精确度会得到提升。

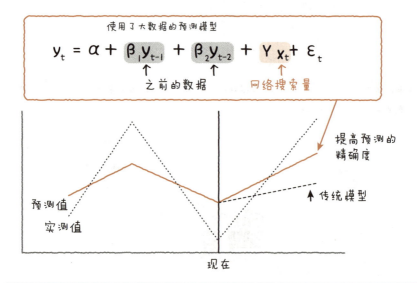

使用了大数据的预测模型

$$y_t = \alpha + \beta_1 y_{t-1} + \beta_2 y_{t-2} + \gamma x_t + \varepsilon_t$$

之前的数据　　网络搜索量

提高预测的精确度

传统模型

预测值

实测值

现在

趋势预测（trend prediction）•••使用统计模型来预测趋势。利用网络搜索量或 SNS 数据可以更加准确地进行预测。比如使用 Google 预测流行性感冒的趋势等。

▶▶▶根据 SNS 数据把握流行趋势

● 如果使用数据挖掘（明确文本数据中的特点和趋势的方法）来分析 SNS 的文章，我们就可以了解话题变化的趋势，分析对象的语言逻辑等。

分析新产品 A 的话题变化趋势

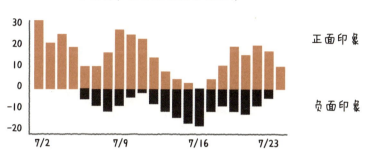

正面印象

负面印象

▶▶▶从分析行为到确定灾区

● 如果 SNS 的信息中添加了位置信息，我们就可以掌握游客的行为、嗜好，还能确定灾害发生的位置。

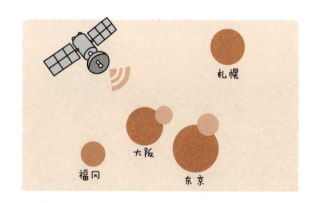

分析地理范围

11 贝叶斯统计学和大数据 大数据分析③

❗ SNS 数据拥有庞大的信息量且具备即时性，但它不是万能的。SNS 用户不能代表所有人，噪声（文意不明的评论）的处理也是一项难度较大的工作。为了看清 SNS 数据的本质，我们需要充分理解数据的特性，自身也要具备较高的分析能力。

SNS 分析（social media analytics）••• 传统问卷调查中的询问内容对回答有很大影响，而 SNS 分析不会出现这种情况。另外，通过 SNS 分析，我们甚至可以掌握消费者的心声。

$$\frac{|\hat{p}_1 - \hat{p}_2|}{\sqrt{\hat{p}(1-\hat{p})\left(\frac{1}{n_1}+\frac{1}{n_2}\right)}}$$

R 的安装和使用方法

统计软件 R

R 是由奥克兰大学的研究人员编写的统计软件。

该软件可免费使用，全球的研究人员和学生都在使用该软件。

包中汇集了 R 的函数，我们可根据需要将其读入 R 中。

R 相关的图书和网站有很多，非常适合用来自学。

不过，该软件要求输入字符命令，这一点可能需要我们花时间来适应。

下载 R

1. 启动浏览器，在搜索引擎中输入 The Comprehensive R Archive Network，并进入 R 的下载主页。在右图所示的页面中，点击与自己的计算机的操作系统相匹配的选项。（这里以"Download R for Windows"为例。）

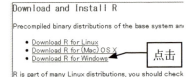

2. 这时会显示右图所示的页面。点击"base"。

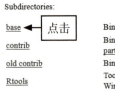

3. 然后会显示右图所示的页面。点击"Download R*.*.* for windows"。（*.*.* 的部分表示 R 的版本。请下载最新版本。）

安装 R

1. 下载 R-*.*.*-win.exe 文件后，运行（双击）该文件。（*.*.* 的部分表示 R 的版本。）

2. 选择安装时使用的语言，进入安装页面。

3. 点击"下一步"，继续安装。

如果想修改安装位置，请在该窗口进行修改。

4. 在使用默认设置完成安装后，桌面上会出现图标（在操作系统是 32 位的情况下只有左边的图标，64 位的情况下有两个图标）。

双击该图标，启动 R。

267

启动 R

1. 双击图标后，页面上会出现右图所
   示的窗口。该窗口叫作"R Console"
   窗口。

在这里输入命令

输入 R 命令

1. 在"R Console"窗口的">"后面输
   入 R 命令后，按"Enter"键执行，
   或者使用"R Editor"编写一连串命
   令，然后执行。

2. 在"File"菜单中选择"New script"
   来启动"R Editor"。
   可以保存脚本（写有 R 命令的文
   件），以便下次分析时使用。

创建数据文件（Excel）

1. R 中可以读取各种形式的数据文件，但最常用的还是 CSV 格式的文件。
   我们可以使用 Excel 等软件将文件类型修改为 CSV。

Excel 的"另存为"
页面

点击这里会出现一
个下拉列表，选择
CSV。

读取数据文件

1. 我们可以使用命令 read.csv。

    如果使用 R Editor，请在输入命令之后，将光标置于该行，同时按下 Ctrl 键和 R 键。

    数据框名。R 将数据存储在数据框中。大家可以自由给数据框命名。
    本书中使用的名称为 sdata 等。

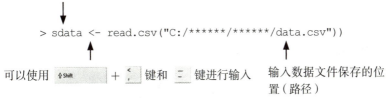

```
> sdata <- read.csv("C:/******/******/data.csv"))
```

可以使用 ⇧ Shift ＋ 键和 键进行输入　　　　输入数据文件保存的位置（路径）

要想获取文件路径，我们需要使用文件资源管理器来选择想读取的数据文件（CSV 格式），然后点击"主页"选项卡中的"复制路径"。
这样路径就被复制了，我们可以把它粘贴到命令行中使用。

点击

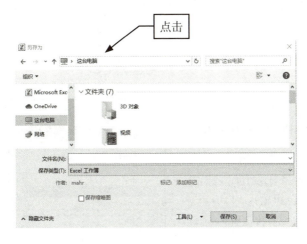

Windows 10 的文件资源管理器页面

安装包

1. 首次使用需要先下载包，并将其安装到 R 中。
   先指定下载的网站。请在 "Packages" 菜单中选择 "Set CRAN mirror..."。

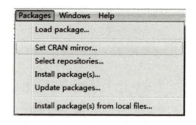

2. 在右图所示的弹出窗口中选择 "China(Shanghai)"。

3. 选择 "Packages" 菜单中的 "Install package(s)..."。

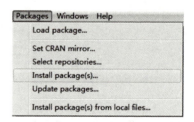

4. 在右图所示的弹出窗口中选择想要安装的包。

   为了在 R 中使用安装的包，我们需要在 R 控制台中输入 >library (survival)，或者在 R Editor（脚本）中进行记述。

统计数值表（分布表）、正交表、希腊字母

1 标准正态（z）分布表（右侧概率）

2 t 分布表（右侧概率）

3 卡方分布表（右侧概率）

4-1 F 分布表（右侧概率为 5%）

4-2 F 分布表（右侧概率为 2.5%）

5 学生化极差分布的 q 值表（右侧概率为 5%）

6 曼－惠特尼 U 检验表（双侧概率为 5% 和 1%）

7 用于符号检验的概率为 1/2 的二项分布表（左侧概率）

8 威尔科克森符号秩检验表

9 Kruskal-Wallis 检验表（3 组和 4 组）

10 Friedman 检验表（3 组和 4 组）

11-1 正交表（2 水平型）

11-2 正交表（3 水平型）

11-3 正交表（混合型）

12 希腊字母

1 标准正态（z）分布表（右侧概率）

注：表中的数值表示标准正态分布的右侧概率。左表头
表示 z 值的个位和小数点后第 1 位，上表头表示小数点
后第 2 位。例如，z 值为 1.96 的右侧（单侧）概率是 1.9
所在的行与 0.06 所在的列交叉处的 0.025（2.5%）（灰
色底纹处的值）。

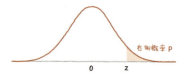

右侧概率 p

z	0.00	0.01	0.02	0.03	0.04	0.05	0.06	0.07	0.08	0.09
0.0	0.5000	0.4960	0.4920	0.4880	0.4840	0.4801	0.4761	0.4721	0.4681	0.4641
0.1	0.4602	0.4562	0.4522	0.4483	0.4443	0.4404	0.4364	0.4325	0.4286	0.4247
0.2	0.4207	0.4168	0.4129	0.4090	0.4052	0.4013	0.3974	0.3936	0.3897	0.3859
0.3	0.3821	0.3783	0.3745	0.3707	0.3669	0.3632	0.3594	0.3557	0.3520	0.3483
0.4	0.3446	0.3409	0.3372	0.3336	0.3300	0.3264	0.3228	0.3192	0.3156	0.3121
0.5	0.3085	0.3050	0.3015	0.2981	0.2946	0.2912	0.2877	0.2843	0.2810	0.2776
0.6	0.2743	0.2709	0.2676	0.2643	0.2611	0.2578	0.2546	0.2514	0.2483	0.2451
0.7	0.2420	0.2389	0.2358	0.2327	0.2296	0.2266	0.2236	0.2206	0.2177	0.2148
0.8	0.2119	0.2090	0.2061	0.2033	0.2005	0.1977	0.1949	0.1922	0.1894	0.1867
0.9	0.1841	0.1814	0.1788	0.1762	0.1736	0.1711	0.1685	0.1660	0.1635	0.1611
1.0	0.1587	0.1562	0.1539	0.1515	0.1492	0.1469	0.1446	0.1423	0.1401	0.1379
1.1	0.1357	0.1335	0.1314	0.1292	0.1271	0.1251	0.1230	0.1210	0.1190	0.1170
1.2	0.1151	0.1131	0.1112	0.1093	0.1075	0.1056	0.1038	0.1020	0.1003	0.0985
1.3	0.0968	0.0951	0.0934	0.0918	0.0901	0.0885	0.0869	0.0853	0.0838	0.0823
1.4	0.0808	0.0793	0.0778	0.0764	0.0749	0.0735	0.0721	0.0708	0.0694	0.0681
1.5	0.0668	0.0655	0.0643	0.0630	0.0618	0.0606	0.0594	0.0582	0.0571	0.0559
1.6	0.0548	0.0537	0.0526	0.0516	0.0505	0.0495	0.0485	0.0475	0.0465	0.0455
1.7	0.0446	0.0436	0.0427	0.0418	0.0409	0.0401	0.0392	0.0384	0.0375	0.0367
1.8	0.0359	0.0351	0.0344	0.0336	0.0329	0.0322	0.0314	0.0307	0.0301	0.0294
1.9	0.0287	0.0281	0.0274	0.0268	0.0262	0.0256	0.0250	0.0244	0.0239	0.0233
2.0	0.0228	0.0222	0.0217	0.0212	0.0207	0.0202	0.0197	0.0192	0.0188	0.0183
2.1	0.0179	0.0174	0.0170	0.0166	0.0162	0.0158	0.0154	0.0150	0.0146	0.0143
2.2	0.0139	0.0136	0.0132	0.0129	0.0125	0.0122	0.0119	0.0116	0.0113	0.0110
2.3	0.0107	0.0104	0.0102	0.0099	0.0096	0.0094	0.0091	0.0089	0.0087	0.0084
2.4	0.0082	0.0080	0.0078	0.0075	0.0073	0.0071	0.0069	0.0068	0.0066	0.0064
2.5	0.0062	0.0060	0.0059	0.0057	0.0055	0.0054	0.0052	0.0051	0.0049	0.0048
2.6	0.0047	0.0045	0.0044	0.0043	0.0041	0.0040	0.0039	0.0038	0.0037	0.0036
2.7	0.0035	0.0034	0.0033	0.0032	0.0031	0.0030	0.0029	0.0028	0.0027	0.0026
2.8	0.0026	0.0025	0.0024	0.0023	0.0023	0.0022	0.0021	0.0021	0.0020	0.0019
2.9	0.0019	0.0018	0.0018	0.0017	0.0016	0.0016	0.0015	0.0015	0.0014	0.0014
3.0	0.0013	0.0013	0.0013	0.0012	0.0012	0.0011	0.0011	0.0011	0.0010	0.0010
3.1	0.0010	0.0009	0.0009	0.0009	0.0008	0.0008	0.0008	0.0008	0.0007	0.0007
3.2	0.0007	0.0007	0.0006	0.0006	0.0006	0.0006	0.0006	0.0005	0.0005	0.0005
3.3	0.0005	0.0005	0.0005	0.0004	0.0004	0.0004	0.0004	0.0004	0.0004	0.0003
3.4	0.0003	0.0003	0.0003	0.0003	0.0003	0.0003	0.0003	0.0003	0.0003	0.0002
3.5	0.0002	0.0002	0.0002	0.0002	0.0002	0.0002	0.0002	0.0002	0.0002	0.0002
3.6	0.0002	0.0002	0.0001	0.0001	0.0001	0.0001	0.0001	0.0001	0.0001	0.0001
3.7	0.0001	0.0001	0.0001	0.0001	0.0001	0.0001	0.0001	0.0001	0.0001	0.0001
3.8	0.0001	0.0001	0.0001	0.0001	0.0001	0.0001	0.0001	0.0001	0.0001	0.0001
3.9	0.0000	0.0000	0.0000	0.0000	0.0000	0.0000	0.0000	0.0000	0.0000	0.0000

（由笔者制作）

2　t分布表（右侧概率）

注：与标准正态分布表不同，该表中的值是 t 值。其中，ν 表示自由度。例如，右侧概率为 2.5%（0.025）的 t 值在自由度为 10 时是 2.228。最常用的是灰色底纹处的双侧概率为 5% 的那一列。

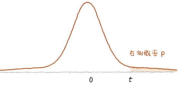

右侧概率 p

ν \ p	0.100	0.050	0.025	0.010	0.005	0.001
1	3.078	6.314	12.706	31.821	63.657	318.309
2	1.886	2.920	4.303	6.965	9.925	22.327
3	1.638	2.353	3.182	4.541	5.841	10.215
4	1.533	2.132	2.776	3.747	4.604	7.173
5	1.476	2.015	2.571	3.365	4.032	5.893
6	1.440	1.943	2.447	3.143	3.707	5.208
7	1.415	1.895	2.365	2.998	3.499	4.785
8	1.397	1.860	2.306	2.896	3.355	4.501
9	1.383	1.833	2.262	2.821	3.250	4.297
10	1.372	1.812	2.228	2.764	3.169	4.144
11	1.363	1.796	2.201	2.718	3.106	4.025
12	1.356	1.782	2.179	2.681	3.055	3.930
13	1.350	1.771	2.160	2.650	3.012	3.852
14	1.345	1.761	2.145	2.624	2.977	3.787
15	1.341	1.753	2.131	2.602	2.947	3.733
16	1.337	1.746	2.120	2.583	2.921	3.686
17	1.333	1.740	2.110	2.567	2.898	3.646
18	1.330	1.734	2.101	2.552	2.878	3.610
19	1.328	1.729	2.093	2.539	2.861	3.579
20	1.325	1.725	2.086	2.528	2.845	3.552
21	1.323	1.721	2.080	2.518	2.831	3.527
22	1.321	1.717	2.074	2.508	2.819	3.505
23	1.319	1.714	2.069	2.500	2.807	3.485
24	1.318	1.711	2.064	2.492	2.797	3.467
25	1.316	1.708	2.060	2.485	2.787	3.450
26	1.315	1.706	2.056	2.479	2.779	3.435
27	1.314	1.703	2.052	2.473	2.771	3.421
28	1.313	1.701	2.048	2.467	2.763	3.408
29	1.311	1.699	2.045	2.462	2.756	3.396
30	1.310	1.697	2.042	2.457	2.750	3.385
31	1.309	1.696	2.040	2.453	2.744	3.375
32	1.309	1.694	2.037	2.449	2.738	3.365
33	1.308	1.692	2.035	2.445	2.733	3.356
34	1.307	1.691	2.032	2.441	2.728	3.348
35	1.306	1.690	2.030	2.438	2.724	3.340
36	1.306	1.688	2.028	2.434	2.719	3.333
37	1.305	1.687	2.026	2.431	2.715	3.326
38	1.304	1.686	2.024	2.429	2.712	3.319
39	1.304	1.685	2.023	2.426	2.708	3.313
40	1.303	1.684	2.021	2.423	2.704	3.307

（由笔者制作）

3 卡方分布表（右侧概率）

注：与 t 分布一样，表中的值是卡方值，ν 表示自由度。
用灰色底纹标注的列是独立性检验中常用的右侧概率为
5% 的列，以及总体方差的区间估计（使用双侧概率）中
常用的右侧概率为 2.5%、97.5% 的列。

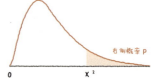

右侧概率 p

ν ＼ P	0.995	0.990	0.975	0.950	0.900	0.100	0.050	0.025	0.010	0.005
1	0.000	0.000	0.001	0.004	0.016	2.706	3.841	5.024	6.635	7.879
2	0.010	0.020	0.051	0.103	0.211	4.605	5.991	7.378	9.210	10.597
3	0.072	0.115	0.216	0.352	0.584	6.251	7.815	9.348	11.345	12.838
4	0.207	0.297	0.484	0.711	1.064	7.779	9.488	11.143	13.277	14.860
5	0.412	0.554	0.831	1.145	1.610	9.236	11.070	12.833	15.086	16.750
6	0.676	0.872	1.237	1.635	2.204	10.645	12.592	14.449	16.812	18.548
7	0.989	1.239	1.690	2.167	2.833	12.017	14.067	16.013	18.475	20.278
8	1.344	1.646	2.180	2.733	3.490	13.362	15.507	17.535	20.090	21.955
9	1.735	2.088	2.700	3.325	4.168	14.684	16.919	19.023	21.666	23.589
10	2.156	2.558	3.247	3.940	4.865	15.987	18.307	20.483	23.209	25.188
11	2.603	3.053	3.816	4.575	5.578	17.275	19.675	21.920	24.725	26.757
12	3.074	3.571	4.404	5.226	6.304	18.549	21.026	23.337	26.217	28.300
13	3.565	4.107	5.009	5.892	7.042	19.812	22.362	24.736	27.688	29.819
14	4.075	4.660	5.629	6.571	7.790	21.064	23.685	26.119	29.141	31.319
15	4.601	5.229	6.262	7.261	8.547	22.307	24.996	27.488	30.578	32.801
16	5.142	5.812	6.908	7.962	9.312	23.542	26.296	28.845	32.000	34.267
17	5.697	6.408	7.564	8.672	10.085	24.769	27.587	30.191	33.409	35.718
18	6.265	7.015	8.231	9.390	10.865	25.989	28.869	31.526	34.805	37.156
19	6.844	7.633	8.907	10.117	11.651	27.204	30.144	32.852	36.191	38.582
20	7.434	8.260	9.591	10.851	12.443	28.412	31.410	34.170	37.566	39.997
22	8.643	9.542	10.982	12.338	14.041	30.813	33.924	36.781	40.289	42.796
24	9.886	10.856	12.401	13.848	15.659	33.196	36.415	39.364	42.980	45.559
26	11.160	12.198	13.844	15.379	17.292	35.563	38.885	41.923	45.642	48.290
28	12.461	13.565	15.308	16.928	18.939	37.916	41.337	44.461	48.278	50.993
30	13.787	14.953	16.791	18.493	20.599	40.256	43.773	46.979	50.892	53.672
40	20.707	22.164	24.433	26.509	29.051	51.805	55.758	59.342	63.691	66.766
50	27.991	29.707	32.357	34.764	37.689	63.167	67.505	71.420	76.154	79.490
60	35.534	37.485	40.482	43.188	46.459	74.397	79.082	83.298	88.379	91.952
70	43.275	45.442	48.758	51.739	55.329	85.527	90.531	95.023	100.425	104.215
80	51.172	53.540	57.153	60.391	64.278	96.578	101.879	106.629	112.329	116.321
90	59.196	61.754	65.647	69.126	73.291	107.565	113.145	118.136	124.116	128.299
100	67.328	70.065	74.222	77.929	82.358	118.498	124.342	129.561	135.807	140.169
110	75.550	78.458	82.867	86.792	91.471	129.385	135.480	140.917	147.414	151.948
120	83.852	86.923	91.573	95.705	100.624	140.233	146.567	152.211	158.950	163.648

（由笔者制作）

4-1　F分布表（右侧概率为5%）

注：表中的值表示右侧概率为 5% 的 F 值。ν_1 是统计量 F 的分子自由度，ν_2 是其分母的自由度。另外，方差分析是单（右）侧检验，所以在读取显著性水平为 5% 的临界值时，我们可以直接使用该表中的值（注意，软件中计算出来的 p 值大多是双侧概率下的值）。

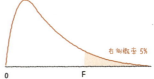

右侧概率 5%

		\multicolumn{12}{c}{ν_1（分子的自由度）}
		1	2	3	4	5	6	7	8	9	10	15	20
\multirow{41}{*}{ν_2（分母的自由度）}	1	161.5	199.5	215.7	224.6	230.2	234.0	236.8	238.9	240.5	241.9	246.0	248.0
	2	18.51	19.00	19.16	19.25	19.30	19.33	19.35	19.37	19.38	19.40	19.43	19.45
	3	10.13	9.55	9.28	9.12	9.01	8.94	8.89	8.85	8.81	8.79	8.70	8.66
	4	7.71	6.94	6.59	6.39	6.26	6.16	6.09	6.04	6.00	5.96	5.86	5.80
	5	6.61	5.79	5.41	5.19	5.05	4.95	4.88	4.82	4.77	4.74	4.62	4.56
	6	5.99	5.14	4.76	4.53	4.39	4.28	4.21	4.15	4.10	4.06	3.94	3.87
	7	5.59	4.74	4.35	4.12	3.97	3.87	3.79	3.73	3.68	3.64	3.51	3.44
	8	5.32	4.46	4.07	3.84	3.69	3.58	3.50	3.44	3.39	3.35	3.22	3.15
	9	5.12	4.26	3.86	3.63	3.48	3.37	3.29	3.23	3.18	3.14	3.01	2.94
	10	4.96	4.10	3.71	3.48	3.33	3.22	3.14	3.07	3.02	2.98	2.85	2.77
	11	4.84	3.98	3.59	3.36	3.20	3.09	3.01	2.95	2.90	2.85	2.72	2.65
	12	4.75	3.89	3.49	3.26	3.11	3.00	2.91	2.85	2.80	2.75	2.62	2.54
	13	4.67	3.81	3.41	3.18	3.03	2.92	2.83	2.77	2.71	2.67	2.53	2.46
	14	4.60	3.74	3.34	3.11	2.96	2.85	2.76	2.70	2.65	2.60	2.46	2.39
	15	4.54	3.68	3.29	3.06	2.90	2.79	2.71	2.64	2.59	2.54	2.40	2.33
	16	4.49	3.63	3.24	3.01	2.85	2.74	2.66	2.59	2.54	2.49	2.35	2.28
	17	4.45	3.59	3.20	2.96	2.81	2.70	2.61	2.55	2.49	2.45	2.31	2.23
	18	4.41	3.55	3.16	2.93	2.77	2.66	2.58	2.51	2.46	2.41	2.27	2.19
	19	4.38	3.52	3.13	2.90	2.74	2.63	2.54	2.48	2.42	2.38	2.23	2.16
	20	4.35	3.49	3.10	2.87	2.71	2.60	2.51	2.45	2.39	2.35	2.20	2.12
	22	4.30	3.44	3.05	2.82	2.66	2.55	2.46	2.40	2.34	2.30	2.15	2.07
	24	4.26	3.40	3.01	2.78	2.62	2.51	2.42	2.36	2.30	2.25	2.11	2.03
	26	4.23	3.37	2.98	2.74	2.59	2.47	2.39	2.32	2.27	2.22	2.07	1.99
	28	4.20	3.34	2.95	2.71	2.56	2.45	2.36	2.29	2.24	2.19	2.04	1.96
	30	4.17	3.32	2.92	2.69	2.53	2.42	2.33	2.27	2.21	2.16	2.01	1.93
	32	4.15	3.29	2.90	2.67	2.51	2.40	2.31	2.24	2.19	2.14	1.99	1.91
	34	4.13	3.28	2.88	2.65	2.49	2.38	2.29	2.23	2.17	2.12	1.97	1.89
	36	4.11	3.26	2.87	2.63	2.48	2.36	2.28	2.21	2.15	2.11	1.95	1.87
	38	4.10	3.24	2.85	2.62	2.46	2.35	2.26	2.19	2.14	2.09	1.94	1.85
	40	4.08	3.23	2.84	2.61	2.45	2.34	2.25	2.18	2.12	2.08	1.92	1.84
	42	4.07	3.22	2.83	2.59	2.44	2.32	2.24	2.17	2.11	2.06	1.91	1.83
	44	4.06	3.21	2.82	2.58	2.43	2.31	2.23	2.16	2.10	2.05	1.90	1.81
	46	4.05	3.20	2.81	2.57	2.42	2.30	2.22	2.15	2.09	2.04	1.89	1.80
	48	4.04	3.19	2.80	2.57	2.41	2.29	2.21	2.14	2.08	2.03	1.88	1.79
	50	4.03	3.18	2.79	2.56	2.40	2.29	2.20	2.13	2.07	2.03	1.87	1.78
	60	4.00	3.15	2.76	2.53	2.37	2.25	2.17	2.10	2.04	1.99	1.84	1.75
	70	3.98	3.13	2.74	2.50	2.35	2.23	2.14	2.07	2.02	1.97	1.81	1.72
	80	3.96	3.11	2.72	2.49	2.33	2.21	2.13	2.06	2.00	1.95	1.79	1.70
	90	3.95	3.10	2.71	2.47	2.32	2.20	2.11	2.04	1.99	1.94	1.78	1.69
	100	3.94	3.09	2.70	2.46	2.31	2.19	2.10	2.03	1.97	1.93	1.77	1.68

（由笔者制作）

4-2 　F分布表（右侧概率为2.5%）

注：F值中的分子通常大于分母。因此，等方差检验中也只使用单（右）侧检验。不过，我们可以使用双侧的显著性水平的临界值来防止检验过于宽松。

在等方差检验中，显著性水平为5%的临界值是从该表中读取的。

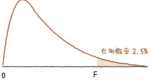

右侧概率 2.5%

		V₁（分子的自由度）										
		1	2	3	4	5	6	7	8	9	10	15	20
V₂ （分母的自由度）	1	647.8	799.5	864.2	899.6	921.8	937.1	948.2	956.7	963.3	968.6	984.9	993.1
	2	38.51	39.00	39.17	39.25	39.30	39.33	39.36	39.37	39.39	39.40	39.43	39.45
	3	17.44	16.04	15.44	15.10	14.88	14.73	14.62	14.54	14.47	14.42	14.25	14.17
	4	12.22	10.65	9.98	9.60	9.36	9.20	9.07	8.98	8.90	8.84	8.66	8.56
	5	10.01	8.43	7.76	7.39	7.15	6.98	6.85	6.76	6.68	6.62	6.43	6.33
	6	8.81	7.26	6.60	6.23	5.99	5.82	5.70	5.60	5.52	5.46	5.27	5.17
	7	8.07	6.54	5.89	5.52	5.29	5.12	4.99	4.90	4.82	4.76	4.57	4.47
	8	7.57	6.06	5.42	5.05	4.82	4.65	4.53	4.43	4.36	4.30	4.10	4.00
	9	7.21	5.71	5.08	4.72	4.48	4.32	4.20	4.10	4.03	3.96	3.77	3.67
	10	6.94	5.46	4.83	4.47	4.24	4.07	3.95	3.85	3.78	3.72	3.52	3.42
	11	6.72	5.26	4.63	4.28	4.04	3.88	3.76	3.66	3.59	3.53	3.33	3.23
	12	6.55	5.10	4.47	4.12	3.89	3.73	3.61	3.51	3.44	3.37	3.18	3.07
	13	6.41	4.97	4.35	4.00	3.77	3.60	3.48	3.39	3.31	3.25	3.05	2.95
	14	6.30	4.86	4.24	3.89	3.66	3.50	3.38	3.29	3.21	3.15	2.95	2.84
	15	6.20	4.77	4.15	3.80	3.58	3.41	3.29	3.20	3.12	3.06	2.86	2.76
	16	6.12	4.69	4.08	3.73	3.50	3.34	3.22	3.12	3.05	2.99	2.79	2.68
	17	6.04	4.62	4.01	3.66	3.44	3.28	3.16	3.06	2.98	2.92	2.72	2.62
	18	5.98	4.56	3.95	3.61	3.38	3.22	3.10	3.01	2.93	2.87	2.67	2.56
	19	5.92	4.51	3.90	3.56	3.33	3.17	3.05	2.96	2.88	2.82	2.62	2.51
	20	5.87	4.46	3.86	3.51	3.29	3.13	3.01	2.91	2.84	2.77	2.57	2.46
	22	5.79	4.38	3.78	3.44	3.22	3.05	2.93	2.84	2.76	2.70	2.50	2.39
	24	5.72	4.32	3.72	3.38	3.15	2.99	2.87	2.78	2.70	2.64	2.44	2.33
	26	5.66	4.27	3.67	3.33	3.10	2.94	2.82	2.73	2.65	2.59	2.39	2.28
	28	5.61	4.22	3.63	3.29	3.06	2.90	2.78	2.69	2.61	2.55	2.34	2.23
	30	5.57	4.18	3.59	3.25	3.03	2.87	2.75	2.65	2.57	2.51	2.31	2.20
	32	5.53	4.15	3.56	3.22	3.00	2.84	2.71	2.62	2.54	2.48	2.28	2.16
	34	5.50	4.12	3.53	3.19	2.97	2.81	2.69	2.59	2.52	2.45	2.25	2.13
	36	5.47	4.09	3.50	3.17	2.94	2.78	2.66	2.57	2.49	2.43	2.22	2.11
	38	5.45	4.07	3.48	3.15	2.92	2.76	2.64	2.55	2.47	2.41	2.20	2.09
	40	5.42	4.05	3.46	3.13	2.90	2.74	2.62	2.53	2.45	2.39	2.18	2.07
	42	5.40	4.03	3.45	3.11	2.89	2.73	2.61	2.51	2.43	2.37	2.16	2.05
	44	5.39	4.02	3.43	3.09	2.87	2.71	2.59	2.50	2.42	2.36	2.15	2.03
	46	5.37	4.00	3.42	3.08	2.86	2.70	2.58	2.48	2.41	2.34	2.13	2.02
	48	5.35	3.99	3.40	3.07	2.84	2.69	2.56	2.47	2.39	2.33	2.12	2.01
	50	5.34	3.97	3.39	3.05	2.83	2.67	2.55	2.46	2.38	2.32	2.11	1.99
	60	5.29	3.93	3.34	3.01	2.79	2.63	2.51	2.41	2.33	2.27	2.06	1.94
	70	5.25	3.89	3.31	2.97	2.75	2.59	2.47	2.38	2.30	2.24	2.03	1.91
	80	5.22	3.86	3.28	2.95	2.73	2.57	2.45	2.35	2.28	2.21	2.00	1.88
	90	5.20	3.84	3.26	2.93	2.71	2.55	2.43	2.34	2.26	2.19	1.98	1.86
	100	5.18	3.83	3.25	2.92	2.70	2.54	2.42	2.32	2.24	2.18	1.97	1.85

（由笔者制作）

5 学生化极差分布的 q 值表（右侧概率为 5%）

注：表中的值表示自由度为 ν（全部的样本容量 N − 组数 j）、组数为 j 的右侧临界值——q 值。另外，Tukey-Kramer 法中会使用该值除以 $\sqrt{2}$ 后的值。因为统计量是 t 值的一种，所以我们也可以认为备择假设只位于一侧。但由于临界值取自不同的分布（有时是相同的分布），所以通常不会对双侧检验和单侧检验进行区分。（使用单侧概率进行双侧检验。）

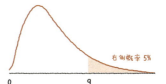

右侧概率 5%

y \ j	2	3	4	5	6	7	8	9
2	6.085	8.331	9.798	10.881	11.734	12.434	13.027	13.538
3	4.501	5.910	6.825	7.502	8.037	8.478	8.852	9.177
4	3.927	5.040	5.757	6.287	6.706	7.053	7.347	7.602
5	3.635	4.602	5.218	5.673	6.033	6.330	6.582	6.801
6	3.460	4.339	4.896	5.305	5.629	5.895	6.122	6.319
7	3.344	4.165	4.681	5.060	5.359	5.605	5.814	5.995
8	3.261	4.041	4.529	4.886	5.167	5.399	5.596	5.766
9	3.199	3.948	4.415	4.755	5.023	5.244	5.432	5.594
10	3.151	3.877	4.327	4.654	4.912	5.124	5.304	5.460
11	3.113	3.820	4.256	4.574	4.823	5.028	5.202	5.353
12	3.081	3.773	4.199	4.508	4.750	4.949	5.118	5.265
13	3.055	3.734	4.151	4.453	4.690	4.884	5.049	5.192
14	3.033	3.701	4.111	4.407	4.639	4.829	4.990	5.130
15	3.014	3.673	4.076	4.367	4.595	4.782	4.940	5.077
16	2.998	3.649	4.046	4.333	4.557	4.741	4.896	5.031
17	2.984	3.628	4.020	4.303	4.524	4.705	4.858	4.991
18	2.971	3.609	3.997	4.276	4.494	4.673	4.824	4.955
19	2.960	3.593	3.977	4.253	4.468	4.645	4.794	4.924
20	2.950	3.578	3.958	4.232	4.445	4.620	4.768	4.895
22	2.933	3.553	3.927	4.196	4.405	4.577	4.722	4.847
24	2.919	3.532	3.901	4.166	4.373	4.541	4.684	4.807
26	2.907	3.514	3.880	4.141	4.345	4.511	4.652	4.773
28	2.897	3.499	3.861	4.120	4.322	4.486	4.625	4.745
30	2.888	3.487	3.845	4.102	4.301	4.464	4.601	4.720
32	2.881	3.475	3.832	4.086	4.284	4.445	4.581	4.698
34	2.874	3.465	3.820	4.072	4.268	4.428	4.563	4.680
36	2.868	3.457	3.809	4.060	4.255	4.414	4.547	4.663
38	2.863	3.449	3.799	4.049	4.243	4.400	4.533	4.648
40	2.858	3.442	3.791	4.039	4.232	4.388	4.521	4.634
42	2.854	3.436	3.783	4.030	4.222	4.378	4.509	4.622
44	2.850	3.430	3.776	4.022	4.213	4.368	4.499	4.611
46	2.847	3.425	3.770	4.015	4.205	4.359	4.489	4.601
48	2.844	3.420	3.764	4.008	4.197	4.351	4.481	4.592
50	2.841	3.416	3.758	4.002	4.190	4.344	4.473	4.584
60	2.829	3.399	3.737	3.977	4.163	4.314	4.441	4.550
80	2.814	3.377	3.711	3.947	4.129	4.278	4.402	4.509
100	2.806	3.365	3.695	3.929	4.109	4.256	4.379	4.484
120	2.800	3.356	3.685	3.917	4.096	4.241	4.363	4.468
∞	2.772	3.314	3.633	3.858	4.030	4.170	4.286	4.387

部分摘自永田靖、吉田道弘所著的《统计之多重比较法的基础》

（原书名为『统计的多重比较法の基礎』，暂无中文版）

6　曼-惠特尼 U 检验表（双侧概率为 5% 和 1%）

注：表中的值表示样本容量为 $n_B > n_A$ 时的左侧临界值。也就是说，由于通常进行的是左侧检验，所以如果检验统计量 U 值小于表中的数值，则可以拒绝显著性水平为 5% 或 1%（双侧）时的零假设。另外，"--" 表示样本容量太小，无法进行检验。

显著性水平为 5% 的双侧检验（显著性水平为 2.5% 的单侧检验）	n_B（规模较大的组的样本容量）																
n_A（规模较小的组的样本容量）	4	5	6	7	8	9	10	11	12	13	14	15	16	17	18	19	20
2	—	—	—	—	0	0	0	0	1	1	1	1	1	2	2	2	2
3		0	1	1	2	2	3	3	4	4	5	5	6	6	7	7	8
4	0	1	2	3	4	4	5	6	7	8	9	10	11	11	12	13	14
5		2	3	5	6	7	8	9	11	12	13	14	15	17	18	19	20
6			5	6	8	10	11	13	14	16	17	19	21	22	24	25	27
7				8	10	12	14	16	18	20	22	24	26	28	30	32	34
8					13	15	17	19	22	24	26	29	31	34	36	38	41
9						17	20	23	26	28	31	34	37	39	42	45	48
10							23	26	29	33	36	39	42	45	48	52	55
11								30	33	37	40	44	47	51	55	58	62
12									37	41	45	49	53	57	61	65	69
13										45	50	54	59	63	67	72	76
14											55	59	64	69	74	78	83
15												64	70	75	80	85	90
16													75	81	86	92	98
17														87	93	99	105
18															99	106	112
19																113	119
20																	127

显著性水平为 1% 的双侧检验	n_B（规模较大的组的样本容量）																
n_A（规模较小的组的样本容量）	4	5	6	7	8	9	10	11	12	13	14	15	16	17	18	19	20
2	—	—	—	—	—	—	—	—	—	—	—	—	—	—	—	0	0
3	—	—	—	—	—	0	0	0	1	1	1	2	2	2	2	3	3
4	—	—	0	0	1	1	2	2	3	3	4	5	5	6	6	7	8
5	—	0	1	1	2	3	4	5	6	7	7	8	9	10	11	12	13
6			2	3	4	5	6	7	9	10	11	12	13	15	16	17	18
7				4	6	7	9	10	12	13	15	16	18	19	21	22	24
8					7	9	11	13	15	17	18	20	22	24	26	28	30
9						11	13	16	18	20	22	24	27	29	31	33	36
10							16	18	21	24	26	29	31	34	37	39	42
11								21	24	27	30	33	36	39	42	45	48
12									27	31	34	37	41	44	47	51	54
13										34	38	42	45	49	53	57	60
14											42	46	50	54	58	63	67
15												51	55	60	64	69	73
16													60	65	70	74	79
17														70	75	81	86
18															81	87	92
19																93	99
20																	105

摘自山内二郎主编的《统计数值表 JSA-1972》，笔者对表格形式稍微做了修改
（原书名为『统计数值表 JSA-1972』，暂无中文版）

7 用于符号检验的概率为 1/2 的二项分布表（左侧概率）

注：表中的值表示 n 对数据中符号较少的一方，其符号数低于 r 的概率（从左到右的累积概率）。例如，在有 6 对数据且 r 为 1 的情况下，双侧检验的 p 值为 22%（只有右侧检验时是 11%），因此在显著性水平为 5%（甚至是 10%）的双侧检验中，零假设无法被拒绝。

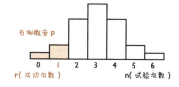

n\r	0	1	2	3	4	5	6	7	8	9	10	11	12	13
4	0.06	0.31	0.69	0.94	1.00									
5	0.03	0.19	0.50	0.81	0.97	1.00								
6	0.02	0.11	0.34	0.66	0.89	0.98	1.00							
7	0.01	0.06	0.23	0.50	0.77	0.94	0.99	1.00						
8	0.00	0.04	0.14	0.36	0.64	0.86	0.96	1.00	1.00					
9	0.00	0.02	0.09	0.25	0.50	0.75	0.91	0.98	1.00	1.00				
10	0.00	0.01	0.05	0.17	0.38	0.62	0.83	0.95	0.99	1.00	1.00			
11	0.00	0.01	0.03	0.11	0.27	0.50	0.73	0.89	0.97	0.99	1.00	1.00		
12	0.00	0.00	0.02	0.07	0.19	0.39	0.61	0.81	0.93	0.98	1.00	1.00	1.00	
13	0.00	0.00	0.01	0.05	0.13	0.29	0.50	0.71	0.87	0.95	0.99	1.00	1.00	1.00
14	0.00	0.00	0.01	0.03	0.09	0.21	0.40	0.60	0.79	0.91	0.97	0.99	1.00	1.00
15	0.00	0.00	0.00	0.02	0.06	0.15	0.30	0.50	0.70	0.85	0.94	0.98	1.00	1.00
16		0.00	0.00	0.01	0.04	0.11	0.23	0.40	0.60	0.77	0.89	0.96	0.99	1.00
17		0.00	0.00	0.01	0.02	0.07	0.17	0.31	0.50	0.69	0.83	0.93	0.98	0.99
18		0.00	0.00	0.01	0.02	0.05	0.12	0.24	0.41	0.59	0.76	0.88	0.95	0.98
19			0.00	0.00	0.01	0.03	0.08	0.18	0.32	0.50	0.68	0.82	0.92	0.97
20			0.00	0.00	0.01	0.02	0.06	0.13	0.25	0.41	0.59	0.75	0.87	0.94
21			0.00	0.00	0.00	0.01	0.04	0.09	0.19	0.33	0.50	0.67	0.81	0.91
22				0.00	0.00	0.01	0.03	0.07	0.14	0.26	0.42	0.58	0.74	0.86
23				0.00	0.00	0.01	0.02	0.05	0.11	0.20	0.34	0.50	0.66	0.80
24				0.00	0.00	0.00	0.01	0.03	0.08	0.15	0.27	0.42	0.58	0.73
25					0.00	0.00	0.01	0.02	0.05	0.11	0.21	0.35	0.50	0.65

（由笔者制作）

8 威尔科克森符号秩检验表

注：表中的值表示检验统计量 T 显著时的左侧临界值。也就是说，如果 T 小于表中的值，则可以拒绝零假设。另外，如果在双侧检验中显著性水平为 5%，则使用 $p = 0.025$ 这一列中的值（灰色底纹处）。

n＼p	0.050	0.025	0.010	0.005
5	0	—	—	—
6	2	0	—	—
7	3	2	0	—
8	5	3	1	0
9	8	5	3	1
10	10	8	5	3
11	13	10	7	5
12	17	13	9	7
13	21	17	12	9
14	25	21	15	12
15	30	25	19	15
16	35	29	23	19
17	41	34	27	23
18	47	40	32	27
19	53	46	37	32
20	60	52	43	37
21	67	58	49	42
22	75	65	55	48
23	83	73	62	54
24	91	81	69	61
25	100	89	76	68

摘自山内二郎主编的《统计数值表 JSA—1972》

9 Kruskal-Wallis 检验表（3 组和 4 组）

注：表中的值表示检验统计量 H 显著时的右侧临界值。也就是说，如果 H 大于表中的值，则可以拒绝零假设。另外，n 表示数据总数，$n_1 \sim n_4$ 表示各组中的数据个数。最常用的是 $p = 0.05$（单侧概率）那一列（灰色底纹处）。

3 组

n	n_1	n_2	n_3	p=0.05	p=0.01
7	2	2	3	4.714	—
8	2	2	4	5.333	—
	2	3	3	5.361	—
9	2	2	5	5.160	6.533
	2	3	4	5.444	6.444
	3	3	3	5.600	7.200
10	2	2	6	5.346	6.655
	2	3	5	5.251	6.909
	2	4	4	5.455	7.036
	3	3	4	5.791	6.746
11	2	2	7	5.143	7.000
	2	3	6	5.349	6.970
	2	4	5	5.273	7.205
	3	3	5	5.649	7.079
	3	4	4	5.599	7.144
12	2	2	8	5.356	6.664
	2	3	7	5.357	6.839
	2	4	6	5.340	7.340
	2	5	5	5.339	7.339
	3	3	6	5.615	7.410
	3	4	5	5.656	7.445
	4	4	4	5.692	7.654
13	2	2	9	5.260	6.897
	2	3	8	5.316	7.022
	2	4	7	5.376	7.321
	2	5	6	5.339	7.376
	3	3	7	5.620	7.228
	3	4	6	5.610	7.500
	3	5	5	5.706	7.578
	4	4	5	5.657	7.760
14	2	2	10	5.120	6.537
	2	3	9	5.340	7.006
	2	4	8	5.393	7.350
	2	5	7	5.393	7.450
	2	6	6	5.410	7.467
	3	3	8	5.617	7.350
	3	4	7	5.623	7.550
	3	5	6	5.602	7.591
	4	4	6	5.681	7.795
	4	5	5	5.657	7.823

3 组（续）

n	n_1	n_2	n_3	p=0.05	p=0.01
15	2	2	11	5.164	6.766
	2	3	10	5.362	7.042
	2	4	9	5.400	7.364
	2	5	8	5.415	7.440
	2	6	7	5.357	7.491
	3	3	9	5.589	7.422
	3	4	8	5.623	7.585
	3	5	7	5.607	7.697
	3	6	6	5.625	7.725
	4	4	7	5.650	7.814
	4	5	6	5.661	7.936
	5	5	5	5.780	8.000

4 组

n	n_1	n_2	n_3	n_4	p=0.05	p=0.01
8	2	2	2	2	6.167	6.667
9	2	2	2	3	6.333	7.133
10	2	2	2	4	6.546	7.391
	2	2	3	3	6.527	7.636
11	2	2	2	5	6.564	7.773
	2	2	3	4	6.621	7.871
	2	3	3	3	6.727	8.015
12	2	2	2	6	6.539	7.923
	2	2	3	5	6.664	8.203
	2	2	4	4	6.731	8.346
	2	3	3	4	6.795	8.333
	3	3	3	3	7.000	8.539
13	2	2	2	7	6.565	8.053
	2	2	3	6	6.703	8.363
	2	2	4	5	6.725	8.473
	2	3	3	5	6.822	8.607
	2	3	4	4	6.874	8.621
	3	3	3	4	6.984	8.659
14	2	2	2	8	6.571	8.207
	2	2	3	7	6.718	8.407
	2	2	4	6	6.743	8.610
	2	2	5	5	6.777	8.634
	2	3	3	6	6.876	8.695
	2	3	4	5	6.926	8.802
	2	4	4	4	6.957	8.871
	3	3	3	5	7.019	8.848
	3	3	4	4	7.038	8.876

摘自山内二郎主编的《简明统计数值表》
（原书名为『簡約統計数値表』，暂无中文版）

10 Friedman 检验表（3 组和 4 组）

注：表中的值表示检验统计量 Q 显著时的右侧临界值。也就是说，如果 Q 大于表中的值，则可以拒绝零假设。另外，n 表示对数。最常用的是 $p = 0.05$（单侧概率）那一列（灰色底纹处）。

3 组

n \ p	0.050	0.010
3	6.00	—
4	6.50	8.00
5	6.40	8.40
6	7.00	9.00
7	7.14	8.86
8	6.25	9.00
9	6.22	9.56
∞	5.99	9.21

4 组

n \ p	0.050	0.010
2	6.00	—
3	7.40	9.00
4	8.70	9.60
5	7.80	9.96
∞	7.81	11.34

摘自山内二郎主编的《简明统计数值表》

11-1 正交表（2 水平型）

注：表中的值表示水平。另外，各列下面的字母表示各列的成分，在分配因素时，这些字母可以用来查看存在交互作用的列。

$L_4(2^3)$

No.＼列号	1	2	3
1	1	1	1
2	1	2	2
3	2	1	2
4	2	2	1
成分	a	b	a b

← 第 3 列是第 1 列与第 2 列的交互列。

$L_8(2^7)$

No.＼列号	1	2	3	4	5	6	7
1	1	1	1	1	1	1	1
2	1	1	1	2	2	2	2
3	1	2	2	1	1	2	2
4	1	2	2	2	2	1	1
5	2	1	2	1	2	1	2
6	2	1	2	2	1	2	1
7	2	2	1	1	2	2	1
8	2	2	1	2	1	1	2
成分	a	b	a b	c	a c	b c	a b c

$L_{16}(2^{15})$

No.＼列号	1	2	3	4	5	6	7	8	9	10	11	12	13	14	15
1	1	1	1	1	1	1	1	1	1	1	1	1	1	1	1
2	1	1	1	1	1	1	1	2	2	2	2	2	2	2	2
3	1	1	1	2	2	2	2	1	1	1	1	2	2	2	2
4	1	1	1	2	2	2	2	2	2	2	2	1	1	1	1
5	1	2	2	1	1	2	2	1	1	2	2	1	1	2	2
6	1	2	2	1	1	2	2	2	2	1	1	2	2	1	1
7	1	2	2	2	2	1	1	1	1	2	2	2	2	1	1
8	1	2	2	2	2	1	1	2	2	1	1	1	1	2	2
9	2	1	2	1	2	1	2	1	2	1	2	1	2	1	2
10	2	1	2	1	2	1	2	2	1	2	1	2	1	2	1
11	2	1	2	2	1	2	1	1	2	1	2	2	1	2	1
12	2	1	2	2	1	2	1	2	1	2	1	1	2	1	2
13	2	2	1	1	2	2	1	1	2	2	1	1	2	2	1
14	2	2	1	1	2	2	1	2	1	1	2	2	1	1	2
15	2	2	1	2	1	1	2	1	2	2	1	2	1	1	2
16	2	2	1	2	1	1	2	2	1	1	2	1	2	2	1
成分	a	b	a b	c	a c	b c	a b c	d	a d	b d	a b d	c d	a c d	b c d	a b c d

改编自田口玄一所著的《实验设计法（下）》（原书名为『实验计画法（下）』，暂无中文版）

11-2　正交表（3水平型）

$L_9(3^4)$

No. \ 列号	1	2	3	4
1	1	1	1	1
2	1	2	2	2
3	1	3	3	3
4	2	1	2	3
5	2	2	3	1
6	2	3	1	2
7	3	1	3	2
8	3	2	1	3
9	3	3	2	1
成分	a	b	ab	a^2 b

$L_{27}(3^{13})$

No. \ 列号	1	2	3	4	5	6	7	8	9	10	11	12	13
1	1	1	1	1	1	1	1	1	1	1	1	1	1
2	1	1	1	1	2	2	2	2	2	2	2	2	2
3	1	1	1	1	3	3	3	3	3	3	3	3	3
4	1	2	2	2	1	1	1	2	2	2	3	3	3
5	1	2	2	2	2	2	2	3	3	3	1	1	1
6	1	2	2	2	3	3	3	1	1	1	2	2	2
7	1	3	3	3	1	1	1	3	3	3	2	2	2
8	1	3	3	3	2	2	2	1	1	1	3	3	3
9	1	3	3	3	3	3	3	2	2	2	1	1	1
10	2	1	2	3	1	2	3	1	2	3	1	2	3
11	2	1	2	3	2	3	1	2	3	1	2	3	1
12	2	1	2	3	3	1	2	3	1	2	3	1	2
13	2	2	3	1	1	2	3	2	3	1	3	1	2
14	2	2	3	1	2	3	1	3	1	2	1	2	3
15	2	2	3	1	3	1	2	1	2	3	2	3	1
16	2	3	1	2	1	2	3	3	1	2	2	3	1
17	2	3	1	2	2	3	1	1	2	3	3	1	2
18	2	3	1	2	3	1	2	2	3	1	1	2	3
19	3	1	3	2	1	3	2	1	3	2	1	3	2
20	3	1	3	2	2	1	3	2	1	3	2	1	3
21	3	1	3	2	3	2	1	3	2	1	3	2	1
22	3	2	1	3	1	3	2	2	1	3	3	2	1
23	3	2	1	3	2	1	3	3	2	1	1	3	2
24	3	2	1	3	3	2	1	1	3	2	2	1	3
25	3	3	2	1	1	3	2	3	2	1	2	1	3
26	3	3	2	1	2	1	3	1	3	2	3	2	1
27	3	3	2	1	3	2	1	2	1	3	1	3	2
成分	a		a	a^2		a	a		a	a		a	a
		b	b	b				b	b	b^2	b	b^2	b
					c	c	c^2	c	c	c^2	c^2	c	c^2

摘自田口玄一所著的《实验设计法（下）》，笔者对其进行了整理

11-3　正交表（混合型）

注：因为交互作用平均分配到了各列，所以该表可用于（不假定交互作用的）质量工程学的参数设计等。

$L_{18}(2^1 \times 3^7)$

No. \ 列号	1	2	3	4	5	6	7	8
1	1	1	1	1	1	1	1	1
2	1	1	2	2	2	2	2	2
3	1	1	3	3	3	3	3	3
4	1	2	1	1	2	2	3	3
5	1	2	2	2	3	3	1	1
6	1	2	3	3	1	1	2	2
7	1	3	1	2	1	3	2	3
8	1	3	2	3	2	1	3	1
9	1	3	3	1	3	2	1	2
10	2	1	1	3	3	2	2	1
11	2	1	2	1	1	3	3	2
12	2	1	3	2	2	1	1	3
13	2	2	1	2	3	1	3	2
14	2	2	2	3	1	2	1	3
15	2	2	3	1	2	3	2	1
16	2	3	1	3	2	3	1	2
17	2	3	2	1	3	1	2	3
18	2	3	3	2	1	2	3	1

$L_{36}(2^{11} \times 3^{12})$

No. \ 列号	1	2	3	4	5	6	7	8	9	10	11	12	13	14	15	16	17	18	19	20	21	22	23
1	1	1	1	1	1	1	1	1	1	1	1	1	1	1	1	1	1	1	1	1	1	1	1
2	1	1	1	1	1	1	1	1	1	1	1	2	2	2	2	2	2	2	2	2	2	2	2
3	1	1	1	1	1	1	1	1	1	1	1	3	3	3	3	3	3	3	3	3	3	3	3
4	1	1	1	1	1	2	2	2	2	2	2	1	1	1	1	2	2	2	2	3	3	3	3
5	1	1	1	1	1	2	2	2	2	2	2	2	2	2	2	3	3	3	3	1	1	1	1
6	1	1	1	1	1	2	2	2	2	2	2	3	3	3	3	1	1	1	1	2	2	2	2
7	1	1	2	2	2	1	1	1	2	2	2	1	1	2	3	1	2	3	3	1	2	2	3
8	1	1	2	2	2	1	1	1	2	2	2	2	2	3	1	2	3	1	1	2	3	3	1
9	1	1	2	2	2	1	1	1	2	2	2	3	3	1	2	3	1	2	2	3	1	1	2
10	1	2	1	2	2	1	2	2	1	1	2	1	1	3	2	1	3	2	3	2	1	3	2
11	1	2	1	2	2	1	2	2	1	1	2	2	2	1	3	2	1	3	1	3	2	1	3
12	1	2	1	2	2	1	2	2	1	1	2	3	3	2	1	3	2	1	2	1	3	2	1
13	1	2	2	1	2	2	1	2	1	2	1	1	2	3	1	3	2	1	3	3	2	1	2
14	1	2	2	1	2	2	1	2	1	2	1	2	3	1	2	1	3	2	1	1	3	2	3
15	1	2	2	1	2	2	1	2	1	2	1	3	1	2	3	2	1	3	2	2	1	3	1
16	1	2	2	2	1	2	2	1	2	1	1	1	2	3	2	1	1	3	2	3	3	2	1
17	1	2	2	2	1	2	2	1	2	1	1	2	3	1	3	2	2	1	3	1	1	3	2
18	1	2	2	2	1	2	2	1	2	1	1	3	1	2	1	3	3	2	1	2	2	1	3
19	2	1	2	2	1	1	2	2	1	2	1	1	2	1	3	3	3	1	2	2	1	2	3
20	2	1	2	2	1	1	2	2	1	2	1	2	3	2	1	1	1	2	3	3	2	3	1
21	2	1	2	2	1	1	2	2	1	2	1	3	1	3	2	2	2	3	1	1	3	1	2
22	2	1	2	1	2	2	2	1	1	1	2	1	2	2	3	3	1	2	1	1	3	3	2
23	2	1	2	1	2	2	2	1	1	1	2	2	3	3	1	1	2	3	2	2	1	1	3
24	2	1	2	1	2	2	2	1	1	1	2	3	1	1	2	2	3	1	3	3	2	2	1
25	2	1	1	2	2	2	1	2	2	1	1	1	3	2	1	2	3	3	1	3	1	2	2
26	2	1	1	2	2	2	1	2	2	1	1	2	1	3	2	3	1	1	2	1	2	3	3
27	2	1	1	2	2	2	1	2	2	1	1	3	2	1	3	1	2	2	3	2	3	1	1
28	2	2	2	1	1	1	1	2	2	1	2	1	3	2	2	2	1	1	3	2	3	1	3
29	2	2	2	1	1	1	1	2	2	1	2	2	1	3	3	3	2	2	1	3	1	2	1
30	2	2	2	1	1	1	1	2	2	1	2	3	2	1	1	1	3	3	2	1	2	3	2
31	2	2	1	2	1	2	1	1	1	2	2	1	3	3	3	2	3	2	2	1	2	1	1
32	2	2	1	2	1	2	1	1	1	2	2	2	1	1	1	3	1	3	3	2	3	2	2
33	2	2	1	2	1	2	1	1	1	2	2	3	2	2	2	1	2	1	1	3	1	3	3
34	2	2	1	1	2	1	2	1	2	2	1	1	3	1	2	3	2	3	1	2	1	1	3
35	2	2	1	1	2	1	2	1	2	2	1	2	1	2	3	1	3	1	2	3	2	2	1
36	2	2	1	1	2	1	2	1	2	2	1	3	2	3	1	2	1	2	3	1	3	3	2

改编自田口玄一所著的《实验设计法（下）》

12 希腊字母

大写字母	小写字母	读法	对应的拉丁字母	统计学中的使用方法
A	α	alpha	a	犯第一类错误的概率（显著性概率）、回归模型的截距（常数项）
B	β	beta	b	犯第二类错误的概率、回归模型的偏回归系数
Γ	γ	gamma	g	伽玛函数（大写字母）
Δ	δ	delta	d	差（变化量）
E	ε	epsilon	e	回归模型的误差项
Z	ζ	zeta	z	
H	η	eta	e（长音）	相关比
Θ	θ	theta	th	总体参数、常数、估计值
I	ι	iota	i	
K	κ	kappa	k	
Λ	λ	lambda	l	泊松分布的总体参数、特征值、常数
M	μ	mu	m	总体均值
N	ν	nu	n	自由度
Ξ	ξ	xi	x	变量
O	o	omicron	o	
Π	π	pi	p	连乘（大写字母）、圆周率（小写字母）
P	ρ	rho	r	相关系数
Σ	σ	sigma	s	总和（大写字母）、总体标准差（小写字母）、总体方差（σ^2）
T	τ	tau	t	
Y	υ	upsilon	y	
Φ	φ	phi	ph	自由度（小写字母）
X	χ	chi	ch	卡方分布的统计量（小写字母）
Ψ	ψ	psi	ps	
Ω	ω	omega	o（长音）	

索　引

版 权 声 明